女性はなぜ活躍できないのか

大沢真知子
Machiko Osawa

東洋経済新報社

父　大澤榮市郎に捧げる

目次——女性はなぜ活躍できないのか

インタビュー一覧

- セブン＆アイ・ホールディングス代表取締役会長兼CEO
  鈴木敏文氏（2012年7月5日）
- アパショナータ，Inc.代表　パク・ジョアン・スックチャ氏
  （2012年8月28日）
- ゴールドマン・サックス証券汎アジア投資調査統括部長
  キャシー松井氏（2012年9月12日）
- イー・ウーマン社長　佐々木かをり氏（2012年9月13日）
- ファーストリテイリング代表取締役会長兼社長
  柳井正氏（2012年9月20日）
- ファーストリテイリング執行役員
  若林隆広氏（2012年9月20日）
- 元資生堂副社長　岩田喜美枝氏（2012年10月1日）
- 元『日経ウーマン』編集長、日経BPヒット総合研究所長・執行役員
  麓幸子氏（2012年11月6日）
- リクルートワークス研究所主任研究員　石原直子氏（2012年11月6日）
- 大和証券グループ本社会長　鈴木茂晴氏（2012年11月12日）
- ウィメンズカウンセリング京都代表　井上摩耶子氏（2012年12月2日）
- 『VERY』編集長　今尾朝子氏（2012年12月14日）
- 作家　桐野夏生氏（2014年3月14日）

※所属・肩書きは基本的にインタビュー当時のもの

プロローグ

本書は1987年に男女雇用機会均等法が施行されてから現在に至るまでに日本の女性労働がどのように変化したのかについて多角的な視点から考察したものである。

執筆をはじめた当時には、まだ女性の活躍推進に向けての風は吹いていなかった。重要なテーマにもかかわらず、なぜ政府は積極的に取り組まないのだろうかと考えていた矢先に、成長戦略が発表され、女性の活躍を推進し、眠れる女性人材を発掘することを成長戦略の中核に据えるという安倍総理のメッセージがテレビをつうじて国民に伝えられた。

それを機に社会の空気が、ガラッと変わった。新聞紙上では女性活躍推進という言葉が連日のように紙面をにぎわせることになった。また、多くの研究成果が発表され、書物が刊行された。それにともなって、本書の執筆も〝活躍推進〟をより強く意識したものに変化していった。

安倍総理のスピーチは、政府の女性労働問題のアプローチにパラダイムシフトがおきたことを示す重要なものであった。それまでの女性労働問題がどちらかというと人口減少による量的な減少を補うものとして位置づけられていたのに対して、これからの女性労働問題は、能力の活用を進めることによって質を高めることが宣言されたのである。

とはいうものの、諸外国に比べて管理職に占める女性の割合は少ない。その理由として一般に論じられているのは、管理職になりたい女性が少ないからであり、事実、女性の多くは結婚や出産を機にやめており、女性側（の意識）に問題があると考えられてきた。また、若い女性のあいだで専業主婦願望がさらに強まっていると報じられている。

これに対して本書では、女性の意識は、労働市場の規制緩和（労働ビッグバン）がおこなわれ、男性正社員の所得が低下し始める１９９７年以降になると変化がみられると論じている。とくに、高学歴女性のあいだでは働くことに対する考え方に大きな変化がみられ、結婚後も働くことを想定する女性がふえている。

にもかかわらず、それが社会に認識されてこなかったのは、女性の意識が多様化し個人差が拡大してきたことによって、平均でみたときにその変化が見えづらくなったこと、社会で語られる専業主婦という言葉が拡大解釈されており、一時的な就業中断を想定している女性もその範疇に入っていること、さらには、マスコミが女性の専業主婦願望が強いということを前提に報道していることなどによる、と論じている。

女性の意識が変化し、かつ、個人差が拡大しているときに、平均値で女性を判断し処遇してしまうと、やる気のある人ほどその企業から離れることになる。

中野円佳（２０１４）は、総合職15名の詳細なインタビューをもとに、親や教育をつうじて男女平等を教わり、就職活動では「働きやすさ」よりも「やりがい」を重視し、子育ては自分の手でと考えている女性ほど実際には離職していることを指摘している。

これは、日本の職場の多くが、女性の意識の変化にあわせて変わっていないことによっておきている。いまだに多くの女性たちは昇進機会のないデッドエンドの仕事に配属されている。最近の研究によれば、女性がもっとも多く就いている事務職において、男性に比べて女性が課長になれる可能性はわずか5・7％にすぎないことがあきらかにされている（山口、2014）。

　加えて、いままでの両立支援は、多くの働く女性に恩恵がおよぶものになっていない。そのために、これから就職する若い女性が、結婚後も就業を継続している姿が想像しにくいのである。最近は女性社員のモティベーションをあげようと女性を対象とした自己啓発セミナーが盛んである。しかし、女性差別的な雇用慣行や女性が活躍しにくい職場の風土を変えずに女性の意識を高めてもその効果は少なく、女性の離職をさらにふやすことになりかねない。


　問題は、日本企業が女性人材の活用に失敗していることにとどまらない。（日本企業が気づかずに）失っている女性人材こそが、これから職場でイノヴェーション（革新）を生み出す核となる存在であるということである。いま、その人材（タレント）の獲得をめぐって、各国企業は熱い闘いを繰り広げている。

　日本の職場が変われなければ、世界と闘えない。また、今後の人口構造の変化を考えると、市場からの撤退を余儀なくされる企業も出てくるだろう。女性をふくめた多様な人材の活用（ダイバーシティ・マネジメント）は、日本の経済発展にとって避けてはとおれない最重要課題となっている。

　もっとも、女性社員の意識の変化に気づき、雇用慣行を見直し、業績をあげている企業も出てきている。本書ではそのような企業を紹介し、それ（ジェンダー・ダイバーシティ）を実現するための具体的な処方箋を提示している。

とはいうものの、本書では、一部の有能で仕事にやりがいを求める女性だけを活用すればいいと論じているのではない。経済学では、稀少な資源が無駄なくもっとも有効に活用されている状態が望ましいとされる。その意味で、女性人材が十分に育成され活かされていない現在の雇用システムは、経済の発展の阻害要因になっており、変革が必要であると論じているのである。生産年齢（15～64歳）人口が急減するこれからの時代には、男性稼ぎ主を前提とした現在の社会システムから、共働きを前提とした新たな社会システムへと移行する必要がある。

だれもが潜在能力を開花させ、仕事においてもまたプライベートにおいてもいきいきと暮らせる社会の実現なくして、経済の発展はありえない。また、社会全体の価値観の転換なくして、女性が活躍できる社会は実現できない。

その転換をもたらす起爆剤となるのが、いままでのワークライフバランス施策に加えて労働市場における女性差別をなくす施策であると考える。さらには、いつでもやり直しができるセカンドチャンス社会や、同じ仕事をしていれば同じ賃金が支払われる社会が実現されれば、多くのひとが今以上に能力が発揮でき、活躍できる。それが、男女の関係や夫婦のあり方にも変化をもたらす。その変化にあわせて社会制度を変えることができた国で、出生率の好転がみられる。このような変化をこの10年のあいだにおこすことが、アベノミクスが目指す女性が輝く社会なのではないだろうか。最近の話題作『21世紀の資本』の著者トマ・ピケティも、市場の力による調整能力には限界があり、平等な社会を実現するためには、政治（政府）の力が必要であるとのべている。

本書は6章から構成されている。第1章では、日本のM字カーブがなぜ形成されているのかを考察し、第2章では少子化の原因を探り、第3章では管理職に女性が少ない理由について考える。さらに、第4章では、アメリカで女性の就業パターンがM字から台形に変化した背後の要因を探り、第5章では労働力の非正規化と女性の貧困の問題を分析している。これらの分析をつうじて、日本の女性労働問題の課題を浮き彫りにするとともに、終章では課題解決に向けた方向性と政策提言をおこなっている。

日本で、女性が輝き、いきいきと活躍する社会を実現するために、本書が何らかのお役にたてばさいわいである。

［参考文献］

中野円佳『「育休世代」のジレンマ――女性活用はなぜ失敗するのか？』光文社、２０１４。

山口一男「ホワイトカラー正社員の男女の所得格差――格差を生む約80％の要因とメカニズムの解明」RIETI Discussion Paper Series 14-J-046、２０１４年。

第1章

高学歴女性が仕事を辞める本当の理由

日本の女性の労働力率は30代で一時低下する。これをアルファベットのMにたとえて女性のM字型就労と呼んでいる。かつてM字就労は先進国に共通に見られた現象であったが、いまでは日本をふくむ少数の国でのみ見られる現象になっている。

就業率の落ち込みは、女性の結婚や育児期にみられることから、出産後も就業が継続できるような職場の環境作りが、女性労働政策の柱のひとつとなってきた。

ところが最近になって、高学歴の女性が離職するおもな理由は、結婚や出産よりも、仕事への不満や行き詰まり感にあるという調査結果が発表され、話題になっている。

なぜ高学歴女性は離職するのか。高学歴女性のキャリア形成や就業に関する意識を探ってみよう。

1 高学歴女性が離職する本当の理由

女性の専業主婦願望とともに日本の女性労働者の特徴として論じられるのが、結婚や出産における女性の離職率の高さである。また、これを反映して、年齢階層別にみた女性の労働力率がM字の形をしている。

日本の女性労働者のM字就労の実態

図1-1は年齢階層別にみる女性の労働力率である。これをみると、欧米の女性の労働力率には、日本の女性にみられるような30代での落ち込みがみられない。

また、女性の世代ごとの労働力率を見ると、若い世代ほど、M字カーブの2つの山が高くなると同時に谷が浅くなり、かつ、谷が右方向にずれていることがわかる（図1-2）。若い世代の晩婚化・晩産化の傾向がここに反映されている。しかし、依然として30代の前半には労働力率の落ち込みがみられる。

このように集計データをみるかぎりではM字就労パターンに変化がみられない。もっとも最近の研究結果をみると、両立支援の効果によって、出産後も就業を継続する正社員の女性がふえている（労働政策研究・研修機構、2011）。しかし、それは社会全体の女性の就労パターンを大きく変えるほどの変化にはなっていない。

先進国の女性の離職の実態

とはいうものの、欧米の女性たちが、出産などで就業を中断しないというのは誤解である。仕事と家庭をどううまく両立させたらいいのかという、いわゆるワークライフバランスの問題は、

図1-1　年齢階層別の女性の労働力率の5カ国比較

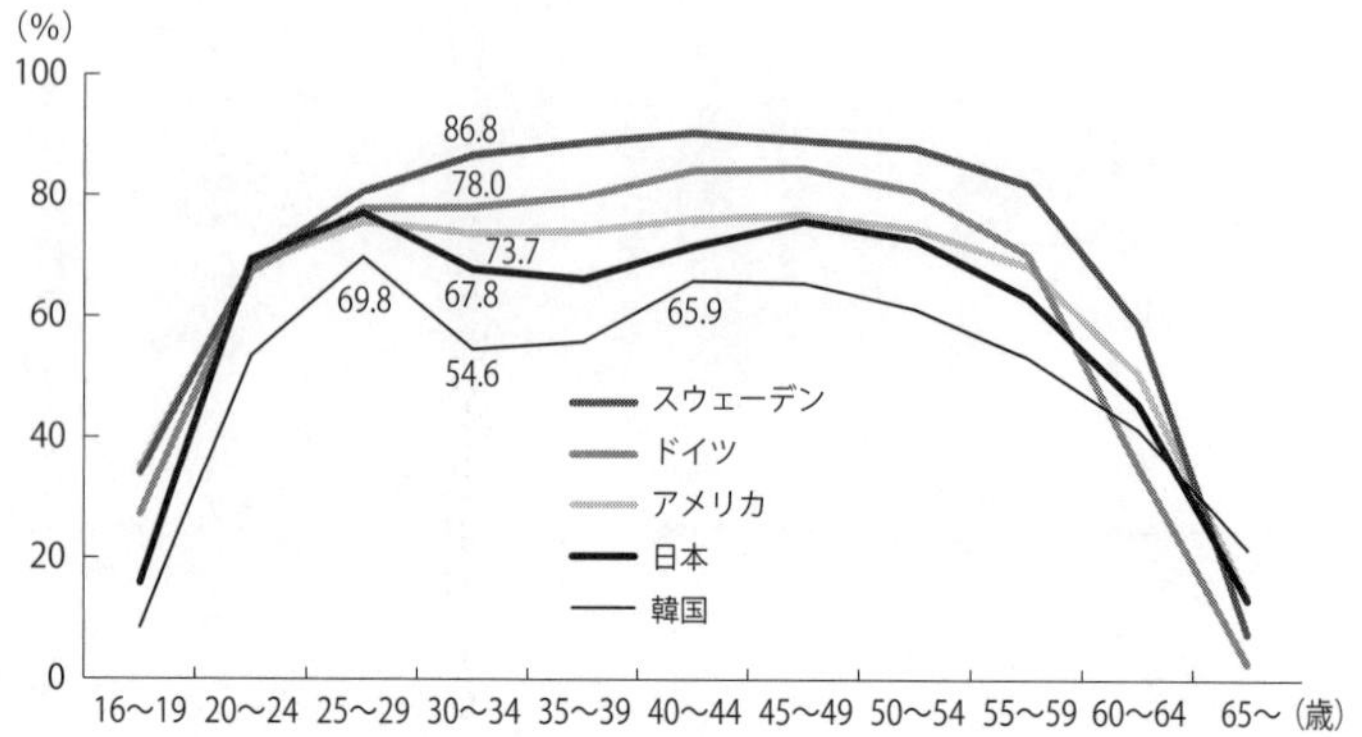

（注）15歳以上の非施設人口を対象としている．1）米国商務省Current Population Survey（CPS）による．16歳以上を対象．軍人，施設人口，外国の外交官，海外居住の米国人は含まない．2）ドイツ統計局「マイクロセンサス」及び「労働力調査」による．国内居住者を対象．軍人を含む．外国の外交官，在留外国軍は含まない．3）スウェーデン統計局「労働力調査」による．市民権を持つ15歳から74歳までの国内に居住するすべての人を対象とし，軍人，徴兵も含む．4）日本国内居住者を対象とし，外国の外交官，在留米軍などは含まない．自衛隊及び収監施設の収容者は含む．5）韓国統計局「労働力調査」による定住人口．軍人及び軍属，在留外国人，海外居住者を除く国内居住者．

（出所）日本：総務省（2011.9）「平成22年労働力調査」，OECD諸国：OECD database（http://stats.oecd.org/）2011年11月現在，その他：ILO LABORSTA（http://laborsta.ilo.org/）2011年12月現在．

日本を含めた先進国の働くカップルに課せられた共通の課題である。

年齢別の女性の労働力率が台形の形をしているアメリカやフランスのような国でも、より詳細なデータ（個人データ）を用いると、子供の数が多くなるにしたがって女性の就業率が減少するという傾向がはっきりみられる。

日本女子大学現代女性キャリア研究所（RIWAC）が2012年12月に主催した「女性の再就職支援と大学の役割――国際的経験の交流――」では、海外の高学歴女性の就労の実態が報告された。そこから浮かび上がったのは、海外でも育児や夫の転勤などで離職する女性は多いということであっ

図1-2　出生コーホート別にみた女性の就業パターンの変化

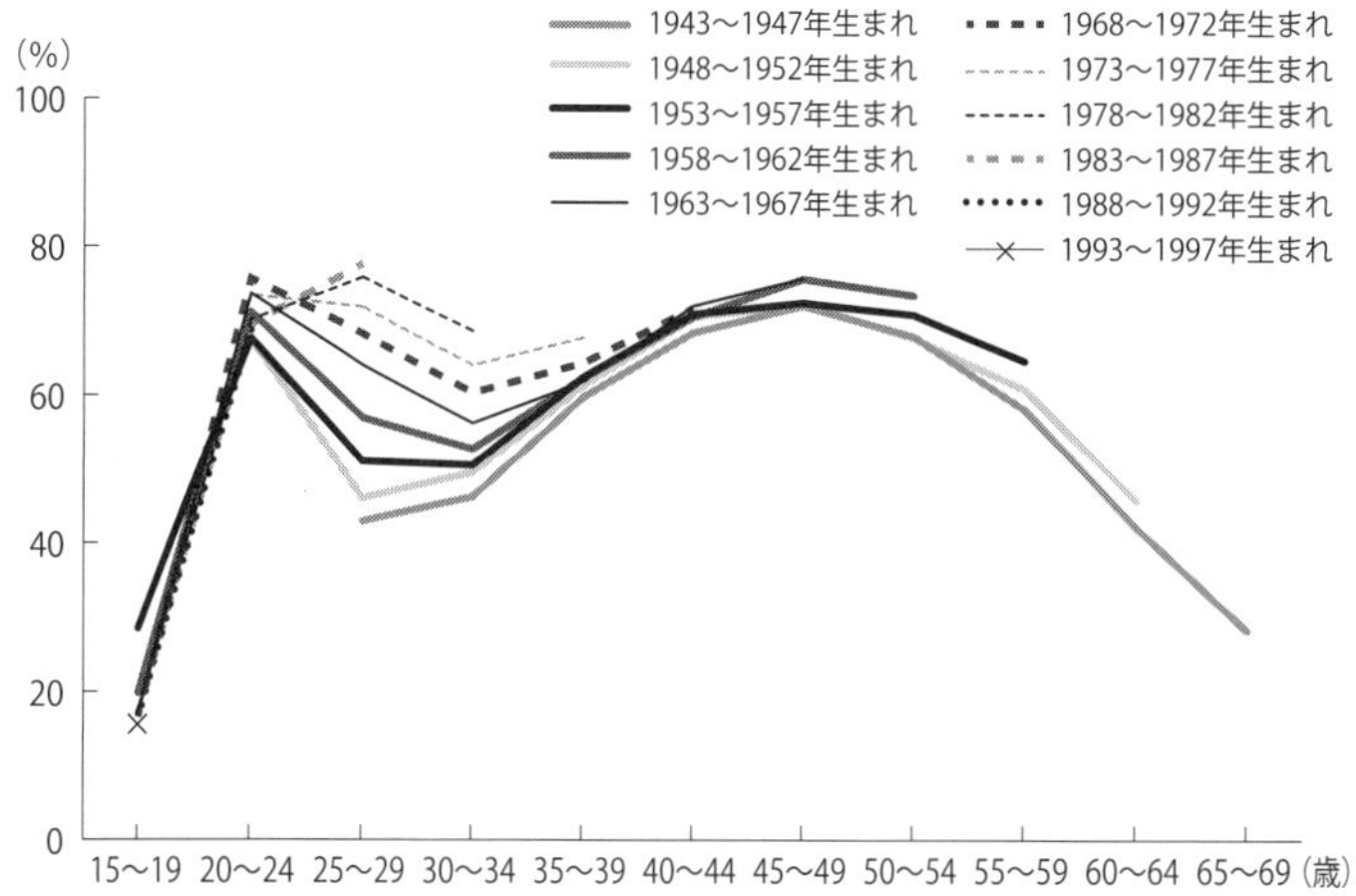

（出所）内閣府『男女共同参画白書』平成25年版より作成.

た。

たとえば、バージニア大学ダーデン経営大学院のキャリアセンター長のコニーディト・イングリッシュ氏は、アメリカで、MBA学位取得者の男性の2人に1人がフルタイムの仕事についていないのに対して、女性の場合には20人に1人にすぎないことを指摘している。このことがNYタイムズ紙で紹介されて以来、大きな頭脳流出がおきているとして、社会問題化されているのだそうである。「(バージニア大学のダーデン経営大学院で）女性の卒業生のうち63％が雇用就業、11％が自営業という結果でした。……卒業直後に、社会的に高く評価されている会社に就職していました。……しかし、卒業して10年から14年後の時点で、そのまま（継続して）仕事をしていた女性は半分以下でした。……これはダーデン経営大学院だけに限ったことでなく、すべてのビジネススクールで見られる状況です」[1]

ちなみに、アメリカの若い世代で専業主婦回帰の動きがみられるとして日本に紹介されているエミリー・マッチャー『ハウスワイフ2・0』（2014）は、この現象について書いた本である。ただし、アメリカの女性たちの家庭回帰が進んでいるわけではない。NY在住で、NPOで難民の子供たちの治療を専門におこなっている友人の医師によると、いまアメリカで働いていない女性は、所得階層の一番上か一番下に属する女性たちなのだそうである。マッチャー氏が描いているのは、そのうちの上位層に属する女性たちの話であって、中間に位置するアメリカの女性たちの多くは、働いているということであった。アメリカの女性たちのあいだで家庭回帰という現象が広くみられるというわけではなさそうである。

フランスも事情は同じである。年齢階層別にみると、アメリカの女性の労働力率を上回るフランスであるが、女性の労働力率は子供の数がふえると顕著に減少する傾向にある。国立応用科学院ストラスブール校のシャーリーン・ミレー氏によると、専門職についているフランス女性の28％が第1子出産後1年たったあとに職場に戻っておらず、第2子になるとその割合は45％に増加し、第3子では62％にものぼるという[2]。つまり、自分に（教育）投資をして学位を取得したにもかかわらず、先進国でも、第2子や第3子の出産とともに一時離職する女性はめずらしくない。しかし、同時に、高学歴の女性ほど、中断期間が短い。

このように先進国でも子供の数がふえると女性の離職率は上昇するとはいうものの、全体でみると、就業率に落ち込みがみられないのは、(1)日本に比べて就業を中断する女性が少ないこと、(2)結婚や出産の時期に個人差が大きいために、その影響がデータには表れにくいこと、(3)在宅勤務や短時間勤務など、仕事の時間と場所が選択しやすいこと、さらには(4)再就職の労働市場が整備されていること、などの理由がある。

つまり、多様な女性のライフスタイルや働き方の希望に合わせて、それが選択できる社会が作られていることが、女性の就業形態をM字から台形型に変化させているのである。

日本の高学歴女性の離職理由

いまみたように、日本の女性労働者の就業パターンはM字を描いている。ここから、女性労働者の離職理由の第1位は、「結婚や育児のため」であることが推察される。

ところが、アメリカのシンクタンク、センター・フォー・ワークライフポリシー（Center for Work-Life Policy（現 Center for Talent Innovation））が2011年に高学歴の女性を対象とした調査結果によると、ドイツやアメリカの女性たちの多くが、育児を理由に離職していたのに対して日本の女性たちは、仕事への行き詰まりや不満を離職のおもな理由としていた。[3] もっとも、自発的に離職している女性の割合は、日本では74％に対して、アメリカでは31％、ドイツでは35％と、日本においてその割合が高くなっている。

図1-3　高学歴女性の離職理由の日米比較

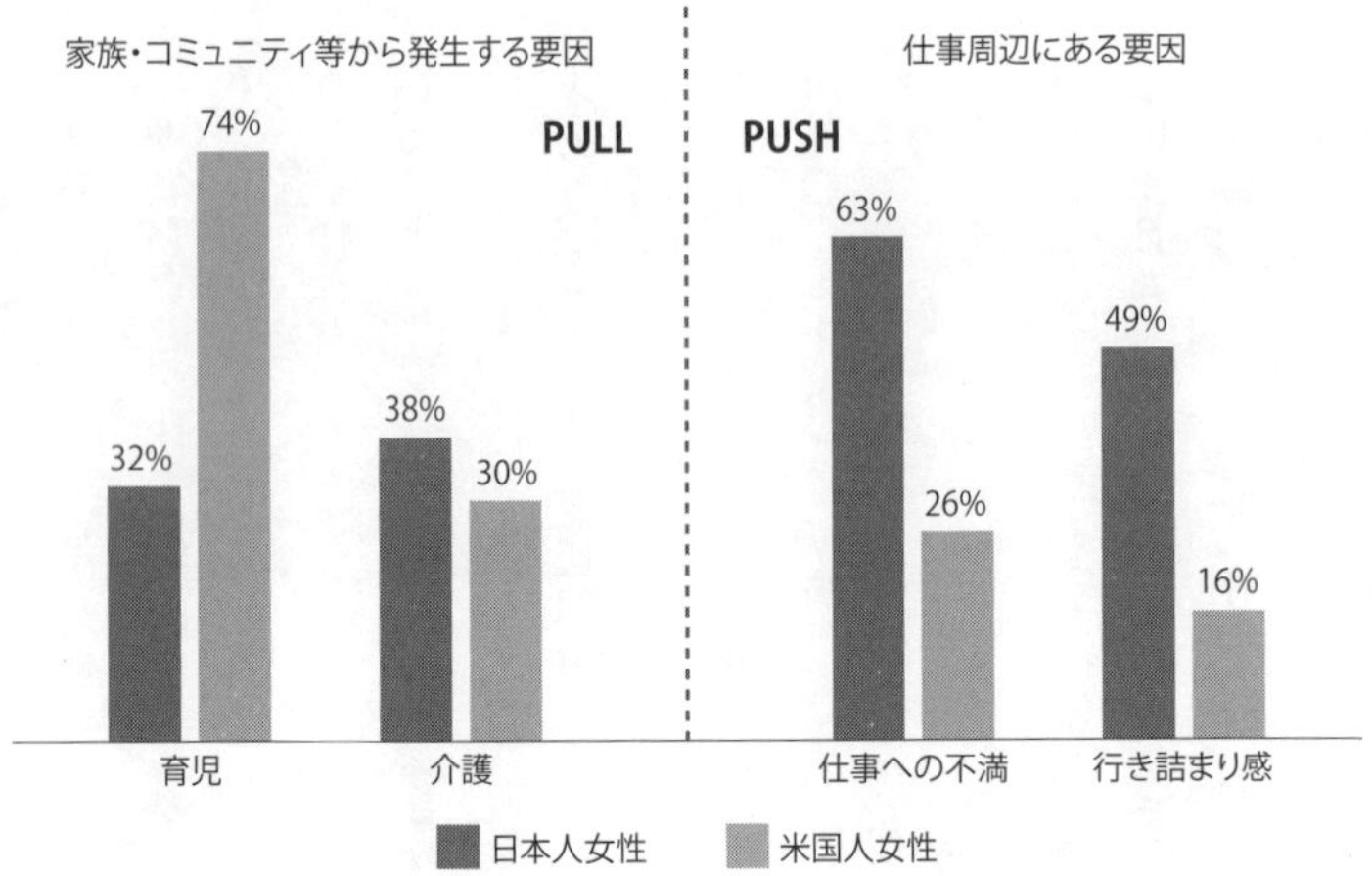

（出所）センター・フォー・ワークライフポリシー（Center for Work-Life Policy）『日本における女性の休職・離職と職場復帰――企業が有能な女性の成功をサポートするには』2011, 表1.2.

女性の離職理由を、⑴家族、コミュニティ、社会全体から発する〝プル（家族関連）要因〟と⑵仕事に関連する〝プッシュ（仕事関連）要因〟とに分けて、日米で比較したのが図1―3である。

これをみると、アメリカの女性では育児を離職の理由にあげているひとが74％もいるのに対して日本の女性は32％と低くなっている。他方、プッシュ要因である仕事関連の理由をみると、仕事への不満があったと答えた日本の女性は63％であるのに対して、アメリカの女性は26％にすぎない。また、仕事に行き詰まりを感じていた女性は日本では49％もいるのに対してアメリカでは16％と低い割合になっている。

報告書では、さらに、40歳以上の大卒女性には子供がいない女性が多く含まれていることを指摘している。「日本の女性が仕事を辞める理由として一般的にいわれているのが、育児の問題でしょう。しかし、米国とは異なり、日本では育児がメインの理由ではありません。また、40歳以上の大卒女性の43％に子供がいない、ということもここで挙げておくべきでしょう。研究対象の半数にとって、育児は問題ですらないのです(4)」

つまり、日本では高学歴の女性の離職率が高いだけでなく、その主な理由が、女性に十分な能力開発の機会を提供していない企業側にあるということである。

この調査結果をもとに、イギリスの経済誌『エコノミスト』では、「人材浪費大国ニッポン」と題する記事を掲載し、「日本企業は慎重に紙をリサイクルするが、女性の能力を無駄にしていることには無頓着だ」と、日本企業の女性活用のあり方を批判している（『エコノミスト』2011年11月5日号）。

この記事には、大きな反響があり、インターネット上でも議論が盛り上がると同時に、海外のジャーナリストによっても引用されている。

2 日本の男女間賃金格差と統計的差別仮説

日本の男女間賃金格差は、OECD諸国のなかで、韓国についで、2番目に大きい（2010

年のデータ)。長期的にみると縮小傾向にあるとはいうものの、もっとも大きな要因となっているのが、正社員の間でみられる賃金格差である。それが全体の格差の七割強を説明する(山口、2014)。

その格差は主に人事評価を含めた賃金制度の運用の面や、職場における業務の与え方や配置のあり方などの、雇用管理面における問題に起因して生じている。たとえば、女性の多くが従事する事務職において男性に比べて女性が課長以上の管理職に昇進する確率は5・7%と低い(山口、2014)。

山口は、難易度や重要性の低い業務や定型的な業務が主として女性に割り当てられる傾向があるからであるとみる。しかし、問題は、それだけではない。そのことによって女性の生産性向上意欲が失われたり、また、企業の人事担当者の一般職女性への偏見を生み出すという副次的効果が生じてしまう(5)。つまり、社会全体でみると、大きな人材の浪費が生じることになる。

それにもかかわらず、企業はなぜ男女の昇進・昇格や業務の与え方に差を設けるのだろうか。それは、女性の離職率が潜在的に高いことを想定し、企業が従業員の離職によって被るコストを軽減する目的があるからであるというのが、労働経済学の「統計的差別」という理論である。

統計的差別仮説

統計的差別とはフェルプスという経済学者が編み出した理論である。山口(2009)はそれ

を以下のように説明している。(6)

男性と女性、あるいは異なる人種などのグループ間に、労働生産性や仕事への定着などの企業が評価する資質にあらかじめ企業が確定できない個人差があり、かつその平均についてグループ間に差があり企業はその差の知識をもつと仮定する。この場合、個人の資質を確定（不確実性を除去）することにはコストや時間がかかるので、このコストが高ければ、コストをかけずにグループ平均の違いを考慮して雇用や賃金の決定をすることが合理的である。その結果、平均資質が低いグループは一様に低く評価されることになる。

日本では、この統計的差別論が男女間の賃金格差を説明する理論として、支持されてきた。離職率に男女差がある限り、女性が男性と同じような教育訓練の機会が与えられないのは仕方がない。女性に投資をしても、勤続年数が短くては、そのコストが回収できない。その結果、女性を一様に差別するのには（経済）合理性があるというのである。

統計的差別の合理性への反論

他方、この理論の合理性に対して、疑義を唱える理論も登場している。統計的差別は社会的に望ましくない均衡をもたらすという理論である。

代表的なものとしては、予言の自己成就（self-fulfilling prophecy）と逆選択（adverse selection）というふたつの概念を使った反証がある（山口、2009）。以下ではこれらについて説明しよう。

予言の自己成就

予言の自己成就とは、社会学者のロバート・K・マートンによって導入された概念で、「望ましくない出来事」がおこりそうだと予想してそのコストを削減しようとすることがかえってその望ましくない出来事がおきる確率を高めてしまうということをいう（山口、2008）[7]。もともとは銀行倒産など根拠のない流言が、それを信じた預金者の取り付け騒ぎを引き起こすといった現象に対して用いられた概念である。

これを労働市場における女性の差別に当てはめると、女性社員の離職を予測して予防策をたてることが逆に離職を合理的な選択としてしまい、離職率を上げてしまうということになる。これは（企業が）コストを下げることを優先して考え、有能な人材を失うというリスクを考えていないことからおきる過ちである。

2013年7月29日に経団連が「女性活躍推進シンポジウム――女性が支える日本の成長戦略」を開催した。そのパネルディスカッションの席上で、参議院議員片山さつき氏は、管理職に女性の割合が低い理由のひとつは、男性経営者や上司の思い込みも一因と発言している。

女性は「昇進・昇格意欲が乏しい」「難しい課題を敬遠しがち」という先入観が、「成長につながる仕事は男性部下に割り振り、女性にチャンスを与えない」ことになる。その結果機会に恵まれない女性はやる気を失ったり辞めたりする。そこで「やっぱり女はダメだ」とさらに強く信じる。こうやって、デススパイラルに自らはまりこみ、女性に活躍の機会が開かれないことになる。多くの場合、当事者に差別しているといった意識はない。企業も同様に、実際に女性の離職が多いので、自らの雇用管理制度が女性の離職につながっていると気づきにくい。

コートとラウリーは、偏見が差別を助長する結果、選好される方（男性）は自己投資のインセンティブを高めるが、選好されない方（女性）は自己投資のインセンティブをそがれるために、「偏見にもとづく統計的差別は実際には差別がない場合よりも人材活用の非効率を生み出すにもかかわらず、差別する企業にはそれがみえず、あたかも合理的な選択をしたかのような錯覚を覚える結果となる」ことを理論化している(8)。

この理論をあてはめると、実際には結婚や育児のために女性が離職しているわけではないにもかかわらず、そのような思い込み（偏見）によって、女性に対して成長につながる仕事を割りふらないことには経済合理性がないだけでなく、それによって女性の離職や転職をかえって促進してしまったり、女性の生産性向上への意欲（やる気）を失わせてしまったりする。さらには、女性への偏見を再生産してしまう結果にもなる。そして、社会全体でみると、稀少な人材を浪費することにつながるのである。

たとえば、一般職で入社した有能な女性がキャリアの発展性のない仕事をまかされ、先がみえないと感じ、結婚して早く仕事を辞めたいと考えたとしよう。この場合、もしやりがいが感じられる仕事が与えられていたら、女性は結婚後も就業を続けるが、そのような機会が与えられないことが離職につながっている。コートとラウリーの理論を当てはめると、企業の人事管理制度や仕事の与え方に問題があり、この女性に仕事の意欲を失わせ生産性の低い労働者を生み出しているにもかかわらず、女性が結婚で離職したことによって、人事担当者の一般職女性への偏見が再生産されてしまい、M字就労は、結局のところ女性の就業意識の低さや専業主婦願望に原因があるという結論が導かれてしまうのである。

逆選択

もうひとつの問題は、企業が統計的差別をすると、逆選択という問題が生じることである。逆選択とは、「「情報の非対称性」のもとで、質の違うものを同一に扱うと、質の良いものが去り、質の悪いものしか残らないというパラドクス」のことをいう(9)。

「情報の非対称性」とは、企業は女性一人ひとりについて正確な情報をもっていないが、女性自身は自分のことを知っているという状況をいう。この場合、企業は個々の女性の生産性についての正確な情報がないという理由で、「すべての女性の離職率が高いとみて平均離職コストを加味して賃金を一律に低くすると、自分は正当な賃金なら辞めるつもりもないし、より高い賃金がふさわしいと知っている比較的生産性の高い女性ほど先に辞めてしまい、残るのは低い賃金でも文句をいえないと知っている比較的生産性の低い女性となってしまう」のである(10)。

高学歴女性が初職を辞めた理由の変化

会社が女性の高い離職率を予測し、仕事の割り振りなどに差を設けた結果、男女の賃金格差が生じたとすれば、女性雇用者は外資系企業などの女性を差別しない企業に転職することになる。離職が企業にとって好ましくない結果であるとするならば、このような行為は自ら好ましくない結果を招いていることになる。第1節で紹介した高学歴女性の離職理由は、いまのべた予言の自己成就や逆選択がおきていることを示唆している。他のデータからも同様のことが言えるのだろうか。この点について確認するために、以下では日本女子大学現代女性キャリア研究所（RIWAC）がおこなった「女性とキャリアに関する調査」結果から、さらに詳しく高学歴女性が離職する理由をみてみよう[11]。

図1−4は、高学歴女性が初職を辞めた理由を、プッシュ要因（仕事関連の理由）とプル要因（家族・社会・コミュニティに関連した理由）に分けて、出生年別にその割合の変化をみたものである。プッシュ要因は、初職を辞めた理由に「他にやりたい仕事があった」あるいは「仕事に希望がもてなかった」と回答したものの割合を、また、プル要因には「結婚を理由に辞めた」と回答したものの割合をとっている[12]。

これをみると、1964年生まれの女性を境にして、仕事要因と家庭（結婚）要因の割合が逆転している。なお、1970年生まれ以降で仕事要因が家庭要因を大きく上回っているが、これ

図1-4　高学歴女性の初職を辞めた理由の出生年別変化

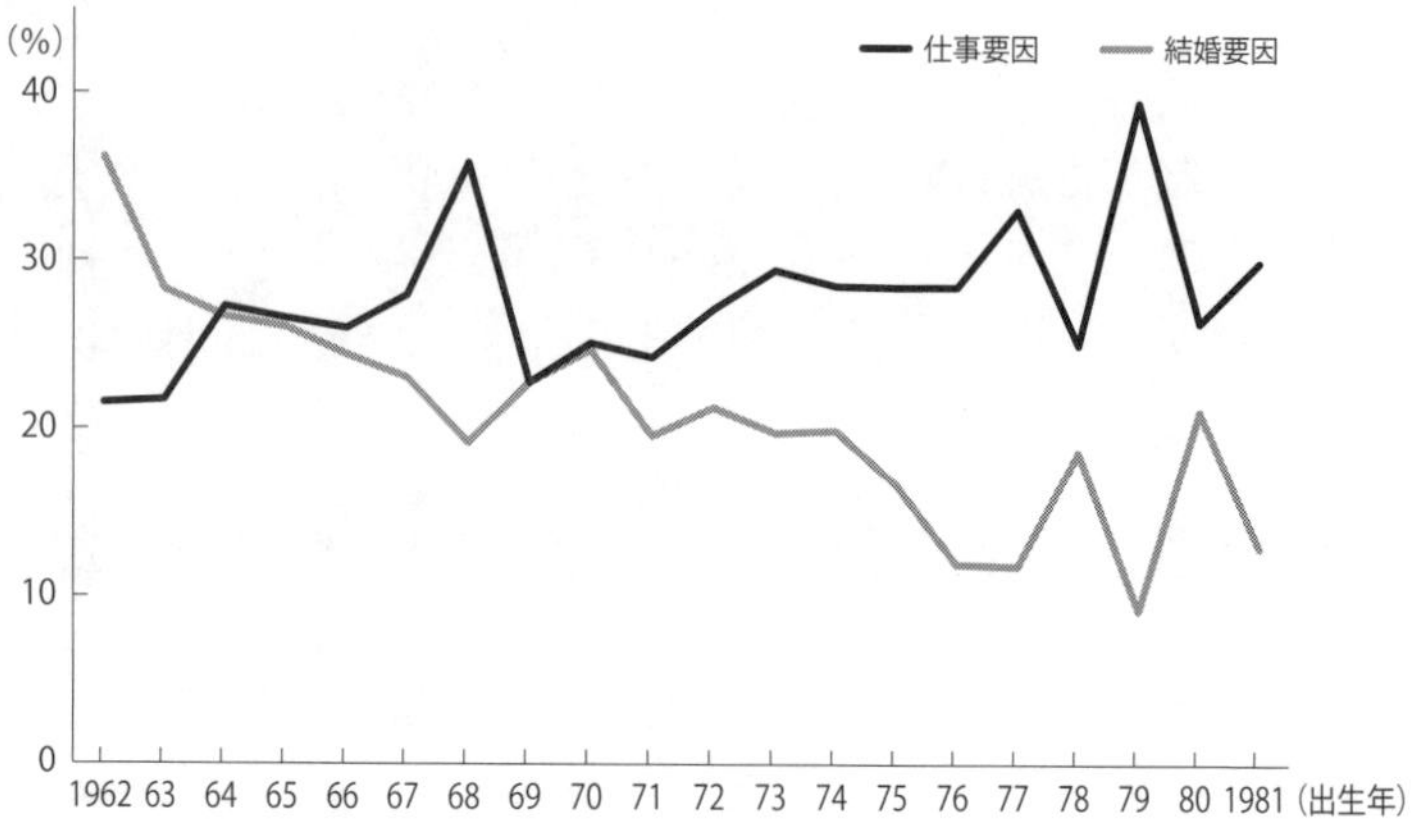

（出所）日本女子大学現代女性キャリア研究所「女性とキャリアに関する調査」2013年より作成．

はバブル経済崩壊の影響である。このときを境に、若者の就職は、氷河期を迎えるようになる。いま、1970～80年に生まれた女性たちを就職氷河期（ロスジェネ）世代と名付け、均等法が施行されバブル景気に就職した1964年から67年生まれの女性たちをバブル世代と名づけると、このふたつの世代で、初職を辞めた理由に大きな変化がみられることがわかる。

就職氷河期世代では、仕事に関連した理由で離職する女性が結婚などの理由で離職した女性を上回っている。これは、第1節で紹介したセンター・フォー・ワークライフポリシーの調査結果と同じである。

企業は、女性は結婚や出産で離職するとして、男性と同じキャリア形成の機会を提供してこなかった。それが逆に高学歴女性の離・転職を促してしまっているのである。つまり、企業がコストの削減を優先した結果、有能な人材を失うというリスクを高めてしまっているのである。

2013年12月21日に、日本女子大学現代女性キャリア研究所では、『女性の活躍推進に、いま何が求められているのか』というテーマでシンポジウムをおこなった。そのシンポジウムで、政策研究大学院大学の黒澤昌子教授は、厚生労働省の能力開発基本調査のデータから企業内訓練の受講率に明確な男女格差が存在し、その結果、女性が意欲をなくしてドロップアウトしてしまっていると指摘している。

つまり、コートとラウリーの理論が示唆するように（統計的に）差別されている女性たちの生産性向上意欲をそぐことによって女性の生産性を低め、女性への偏見を再生産させているのである。

高学歴女性のキャリア形成

それでは高学歴の女性はどのようにキャリアを形成しているのだろうか。図1―5は、前述の「女性とキャリアに関する調査」から女性のキャリアの形成を5つのタイプに分けて、年齢階層別にみたものである。

ここでいう5タイプとは、

Ⅰ．初職継続型――学校卒業後、最初に就いた仕事を現在も継続している。

Ⅱ．転職型――現在仕事に就いているがこれまでに1年未満の離職期間があった。

Ⅲ．再就職型――現在仕事に就いているが、これまでに1年以上の離職期間があった。
Ⅳ．離職型――現在仕事に就いていないが、かつては仕事に就いていた。
Ⅴ．就業経験なし――学校卒業後一度も仕事に就いたことがない。
である。

予想通り、年齢階層が高くなるほど、継続型が減り再就職型や離職型がふえていく傾向があるが、35～39歳という結婚や出産で就業を中断しやすい年齢層の女性をみても、継続就職をしているか（10・2％）、あるいは、転職をしながらも（31・7％）仕事の経験を積み上げている女性がいる。

Ⅱの転職グループの女性たちの初職を辞めた理由をみると、第1位「他にやりたい仕事があったから」（24・0％）、第2位「仕事に希望がもてなかったから」（13・0％）と続いており、「結婚のため」（9・3％）を大きく上回っている。また、タイプⅡの女性たちが転職に際して重視した条件は第1位が「やりがいなど仕事の内容」（42・5％）、つぎが「給与など職場の待遇」（29・3％）となっており、やりがいのある仕事が与えられなかったために初職を退職し、転職している女性が多いことがわかる。

さらに、初職の満足度をみると、タイプⅠの継続型の女性や、タイプⅢの再就職型の女性に比べてタイプⅡの女性たちは、「配置・昇進・処遇」の項目において、満足度が低くなっている。初職継続型では3割、再就職型では4割弱が満足あるいはやや満足と回答しているのに対して、転職型では、その割合が2割にすぎない。ここから、タイプⅡの転職型の女性たちは、仕事（キャ

図1–5　年齢階層別にみた高学歴女性のキャリアパターン

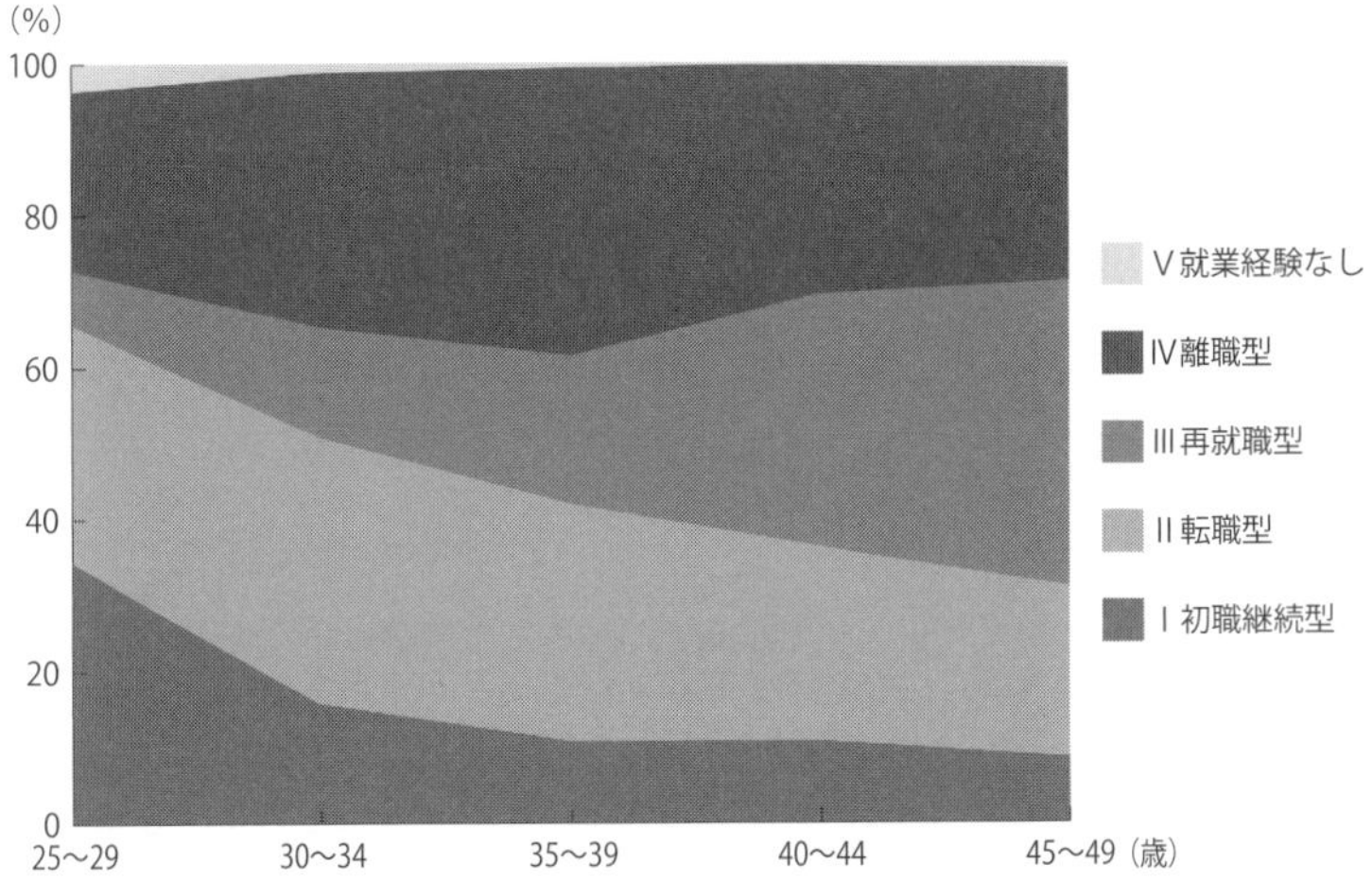

（出所）日本女子大学現代女性キャリア研究所「女性とキャリアに関する調査」2013年より作成.

リアの展望（発展））に何らかの不満を抱えて、転職していることがわかる。

とはいうものの、転職した女性の多くは、転職先の仕事について「仕事のやりがい」はあるものの、「給与などの職場の待遇」には、不満を抱えている人が多い。

このタイプⅡの転職型の女性が占める割合は、25～29歳では20％、30～34歳では25％となっている。つまり、30代前半の4人に1人の高学歴の女性が、処遇に不満をもち、キャリアの発展性をもとめて転職をしているのである。なかには、外資系の企業に転職する女性もいる。企業は、せっかく採用した有能な高学歴女性をみすみす手放してしまっている。

同じ転職を経験しているグループでも1年未満の離職期間をへて転職しているタイプⅡと1年以上の離職期間をへて再就職し

ているタイプⅢには大きな違いがある。タイプⅢでは、初職を辞めた理由の第1位は結婚（22％）である。つぎが、他にやりたい仕事があったから（14・8％）、妊娠・出産・育児のため（12・6％）と続いているが、結婚を機に離職した女性が圧倒的に多い。

ここから、高学歴の女性には、大きく分けると、ⅠやⅡのタイプの女性のように、仕事を継続していくタイプと、ⅢやⅣのグループの女性のように、子供に手がかからなくなってから再就職するタイプ、あるいは、そのまま専業主婦になる女性のふたつのグループに分かれていることがわかる。つまり、高学歴の女性をひとつのグループにまとめ、その平均値から女性労働者を判断することがむずかしくなっているのである。

すでにみたように、年齢別にみた日本の女性の就労パターンはM字を描く。そのM字就労をしているのはグループⅢの女性たちである。しかし、その割合がもっとも多い年齢層のバブル世代（45～49歳層）でも3割にすぎず、女性は結婚や出産で辞めるという前提は、もはや当てはまらなくなっている。

就職氷河期世代で結婚や出産の時期にあたる30～34歳をみると、Ⅰ＋Ⅱの就業継続型とⅢ＋Ⅳの再就職型及び離職型の割合はほぼ半々となっている。転職組まで含めると、就学前の子供を養育するとおもわれる35～39歳層でも4割は就業継続層であり、会社や社会がおもっている以上に、キャリアを積み重ねている高学歴女性の割合は高くなっている。

問題は、高学歴の女性でも初職を継続しているものはそれほど多くなく、また、日本では再就職市場が整備されていないので、転職によって生産性の低いセクターに移行したり、非正規職についている人が多くなっているということである。この点については、第2章でさらに詳しく論じることにする。

3 女性の専業主婦志向は高まっているのか

女性は離職しやすいという企業の思い込みによって、高学歴女性の離職が高くなっている。とはいうものの、日本の女性の専業主婦志向は最近になって高まってきているといわれる。02年から減少していた「夫は外、妻は家庭を守るべき」という考え方を支持するひとの割合が12年に増加に転じたこともあって、働く女性の意識についての関心が高まっている（内閣府、２０１２）。とくに若者のあいだでこの傾向が強まっていることから、最近の学生の就労に対する意識について聞かれることも多くなった。

女性も男性と同じように就職を意識して大学に入学し、卒業後は働くことが当たり前になったにもかかわらず、政府の委員会でも、マスコミにおいても、日本の女性のあいだには、専業主婦願望が根強く存在するといわれる。

さらには、子育て期に女性の労働力率が低下するというM字就労にも大きな変化はみられない。

あいかわらず、結婚や出産で退職する女性は多い。

女性に期待したいが、それに女性たちは本当に応えてくれるのか。結婚や出産後も辞めずに働いてくれるのか。日本の企業では、女性社員の意識を高めるための研修がいまブームになっていると聞く。

釜野（2013）は、1990年以降の結婚・家族・ジェンダーに関する女性の意識の変化を分析している。その結果、反転の要因の7割は、同じ世代のなかでの個人の意識が多様化したことによっておきていることを見出している。伝統的な価値観を支持する女性は、若いほど、教育年数が長いほど、非正規社員よりは正社員の方が、統計的に有意に低い。しかし、同時に、同じグループのなかでの意識が多様化していることが、最近の結婚・家族・ジェンダーに関する女性の意識の変遷から浮かび上がってきた。

出生年別のコーホート別にみると、出生年があとになるほど、「子供が小さいうちは、母親が家にいたほうがよい」も「男は仕事、女は家庭」を肯定する割合も減少している。ただし、「母親が家に」では、2002年以降、若い層で支持派が多くなる。また、「男は仕事、女は家庭」では2005年以降に若い世代で支持派が多くなっている。(13)

ここから、若い世代を同質的なグループとして平均値で判断し、ラベル付けすることが難しくなっていることがわかる。同じグループのなかでの個人の違いを見極めることが重要になっている。

図1-6　出生年別にみた学卒時の高学歴女性の働き方の理想

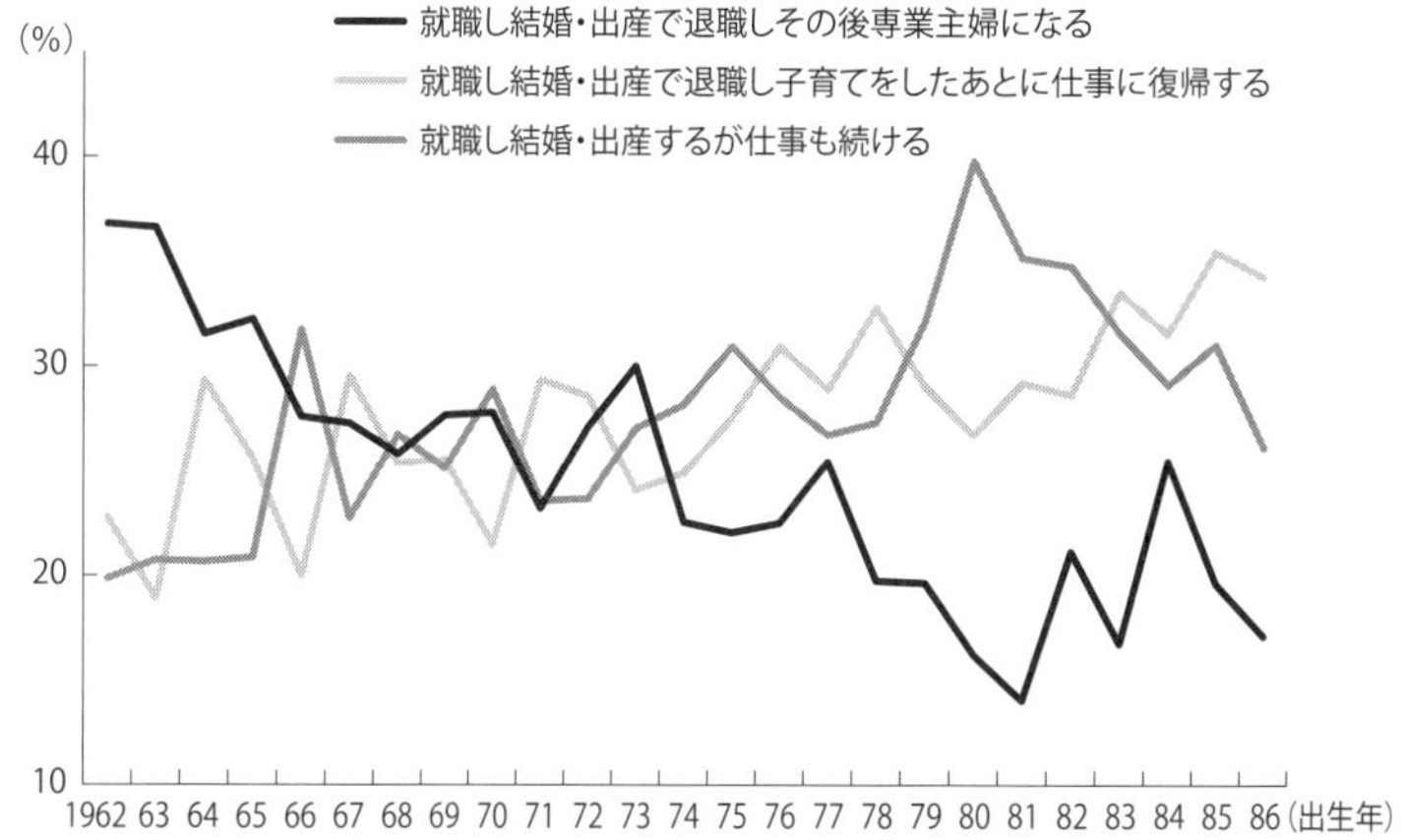

（出所）日本女子大学現代女性キャリア研究所「女性とキャリアに関する調査」2013年より作成.

つぎに、高学歴の女性を対象に、学卒時にどのような働き方を理想としているのかについてみてみよう。

図1-6は、学卒時の理想とする働き方とその変化をみたものである。理想とする働き方を①就職し、結婚・出産で退職しその後専業主婦として家庭に入る、②就職し結婚や出産で退社し、家庭に入るがその後再就職する、③就職し結婚や出産後も仕事を継続する、の3つに分けて、（回答者の）出生年別にみると、若い世代になるほど、継続就業や再就職を理想の働き方とする女性の割合がふえている。

結婚したら家庭に入る専業主婦を理想とする高学歴女性の割合は、バブル崩壊後に就職したロスジェネ世代になると大きく減少している。そして、「好きな仕事について、その仕事を一生続けたい」「仕事の内容にはこだわらないが、一生働き続けたい」「家庭や私生活と両立しながら、長く続けたい」と回答する割合がふえている。

しかし、このような若い世代の意識の変化が報道されることはない。それよりは、若者のあいだで「夫は外、妻は家庭を守るべき」という考え方を支持するひとの割合がふえたことが大々的に報道される。結果として、女性に対する「統計的差別」が助長されることになる。

専業主婦という言葉の使われ方が大きく変化しているとのべているのは、『VERY』の編集長の今尾朝子さんである。もともとは結婚してから働かない女性が専業主婦と定義されていたのに対して、いまでは、ライフステージの一時期子育てを優先している女性に対して使われるようになっている（章末のコラム参照）。

このように、専業主婦という言葉の使われ方も時代の変化にともなって大きく変化しているにもかかわらず、若者の専業主婦願望があいかわらず強いことを示す調査結果が紹介されている。2013年9月に発表された調査によると、独身女性のうち3人に1人が結婚したら専業主婦になりたいと回答したという。厚生労働省の委託研究の結果で、対象は15～39歳の独身の女性である。もとになっている調査結果をみてみよう(14)。

「結婚（事実婚含む）したあとは専業主婦になりたいと思いますか」という質問に対する回答の結果を多い順からみると、以下のようになっている。「どちらともいえない」（27・2％）、「どちらかといえばそう思う」(26・0%)、「どちらかといえばそう思わない」(25・1%)、「そう思わない」(13・4%)、「そう思う」(8・2%)。

学生にこの結果を示し、ここから何が読み取れるかと聞いたところ、大多数が、専業主婦になりたいという女性が予想以上に少ないと答えた。8・2%の女性しかイエスと回答していないというのがその理由だ。だが、日本の新聞の報道では、「独身女性、3人に1人が専業主婦希望」という見出しがついている。「どちらかといえばそう思う」も含んでいるからだ。

また、専業主婦になりたい、あるいは、どちらかといえばそう思う、と回答した女性にその理由を聞いたところ(複数回答)、「女性には家事や子育てなど、仕事をするよりもやるべきことがあると思うから」(61・4%)、「夫がしっかり働けるようにサポートするのが妻の役目だから」(29・3%)、「私(配偶者である女性)は仕事が嫌いだから」(20・7%)、「夫の収入だけで暮らしていけると考えているから」(17・9%)、「結婚したら女性は仕事はやめるものだと思うから」(9・3%)、「結婚したら女性は仕事をやめるように周囲(両親や職場)からいわれているから」(1・3%)などの理由が選ばれている。

注意しなければいけないのは、専業主婦になりたいと回答した女性が3割おり、そのうちの6割が、「女性には家事や子育てなど、仕事をするよりもやるべきことがあると思うから」と回答しているのであり、全体でみると、そう回答しているのは2割弱である。にもかかわらず、記事は、6割の女性が固定的な役割分業を肯定しているような書きぶりである。若い女性に専業主婦願望が強いという先入観で記事が書かれているのである。

さらに、「どちらかといえばそう思う」という回答をどのように解釈すべきか、ということであるが、通常、社会科学の分野では、これは、社会の環境次第で意識が変わる可能性があるグループと解釈される（Hakim, 2000）。

ということは、学生たちが解釈したように、日本の女性の専業主婦願望はそれほど強くないといえる。

にもかかわらず若い女性に専業主婦願望が根強いといわれるのは、バリバリ働きキャリアをもちたいと考える女性が少ないからである。それを上の世代は女性の専業主婦願望が強いからだと類推している。他方、若い女性たちは、バリバリ働いている女性たちの多くが未婚だったり、結婚しても子供がいなかったりすることから、キャリアを選択すれば、子供をもつことをあきらめなければならないと考えている。この点については、第2章でさらにくわしく論じる。また、日本では、30代、未婚、子供なしの女性は負け犬とみる風潮もある。このような女性の意識を変えるためには、日本の会社に、キャリアと育児を両立している女性たちをふやす必要がある。また、男女で大きく異なる人事管理制度を見直す必要があるのである。これについては第3章で論じることにする。

4 氷河期世代の意識を変えた経済変化

以上みてきたように、初職の離職理由や働き方の理想において、バブル崩壊後に就職したロスト・ジェネレーション世代の女性の意識は、それ以前の世代とは異なっている。それはなぜなのだろうか。経済の構造変化や男性の労働市場の変容をみると、その理由がわかる。以下では、男性もふくめた90年代からの経済の変化や労働市場の変化を概観してみよう。

経済の構造変化と男性不況の到来

サービス経済化は女性に就業機会を多く提供する。製造業や建設業などの第2次産業で男性の雇用が減り、医療・福祉などの第3次産業では女性がふえた結果、1996年以降、男性と女性の失業率が逆転し、男性の失業率が女性を上回っている(15)（図1−7）。また、2010年以降、この格差がさらに拡大している。

97年までは男性の労働者数は増加しており、男性の失業率は女性のそれと同じであった。ところが、97年に消費税が3％から5％に引き上げられた。また、アジア通貨危機を発端として、大

図1-7　男女別にみた失業率のトレンド　1973～2013年

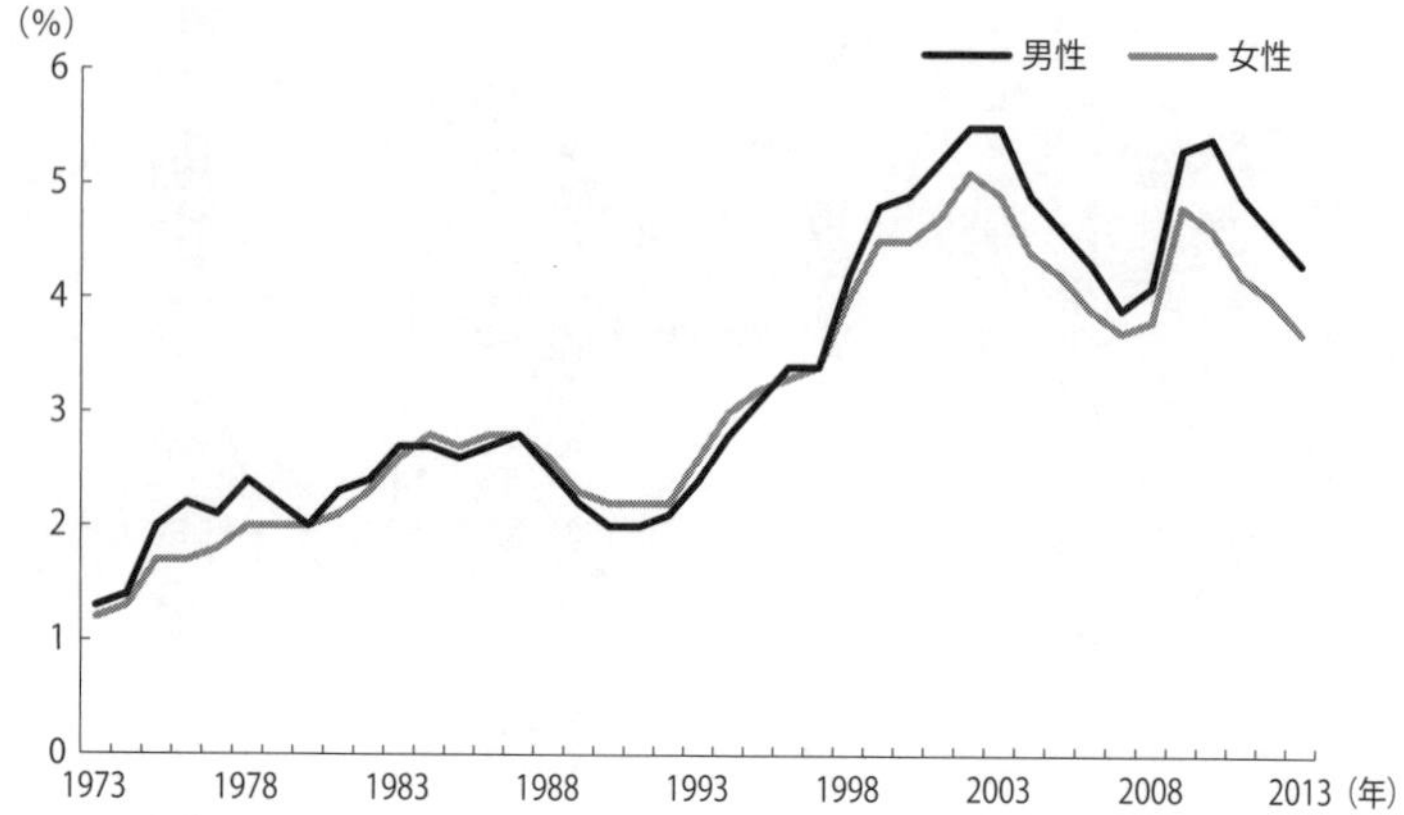

（出所）総務省「労働力調査」各年.

手金融機関の自主廃業や経営破綻が続き、企業の不良債権問題が深刻化すると同時に、倒産件数が増加したのである。

これを受けて99年には製造業や建設・医療などの一部を除き派遣労働者の使用が原則自由化され、労働市場の規制緩和が実施される。２００４年には、製造業への派遣が解禁された。いわゆる労働ビッグバンといわれる労働市場の規制改革が実施されたのである。

景気が低迷し、労働市場の規制が緩和されるなかで、男性労働者に占める非正規労働者の割合は、92年の10・１％から２０１２年では22・１％にまで増加している。つまり90年代のはじめには男性労働者の10人に１人が非正規労働者であったのが２０１２年では５人に１人になっているのだ。

また、１９８０年代までは、非正規労働者の多くは、既婚女性であって、家計は夫である世

図1-8　出生年別にみた高学歴女性の初職時の正社員比率

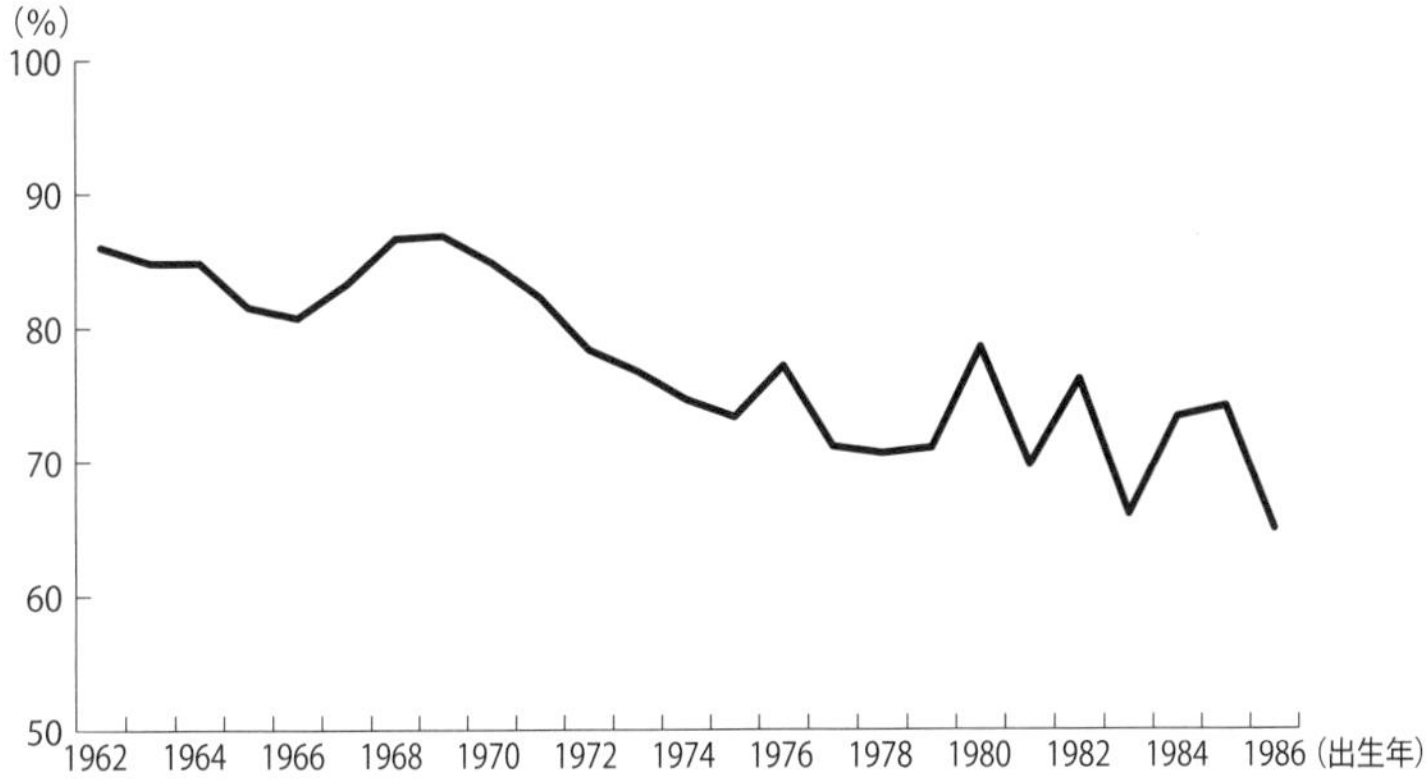

（出所）日本女子大学現代女性キャリア研究所「女性とキャリアに関する調査」2013年より作成.

帯主によって支えられている場合が多かったが、90年代以降は、世帯主が非正規の仕事をしているケースもふえている。さらに、2012年では学卒者を除く若年男性（15〜24歳）の26％が、また、若年女性の36・4％が非正規労働者である。

図1-8は、日本女子大学の「女性とキャリアに関する調査」から高学歴女性の初職における正社員割合をみたものである。年齢が若くなるほど、正社員比率が減少していることがみてとれる。

労働力の非正規化の問題については、第5章でさらに詳しく論じる。

日本の景気は2002年まで景気が低迷したあとは、2002年から2008年9月のリーマン・ショックまでは景気はゆるやかに回復し、「いざなみ景気」とよばれる景気の回復がみられる。ところが2008年9月15日にアメリカの投資銀行リーマン・ブラザーズの経営破綻がおきた。それが引き金となって、世界的金融危機が勃発する。いま日本経済は、アベノミクスによって、リーマン・ショック以降の新たな調整過程に入っているところである。

さて以上にのべた景気の波に連動して男性の雇用は増加と減少をくりかえしているのに対して、女性の雇用は一貫して増加傾向にある。また、大学生の就職内定率をみると、04年から女性の内定率が男性の内定率を上回っている。そして、今後の成長が見込まれる戦略5分野で2020年までに257万9000人の雇用が確保されるとみている[16]。その内訳は、男性127万人に対して女性131万人であり、雇用の増加は女性のほうが多い。

少子高齢社会において医療や福祉の分野での雇用がふえるだけでなく、消費市場においても女性の消費者が企業の業績に大きな影響を与えるようになっている。

これまで男性客の多かったコンビニやファミレスでも女性客比率がふえており、女性客のふえる企業ほど業績があがっているといわれる。背後には、働く女性が増加したことによって、女性の経済力が急速に高まっていることがある。永濱（2012）は、2009年の若年勤労単身世帯の男性の可処分所得は21万5515円に対して女性は21万8156円と女性が男性を上回っているとのべている。

全消費の64％は女性によってなされるといわれ、女性の経済力の高まりが、企業業績を左右する時代がきている。そのために、女性が企業の意思決定ボードに参加し、経営について発言権をえるダイバーシティ・マネジメントの重要性が増している。この点については第3章で詳しくのべる。

減少する正社員男性の所得

女性の働くことに対する意識の変化には、女性の就業機会が拡大したことや男性の雇用保障が低下したことに加えて、正社員男性の所得が減少しているということも大きい。独身であっても、このような現実が将来不安という形で、将来予測や自身のキャリアに対する意識に大きな影響を与えるからである。

図1-9は、30～34歳の男性正社員の所得分布を1997年と2007年で比較したものである。この間はデフレが静かに進行しており、物価はほとんど変化していないので、物価の変動を考慮することなく、このふたつのグラフを比較することができる。97年にくらべて07年では所得分布の山が左にシフトしており、所得分布の山がゆるやかになっていることがみてとれる。97年には29・9%が500万～699万円の年収をえていたのであるが、07年には20・0%に減少している。そして、300万～399万円の所得層がふえている。つまり所得格差が拡大し、低所得階層がふえているのである。同じ傾向は世帯所得でもみられる。世帯所得分布の中央値(もっとも頻度が高い所得階層)が、97年では600万～699万円であったのが、07年には500万～599万円へと下方にシフトしており、日本が長期のデフレ不況に入っていることが

図1-9　1997年と2007年の男性正社員（30〜34歳）の所得分布の比較

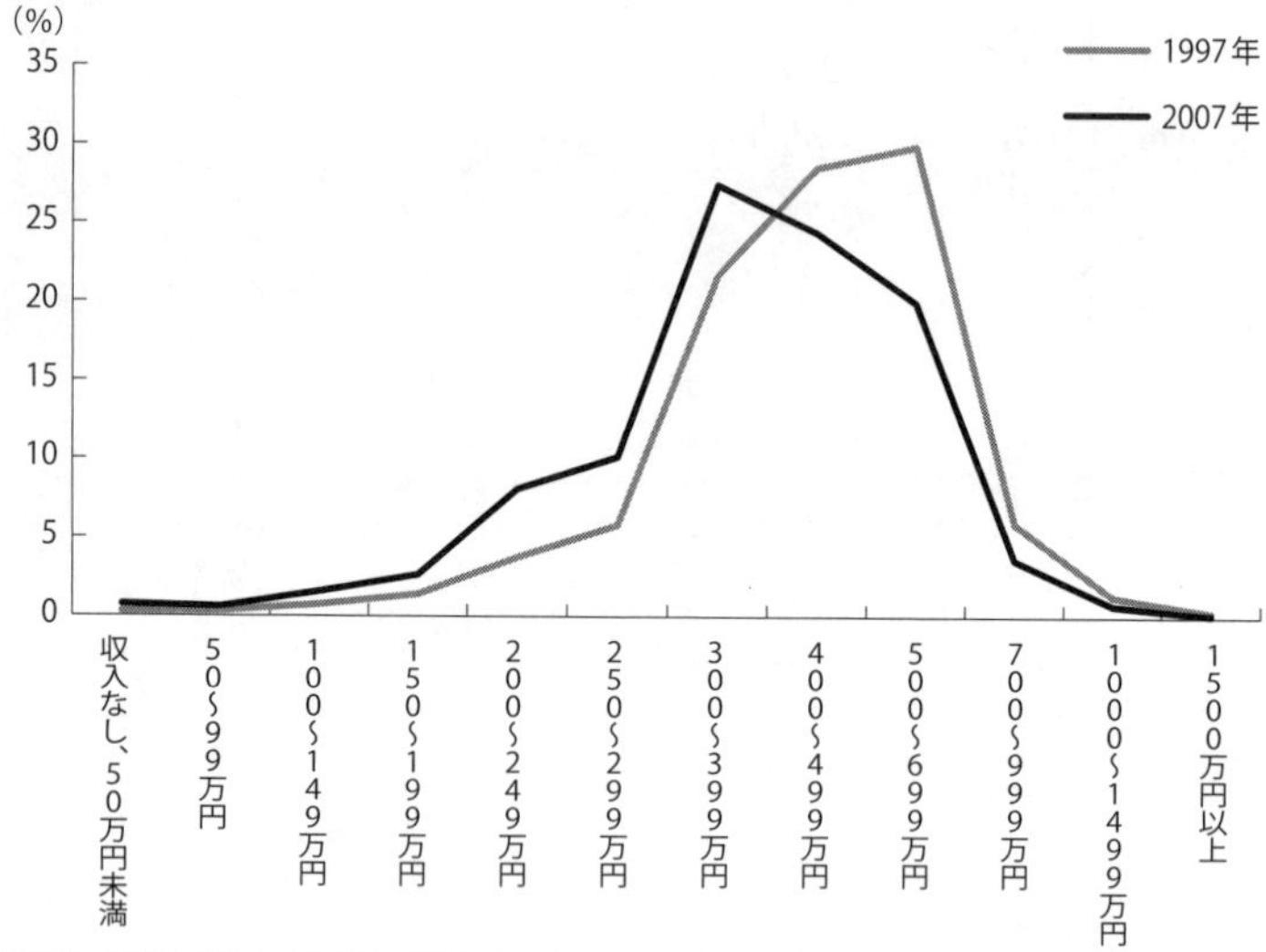

（出所）総務省「就業構造基本調査」1997年及び2007年より作成.

確認できる。

大嶋（2011）は、総務省の家計調査を使って、勤労世帯の世帯主収入が90年代半ばまでは増加傾向にあったが、「この時期を境に勤め先収入の減少基調が鮮明になる」ことを指摘している[17]。

さらに、大卒男性の賃金カーブも、40歳代以降はフラット化する傾向が明瞭になり、男性大卒労働者の生涯賃金は1995年の2・8億円から2009年には2・5億円へと低下している（2005年の物価で調整したもの）（大嶋、2011）[18]。

所得の低下にとどまらず、正社員のポストも減少している。景気回復期にあたる2002年から07年にかけて、男性正社員が減少し続けており、「長

図1-10　2007年の男性正社員（30～34歳）の世帯所得と個人所得分布の比較

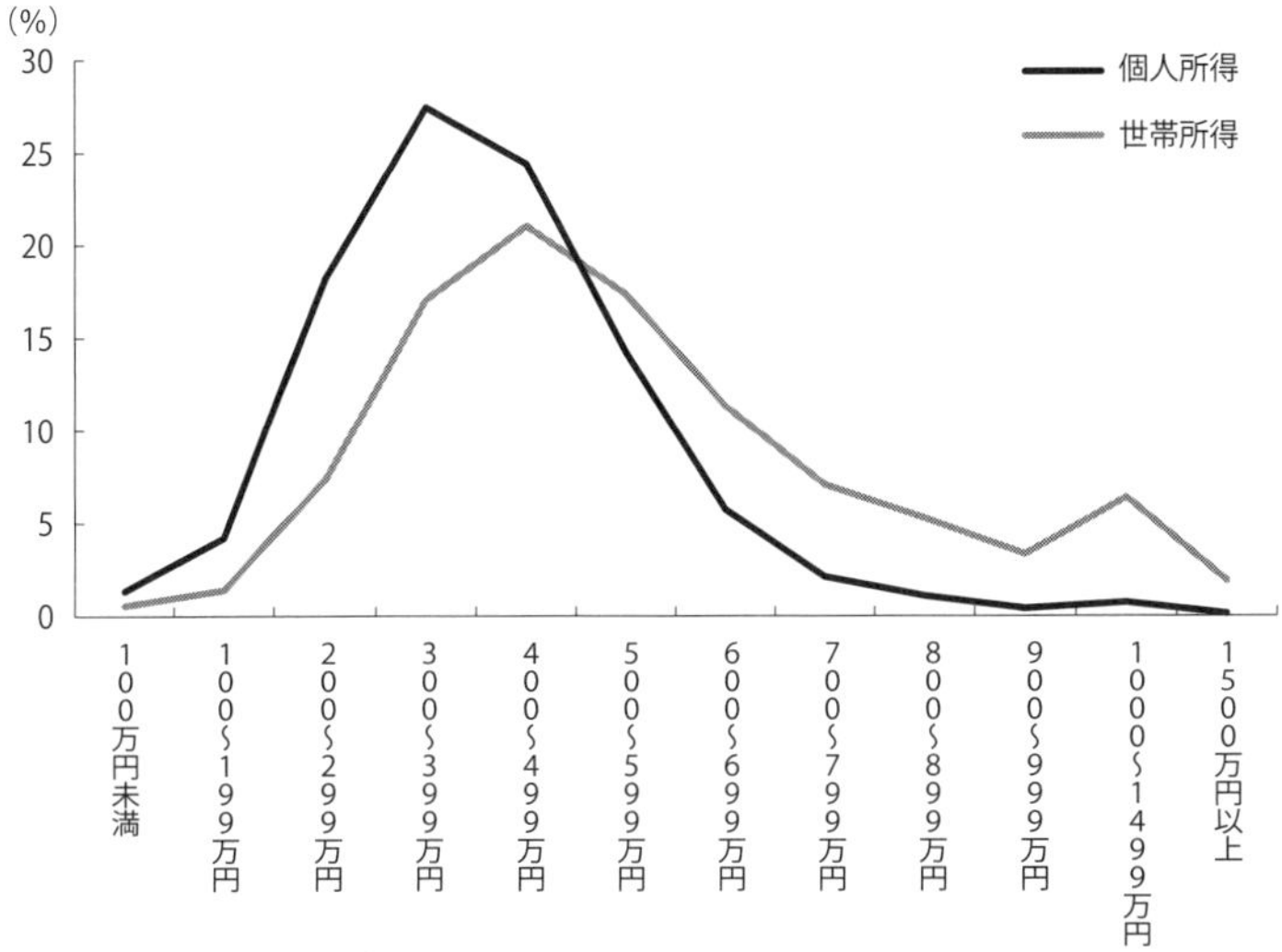

（出所）総務省「就業構造基本調査」2007年より作成．

時間労働かつ年収３００万円未満の正社員の数は97年の65万人から２００７年の１１６万人に増加し、正社員といえども非正社員に近い待遇で働くひとが増えているのである（大嶋、２０１１）[19]。

こうした経済の変化を反映して、長期不況によって失われたのは「一家の大黒柱」という言葉であるというのは、第一生命経済研究所の熊野英生氏である（熊野、２００６）。

妻の所得によって家計が安定する新しい時代が到来したのだ。30〜34歳の世帯所得分布のカーブも97年と比較すると２００７年で左側にシフトしているのだが、所得分布の山が４００万〜４９９万円にあり、同じ年齢層の男性の所得分布の山が２００万〜３９９万円であることをみれば、妻の所得が加わることによって、世帯所得は一階級上に上がることになる。また、世帯所得の分布をみると、1000万円以上の所得階層に小さなピークがみられる。これは個人所得の分布ではみられないので、夫婦ともに正社員として働く世帯の増加がここに反映されているのではないかとおもわれる（図1－10）。

ここから、若い勤労世帯の家計を安定させるためには、妻の所得が鍵になっていることがわかる。

労働政策研究・研修機構が2013年に実施した子育て世帯の追跡調査の結果でも、2011年の初回調査に比べて、母親の就業率は63・3％から69・6％へと6・3％上昇している。そして、年収が大幅にアップした世帯は、母親の平均（就業）年収が大幅にアップしていることが確認されている[20]。

さらに、ここでのべた経済変化が、若い女性の働くことに対する意識を変化させているのである。

コラム「専業主婦」の変遷

週刊誌の特集には時代の変化を読み取る鍵が隠されている。そのために、社会科学の分野では週刊誌の記事を分析することで、時代の変化を探る研究も多い。

かつて主婦向けの代表的な雑誌といえば、『主婦の友』（1917〜2008）『婦人倶楽部』（1920〜1988）、『主婦と生活』（1946〜1993）、『婦人生活』（1947〜1986）であった。そのうち最近まで残っていたのは『主婦の友』だけである。残る3誌は80年代の終わりから90年代の初めにかけて廃刊（休刊）に追い込まれている。

代わって創刊された30代女性向けの雑誌のひとつが『VERY』（1995年6月〜）である。この雑誌の創刊によって、「子供連れでもおしゃれな母親たちが増え、街の風景が変わった」（石崎、2004）といわれており、専業主婦をターゲットとした雑誌としていまでも根強い人気を誇っている。

多くの主婦向けの女性誌の売り上げが低迷しているなかで、『VERY』は着実に売り上げ部数をのばしている。ここから女性の専業主婦願望の強さを指摘する声もある。しかし、雑誌の売れ行きが好調なのは、日本の30代の女性のあいだに強い専業主婦願望があるからなのだろうか。編集長の今尾朝子さんにお話をうかがった。

今尾さんは、2007年に『VERY』の編集長に就任されたその日から通勤ルートを幼稚園の前を通るルートに変え、小さい子供をもつ30代の女性たちのインタビューを重ねたのだそうだ。30代の女性たちのリアルな姿が見えてくるにしたがって、自分たちが読者を逆に自分達のイメージにはめてしまっているのではないかという疑問が湧いてきたという。

インタビューのなかで、ある読者が、「いまが一番幸せだ。以前は、両親に対してはよい娘であり、上司に対しては有能な部下でありたいとおもい、本当の自分が出せなかった。でもいまは、パートナーができて、子供ができて、基盤ができた。初めて人生のスタート地点に立てた気がする。だからこそ、家族を守りたいし、強くありたい」と語った。それを聞いて「基盤のある女性は、強く、優しく、美しい」というキャッチコピーが頭に浮かび、それまでのキャッチコピーと変えたところ、その号の売り上げが急増したそうだ。

「カッコイイ〝お母さん〟は止まらない！」というキャッチコピーも支持を受けた。上の世代の男性は、主婦という言葉に、かわいいとか優しいとか柔らかいというイメージをもっている。しかし、いまの女性達はかっこいい母でありたいし、自分でありたいとおもっている。その世代間のギャップをキャッチコピーに使った。

広告部には、主婦とかママといった言葉を使うと広告が入りにくくなるので使わないでほしいといわれていたのだが、「『主婦らしい』私が、今の誇り」という特集を組んだところ、この号も売り上げが伸びた。このキャッチコピーには、「主婦であることを誇りに思っています」と堂々といえる世の中になったらいいという今尾さんの思いを込めた。

「夫婦」の関係も変化している。『VERY』創刊（1995年）当時は、30代の女性たちは、本心はともかくとして、夫を主人として立てて、半歩下がるというスタイルを見せていた。しかし、いまは、最初から対等なパートナーとしてみてほしいとおもっているひとが多い。対等に会話ができる夫婦でありたいし、社会との接点ももっていたいし、仕事もしていた方がいいとおもっている。妻に働いてほしいとおもう男性もすごくふえている。

『VERY』の読者には、働いている女性も多い。今尾さんが編集長に就任された2007年には、読者のうちで仕事をしている女性は3分の1くらいだったそうだ。ところが最近では、半分以上にふえている。また、周りのサポート環境も整ってきているので、これからは復職率も上がり、もっと多くの読者が働くようになると今尾さんはみている。

何かしら仕事をしているひとがふえてきたので「『家族が一番、仕事が二番』の私たち」（2009年3月号）というタイトルで特集をしたところ、これにも大きな反響があったそうだ。自分が子供のときには母親が家にいたひとが多いので、働いている女性たちはさまざまな葛藤を抱えている。真面目な女性は、100％仕事と向き合えない自分が働いていてもいいのだろうかと悩んでしまう。でもいまの時代はそれでも働くことに意味もあるし価値もある。家族が一番、仕事が二番とおもっていればいいのではないか。また、そういうスタイルを社会が受け止めることが大切なのではないかというメッセージを込めて特集を組んだところ、これを読んで涙がでたという読者からの感想が寄せられたそうである。

「いま働くってそんなに生易しいものではないとおもいます。乳飲み子を抱えて外に出ていけない状況の人達にとっては、いまは吸収する時期だからと、勉強しているひとたちもたくさんいます」と今尾さん。

「素敵な30代はインプット上手」というタイトルの特集にも反響があった。将来を見据えて細々とでも働いていたほうがいいと考える読者もいれば、いまはインプットの時期にしようと将来に備えて勉強しているひともいる。地域に役立つことをしていけたらと考えているひともいる。そういう意味ではいまの女性達の専業主婦の選び方は、ポジティブだと今尾さんは考えている。人生のある時期を子育てに集中しているひとたちを日本では専業主婦というが、いまの女性たちはそれを自ら選択しているからである。

日本では仕事に重きが置かれすぎていて、家には寝に帰るだけの生活をしているひとも多い。それに対して、いまの30代は、生活そのもののなかに豊かさを求めている。家族がプライオリティのナンバーワンで、そのために夫婦がどうやって働き、子供を育てていくのかを考えている新しい世代が日本に誕生していると今尾さんはみている。

今尾さんのお話をうかがうと、専業主婦という概念が時代の変化とともに、大きく変わっていることがわかる。昔はいったん家庭に入ったらそのまま家庭で育児や家族の世話を専業にする女性のことをそういった。しかし、いまでは、一時期子育てに専念してはいるものの、再就職をする女性がそこにふくまれている。

こうみてくると、『VERY』という雑誌の購読者がふえているのは、専業主婦願望をもつ女性がふえているからではなく、新しい時代の生活の豊かさを提案しているからではないだろうか。

【注】

（1）イングリッシュ、2013、13～14ページ。
（2）ミレー、2013、26ページ。
（3）21～62歳の大卒の男女1582名（438名の女性と1144名の男性）である。センター・フォー・ワークライフポリシー、2011。
（4）センター・フォー・ワークライフポリシー、2011、10ページ。
（5）山口、2009、174ページ。
（6）山口、前掲書、168ページ。
（7）山口、2008、94～95ページに予言の自己成就の概念が簡潔に説明されている。
（8）山口、2009、169ページ。
（9）山口、前掲書、175ページ。
（10）山口、前掲書、175～176ページ。
（11）この調査は25～49歳の東京・埼玉・千葉・神奈川に住む短大・高専以上の女性を対象としており、5155人から回答をえている。なお、この調査では調査対象者の就業形態の偏りを避けるために、年齢を3つに分け、それぞれの年代に対して「労働力調査」に基づいた就業形態の割り付けをおこなっている。
（12）第1位で結婚を理由に離職した女性の多くは第2位や第3位の理由を記載しない傾向がある。それに対して、「他にやりたい仕事があったから」と回答した女性の多くは、「仕事に希望がもてなかったから」を第2位にあげている（39・6％）。逆に、「仕事に希望がもてなかったから」と回答している女性の場合には、第2位に「他にやりたい仕事があったから」と回答しているケースが多い（24・5％）。
（13）釜野（2013）は、反転の要因を、コーホート交代によるマイナス効果と同じコーホートのなかでの肯定派の増加（個人効果）のふたつの要因に分けて分析したところ、「子供が小さいときは母親が家にいるべき」については、コーホート効果（3割）を上回る個人効果（7割）が、また、「夫は仕事と妻は家事という分業」

については、変化のほとんどが、同じ世代のなかで、肯定派が増加したことによるという。
(14) 厚生労働省「若者の意識に関する調査」2013年9月に結果が公表されている。
(15) 永濱、2012、52ページ。
(16) 戦略5分野とは、①インフラ関係・システム輸出、②環境・エネルギー課題解決産業、③医療・介護・健康・子育てサービス、④文化産業立国（ファッションやコンテンツ）など、⑤先端分野（ロボットや宇宙）の5分野である（経済産業省・第一生命経済研究所「産業構造ビジョン2010に見る2020年の雇用」より）。
(17) 大嶋、2011、117ページ。
(18) 大嶋、前掲書、58ページ。
(19) 大嶋、前掲書、52ページ。
(20) 労働政策研究・研修機構、2014、14ページ。

〔参考文献〕

石崎裕子「女性雑誌『VERY』にみる幸福な専業主婦像」『国立女性教育会館研究紀要』第8号、61～70ページ、2004年。

イングリッシュ、コニー・デイト「女性の再就職支援における大学の役割」『現代女性とキャリア』第5号、13～18ページ、2013年。

エコノミスト「人材浪費大国ニッポン」『エコノミスト』2011年11月5日号。

大嶋寧子『不安家族――働けない転落社会を克服せよ』日本経済新聞出版社、2011年。

釜野さおり「1990年代以降の結婚・家族・ジェンダーに関する女性の意識の変遷――何が変わって何が変わらないのか――」『人口問題研究』第69巻第1号、3～41ページ、2013年。

熊野英生「そして『一家の大黒柱』は死語となった」『週刊エコノミスト』5月2日／9日合併号、2006年。

厚生労働省「男女間の賃金格差レポート」２００９年。

センター・フォー・ワークライフポリシー『日本における女性の休職・離職と職場復帰――企業が有能な女性の成功をサポートするには』２０１１年。

内閣府「男女共同参画社会に関する世論調査」２０１２年。

永濱利廣『男性不況』東洋経済新報社、２０１２年。

日本女子大学現代女性キャリア研究所（ＲＩＷＡＣ）『「女性とキャリアに関する調査」報告』２０１３年３月。

マッチャー、エミリー『ハウスワイフ２・０』森嶋マリ訳、文藝春秋、２０１４年。

ミレー、シャーリーン「労働市場におけるフランス女性――大学が直面する新たな課題――」『現代女性とキャリア』第5号、24～28ページ、２０１３年。

山口一男『ダイバーシティ』東洋経済新報社、２００８年。

――――『ワークライフバランス――実証と政策提言』日本経済新聞出版社、２００９年。

――――「ホワイトカラー正社員の男女の所得格差――格差を生む約80％の要因とメカニズムの解明」RIETI Discussion Paper Series 14-J-046、２０１４年。

労働政策研究・研修機構『出産・育児期の就業継続――２００５年以降の動向に着目して』労働政策研究報告書Ｎｏ．１３６、２０１１年5月。

労働政策研究・研修機構『子育て世帯の追跡調査（第1回：２０１３年）――２０１１・２０１２年調査との比較――』ＪＩＬＰＴ調査シリーズＮｏ．１１５、２０１４年。

Hakim, Catherine, *Work-Lifestyle Choices in the 21st Century: Preference Theory*, Oxford University Press, 2000.

第2章

少子化はなぜおきたのか

少子化への関心がふたたび高くなっている。２０４０年に20～39歳の女性が半分以下になる自治体は８９６市区町村にものぼるといわれており、多くの自治体が危機感を募らせている。

日本の出生率は70年代をなかばに減少傾向に転じており、90年代からは政府も積極的に少子化対策に力を入れてきた。にもかかわらず、日本の出生率はあいかわらず低い水準を維持している。

少子化の原因は、女性の社会的経済的地位の向上にあるといわれる（津谷・樋口、２００９）。その経済的地位を高めているのは、女性の高学歴化であるが、その高学歴の女性たちは、晩婚化、晩産化、さらには非婚化しており、それが日本に少子化をもたらしているおもな原因だとみられている。

１９７５年の初婚平均年齢は、男性が27歳で女性が24・7歳であったのに対して、２０１２年には男性が30・8歳で女性が29・2歳と大幅に上昇している。女性の結婚適齢期はいつしかクリスマスイヴから大晦日にシフトしているのだ。

また、生涯未婚率（50歳時点での未婚率）は、２０１２年に男性が20・14％。女性は10・61％となっており、20年前の男性5・57％、女性4・33％と比較して大幅に上昇している。

このような現象に対して、その原因が（結婚しない）女性にあるとみる見方が根強く存在する。政治家のなかには、「独身のひと、子を生まない女性には罰金を課すべき」と発言するひとがいたり、２０１４年の都議会では女性議員の質疑中に「産めないのか」というヤジが飛んだり、同年の衆議院での女性議員の質問中に「まず自分が産まないとだめだぞ」といったセクハラ発言が相次ぎ、物議を醸している。

若者に結婚してもらおうと、各自治体が婚活パーティーを実施しているが、そこでの成婚率はそれほど高くない。経済環境が大きく変わったいま、若い男女がそれぞれの価値観をすりあわせて結婚にいたる過程はそれほど容易なことではない。

なぜ非婚化や晩婚化という現象が生じているのか。その原因は結婚しない若者（女性）にあるのか。背後の要因を探るとともに、なぜいままでの少子化対策がそれほど大きな効果をもたなかったのかについて考えてみたい。

1 少子化はなぜおきたのか

国立社会保障・人口問題研究所が公表した日本の将来推計人口をみると、日本の総人口は2026年に1億2000万人を下回った後も減少を続け、2048年には1億を割って、9913万人になると見込まれている。

背後には、70年代から顕著にみられる出生率の低下がある。人口の水準が一定に維持されるためには出生率はある一定水準以上でなければならない。この水準を置換水準という。出生率がそれを割り込むのは1974年である。1993年からは、出生率の低下がさらなる低下を引き起こす「低出生率の罠」に入り込んでいる（津谷・樋口、2009）。

高学歴女性のキャリア形成と結婚

少子化の原因は、女性の社会的経済的地位の向上にあるといわれていることはすでにのべた。これは経済の変化と無関係ではない。経済のサービス化やグローバル化などの経済の構造変化によって、経済が女性労働者を必要としている時代が来ているからである（第1章第4節）。女性の高学歴化もこの変化にあわせて進んでいる。女性労働者に占める大卒者の割合は1985年には18・7％であったのが、2012年には57・3％と大幅に上昇している。高学歴の女性の雇用就業率が上昇し、男女間の賃金格差を縮小するとともに、結婚をしない男女の増加や、結婚の時期が遅くなることによって、出生率が低下している。

このような傾向は、サービス経済化やグローバル化が進展している他の先進国に共通にみられるのだが、日本では、他の国よりも女性の晩婚化が顕著である。永瀬は、2006年に実施されたパネル調査をもとに、35歳以下の女性に限定して女性が未婚から既婚への移行確率を東京と北京とソウルという3地点で比較した結果、東京でもっとも晩婚化が進んでいることを見出している（永瀬、2008）。

以下では、第1章でも分析に用いた現代女性キャリア研究所の2011年の調査をもとに、高学歴の女性の結婚や出産とキャリア形成との関係をみてみよう。

図2−1は、年齢階層別の高学歴女性の既婚及び子供の有無の状況をみたものである。日本で

図2-1　年齢階層別、配偶関係別、子供の有無別の分布

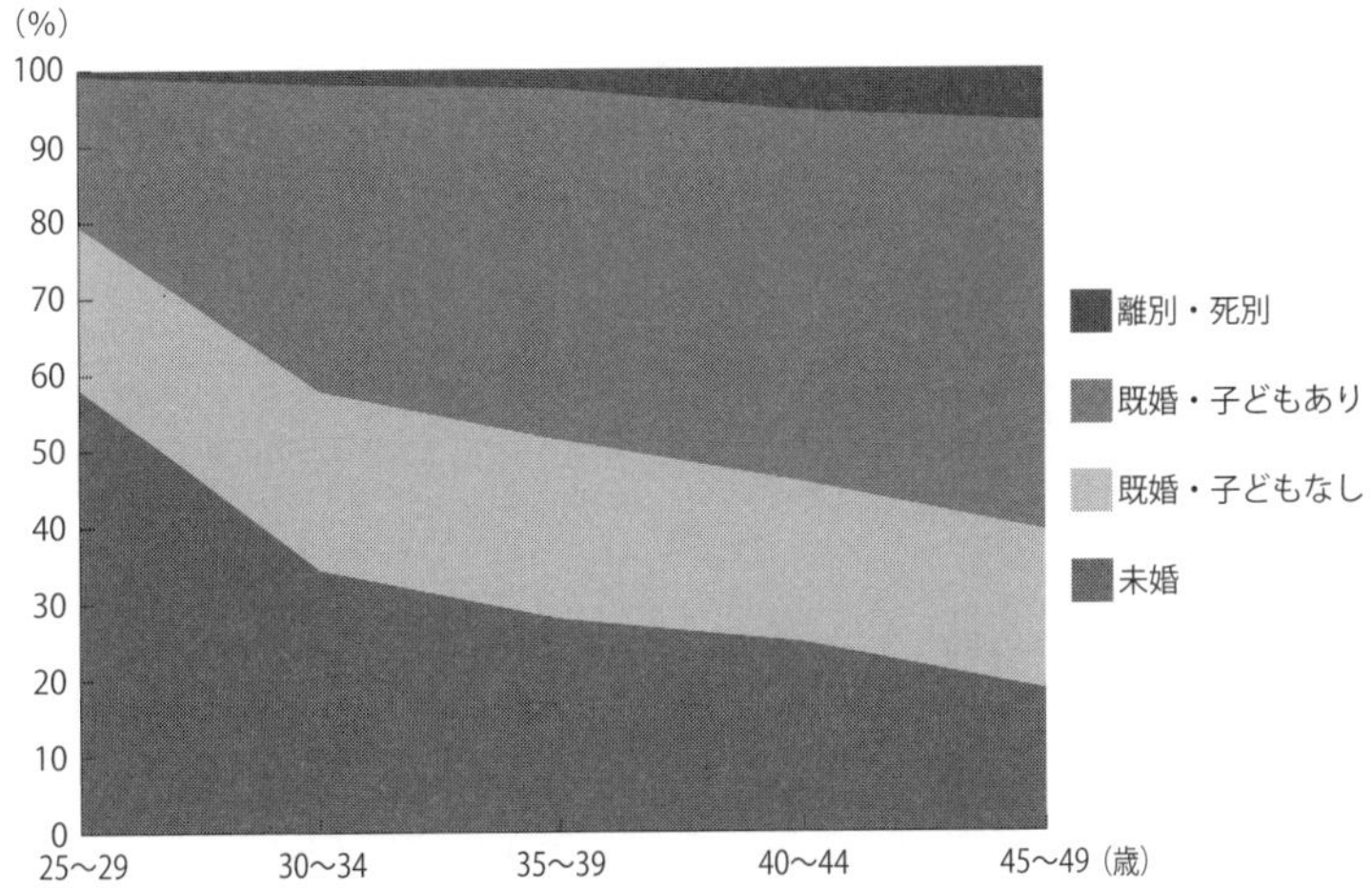

（出所）日本女子大学現代女性キャリア研究所「女性とキャリアに関する調査」2013年より作成．

は、大多数の女性は結婚し、子供をもつとおもわれてきたが、40〜44歳のうちで、結婚しており子供のいる女性の割合は全体の48・7％と約半数を占めるにすぎない。結婚はしているものの、子供がいない女性は20・9％、子供もいなくて、かつ結婚もしていない女性が24・9％存在するのである。これをみると、結婚し子供をもつことが当たり前という暗黙の前提が大きく崩れていることがわかる。

40代前半で、5人に1人の高学歴女性は結婚していない。2割は結婚しているが子供がいない。離別や死別などを除くと、約半数のみが結婚して子供がいる、いわゆる標準世帯を形成しているのである。ちなみに、国勢調査によると、35〜44歳の女性の3・5人に1人が独身である。さらに、45〜49歳の女性で、結婚して子供がいるのは

表2−1　年齢階層別にみた女性の働き方と既婚率

キャリアパターン	25～29	30～34	35～39	40～44	45～49(歳)
初職継続型	20.4	54.0	47.8	51.7	44.3
転職型	31.1	42.9	46.2	50.7	62.5
再就職型	40.3	55.2	72.9	76.2	85.3
離職型	84.9	96.0	97.3	96.1	95.1
就業経験なし	38.5	87.5	50.0	100.0	100.0

（注）配偶者と死別したもの，及び，離別したものはサンプルから除いている．サンプル数は4972.
（出所）日本女子大学現代女性キャリア研究所「女性とキャリアに関する調査」2013年より作成．

53・7％にすぎない。

未婚女性の増加と既婚だが子供のいない世帯の増加が少子化をもたらしていることがここからもうかがえる。

それでは就業と結婚にはどのような関係がみられるのだろうか。第1章で用いた働き方の5パターン（初職継続型、転職型、再就職型、離職型、就業経験なし）別に、年齢階層別の既婚率をみたのが表2−1である。

これをみると、就労を継続している女性ほど、結婚していない割合が高いことがわかる。20代の既婚率は初職継続型で20・4％、転職型で31・1％であるのに対して、再就職型は40・3％、離職型は84・9％と高くなっている。ここから、初職を継続している女性や転職をしながらも仕事を続けている女性のあいだで、結婚の時期が遅くなっていることがわかる。

キャリア形成と出産

つぎに、表2−2では、働き方別に既婚者に占める子供ありの割合を年齢階層別にみている。年齢が高くなるほど、出産して就

表2-2 年齢階層別にみた女性の働き方と子供のいる女性の割合

キャリアパターン	25～29	30～34	35～39	40～44	45～49(歳)
初職継続型	42.4	47.1	54.5	51.7	51.9
転職型	12.0	35.0	38.2	47.3	50.0
再就職型	48.0	63.5	64.0	74.9	83.5
離職型	66.1	79.3	79.2	78.4	71.5
就業経験なし	70.0	85.7	100.0	75.0	85.7

（注）未婚，配偶者と死別したもの，及び，離別したものはサンプルから除いている．サンプル数は3318.
（出所）日本女子大学現代女性キャリア研究所「女性とキャリアに関する調査」2013年より作成．

業を辞める女性たちもふえるので、継続型や転職型の割合が減少し、再就職型や離職型の割合がふえている。そのために、子供がいる女性の割合は、再就職型と離職型とのあいだで高くなっており、初職継続型及び転職型で少なくなっている。そして、仕事を継続している女性や転職をしながら仕事を続けている女性のなかで出産を経験している女性たちが少ない。

初職を継続している40～44歳の女性のうち、出産を経験している女性は半数にすぎない。同様に、転職はしているが、就業は継続している女性のうち子供がいる女性は47・3％と半数に満たない。これらの割合は、未婚の女性もふくめるとさらに低くなる。就業を継続している女性の場合は、40代で子供がいる女性は4人に1人にすぎない。

これらのデータから、日本の高学歴の女性は、仕事も家庭（育児）もではなく、仕事か家庭かどちらかを選択していることがわかる。また、仕事と出産を両立させている女性たちは、20代や30代での結婚や出産の割合が低いことから、出産の時期が遅くなっている。

さらに初職継続型と転職型を合わせてキャリア重視型、離職型と再就職型を合わせて家庭重視型と分類すると、40代の高学歴女性の約40％がキャリア（仕事）重視型となっている。

この節でみたように、高学歴の女性の2割は結婚しておらず、2割は結婚していても子供がいない。出生率の低下は、このように、高学歴の女性の非婚化や結婚しても子供をもたない夫婦の増加、あるいは晩産化によってもたらされている。

2 日本の企業社会の子育てコスト

結婚や出産をしない女性がふえたことが少子化につながっているからといって、女性に結婚せよとプレッシャーをかけたところで、少子化問題が解決されるわけではない。

仕事を継続している女性の多くが結婚していなかったり、結婚の時期が遅くなったりしているのはなぜなのだろうか。結婚をためらう理由を仕事に支障をきたすからと回答する高学歴女性は4人に1人いる(1)。

経済のサービス化とともに、どの先進国でも女性の社会進出と出生率の低下が同時におきる。それは、子育ての機会費用が高くなったことによる。子育ての機会費用とは、子育てをすることであきらめなければならないことを金銭的な価値に置き換えた概念である。女性に就業機会があまり開かれていないときには、この機会費用は発生しない。しかし、第1章でのべたように経済のサービス化が進み、女性に就業の機会が開かれるにつれて、結婚や出産による機会コストが生じるようになる。

第1節でみたように、日本ではキャリア形成をしながら子育てをすることがむずかしい。経済学では出産によって離職した場合の子育て費用には、子供にかかる直接的な費用だけではなく、就業を継続していればえられた所得を子育てコストに含む。

これを狭義にとらえれば、女性が仕事と育児を両立させることがむずかしいからであるということになる。しかし、本書では、もうすこし広い範囲にこの概念を当てはめて、女性の出産によって生じる機会コストを考えてみたい。

まずひとつは、企業社会において、女性が結婚や出産をすることによって発生する機会コストである（①）。企業の人事管理制度のなかに、子供をもった女性が活躍しにくい制度や慣行があり、それが、結婚や出産に対する経済的なペナルティー（所得のロス）となって、女性の結婚や出産にマイナスの影響を与えている。

第2に、家庭における男性のかかわりである（②）。男性の家事や育児参加が見込めなければ、仕事をしている女性にとって子育ては大きな負担をともなう。

第3は、再就職の可能性である（③）。育児でいったん仕事を辞めても、復職や再就職が容易であれば、機会コストはそれほど大きくない。しかし、その環境が整っていなければ、離職によって大きなコストが生じることになる。

第4は、保育園の利用可能性である（④）。就業を継続したくても安心して子供を預けて働くところがなくては、仕事と家庭との両立はむずかしく、家庭で子育てをすることを選択する女性もふえる。その場合には、大きな所得のロスが生じることになる。女性が正社員で60歳まで働き続けた場合の生涯賃金は大卒で2億3000万円。高卒では1億6000万円といわれている。他方、30歳で出産して専業主婦になる場合の生涯賃金は3000万円である。この差額が、保育所がなくて就業をあきらめた場合の子育ての機会費用である。大卒では2億円、高卒では1億3000万円になる（大嶋、2011）[2]。もし保育所の利用が可能であれば、大きな経済価値が社会に生み出されることになる。子供を預ける場所が確保できるかどうかは、出生率に大きな影響を与えるのである。

そして①〜④の機会費用が高ければ、女性が晩婚化したり子供をもたない、あるいは希望するだけの子供をもたないという選択をすることになる。

この章では、これら4つの観点から子育ての機会費用について考える。少子化を考える際には、もうひとつの重要な経済変化がある。それは、非正規労働の増加である。男性の非正規労働者の婚姻率は正社員に比べて低い。所得が低いので結婚がむずかしいのである。この点については、第5章でくわしくのべることにする。

❶ 企業社会に存在する結婚や出産に課せられる（機会）コスト

日本では就業している女性が実際に結婚や出産をする場合には、具体的にどのような機会コスト（所得のロス）が発生するのだろうか。

加藤隆夫氏らは、日本の大手総合化学メーカーから提供された企業内人事データ（2005～2009）を分析することで、働く女性が結婚や出産によって支払わなければならない機会コストを推計している。

それによると、女性社員が出産後育児休業から7カ月未満で戻り、休業前と同じ時間働いた場合は、所得の低下はみられないが、7カ月を超えると所得の低下（ペナルティ）がみられた[3]。育児休業期間が7カ月を超えた場合、短時間勤務制度を利用すると所得の低下はさらに大きくなる。たとえば、育児休業期間を1年取り、短時間勤務制度を利用すれば、所得は17％減少する。また、男性が3カ月間育児休業を取ると、7～11％の所得の減少が生じている。

これらのペナルティは高学歴の従業員を対象に推計するとより顕著にみられる。とくに高学歴の女性労働者が経験する大きな所得の減少は、ただ単に育児休業や短時間勤務制度を利用するからではなく、そのことによって、より高度なスキルが要求されるキャリアトラックから、仕事の範囲がより限定的な部署への異動がともなうからである。このように出産によって女性が労働時間の自由がきく働き方に転換する代償として、仕事のレベルが下がり昇進の可能性が低い部署に配属されてしまうことを英語ではマミートラックへの転換と表現する。

実際に企業のなかでキャリアを継続している女性を対象におこなったインタビュー調査によると、最近は積極的に女性の管理職をふやそうとしている企業も多く、昇進昇格に男女差なしという企業もふえているという。しかし、そうであっても「子供がいない場合」には昇進の確率が高く、そうでない場合には確率が低くなっているという（大内、2012）。

大内（2012）によると、初職を継続している29名（勤続年数は13～21年）のうち、子供なしの16名では、部長2名、課長7名、係長7名と9名が課長職以上に就いているのに対して、子供ありの13名では課長1名、係長5名、役職に就いていないひとが7名となっている。[4] 男女で昇進に差がない企業においても、女性の場合は、子供がいると昇進の時期がずれるだけでなく、昇進確率そのものも低くなる。「能力や成果の有無に関係なく、産休・育休を取得するという事実そのものが評価に負の影響を及ぼしている可能性がある。つまり、出産・育児により自動的にマミートラックに乗せている企業が多いと言える」のである。[5]

正社員短時間勤務制度とマミートラックへの転換

1992年の育児休業法の施行以後、政府は女性が仕事と家庭を両立するための環境作りに力を入れている。2003年には次世代育成支援対策推進法が成立し、従業員の両立支援を盛り込む「一般事業主行動計画」の策定が義務づけられた。

また、2005年の育児・介護休業法の改正においては、育児休業は女性だけではなく男性にも認められるようになり、企業は子供が3歳になるまでに、(1) 就業時間の短縮、(2) フレックスタイムの導入、(3) 始業・終了時間繰り下げと繰り上げ、(4) 残業の禁止、(5) 託児所の提供、などの措置を講ずることが義務づけられた。企業によってはこれらの措置に加えて、育児休業期間を3年まで延長したり、子供が小学校に上がるまで就業時間の短縮ができるなどといった企業独自のメニューを用意しているところもある。

さらに2012年からは短時間勤務制度（1日6時間）がすべての事業所に措置義務として導入されることになった。その結果、育休取得者の定着率が上がり、離職率が減少している。

厚生労働省の「21世紀出生児横断調査（平成22年出生児）」によると、出産半年後に仕事を辞めた女性の割合は2001年の67・4%から、2010年では54・1%に減少している。とくに、短時間勤務制度が導入されてから出産した女性の定着率が高まっている。

また、労働政策研究・研修機構の研究（2011）でも、2005年以降に第1子を出産した女性の4割が出産後も継続して働いており、その割合は、99年から04年のあいだに出産した女性よりも1割高くなっている。

このように短時間勤務の義務化は出産後の女性の就業継続に貢献している。ところが、新たな問題も浮上している。短時間勤務制度の導入によって、出産後には以前とは異なる仕事に配属されるケースがみられるようになっている。

Aさんは、大手サービス業で正社員として働いている。96年の就職氷河期に入社し、30代で第

1子を出産後、育児休業を取得し、現在は、4歳の子供を育てながら短時間勤務制度を利用して仕事と育児を両立させている。当初は1年で復帰しようと考えていたが、保育園の空きがなく子供を入れることができず休業は2年間に及んだ。

「復帰後は、以前の職場とは異なり、自分の得意ではない分野に配属されました。出産して子育てをしながら（仕事を）続けている女性が多い部署だったので人事がそこに配属してくれたのだとおもいます。その部署で1年仕事をしていましたが、まったくやったことがない仕事をやらなければならなかったことと、上司が厳しかったことが重なって毎月のように熱を出しました。それが半年も続き、それをみて子供が不安定になる。それが一番きつかったです。病院に相談したら、それはストレスからくる不調なので一度職場を離れてみてはどうかといわれ、決心して2カ月休職しました。……同じ会社で1人目は復帰しても2人目の出産を機に仕事を辞めた女性がいます。配属された先で、上司やまわりのひとの理解があるかどうかで、続けられるかどうかが決まってしまうところがあります。ただ、どこに配属されるかは、空きがあった部署に配属されるので、復帰してみないとわかりません」

萩原（2006）は、IT企業で働く女性システムエンジニアが、出産し育児休業を取得し職場に復帰すると、いつのまにか人事や庶務などの管理部門にまわされ、結局いままで培ってきたキャリアが継続できないまま「長く働く」ことになる事例を紹介している。(6)

これらの例が示すのは、短時間勤務の導入によって出産後の継続就業は可能になったものの、キャリアの継続性という面においては課題が多いということである。このような問題は、日本の大手企業が女性の能力活用についてはっきりとした方針をもっていないことが原因であると指摘するのは、リクルートワークス研究所の石原直子氏である。その結果、出産後も継続して働く女性はふえたが、出産前よりも低いグレードの補助的な仕事をしている人が沢山いると指摘する。

復職したものの、出産を経験していない同期や後輩が活躍しているのを傍目に見ながら、自身は補助的な仕事に終始していると、自分自身が活躍しているイメージがもちにくい。もう一回ギアを入れるためにはどうしたらいいのかと悩む女性も多いという。

短期的に仕事と家庭の両立がしやすい部署への転換は就業継続という観点からいえばメリットがあるが、そこに長くとどまれば、キャリアが発展しにくい。

松原（2012）は、フルタイム勤務者と短時間勤務制度利用者の業務内容を実際に比較することで、長期的に短時間勤務制度を取得した場合には労働者のキャリアにマイナスの影響があると指摘している。

研究の対象となっているのは、育児等の理由で短時間正社員制度を5年程度利用している者とその上司である。職種は技術系と事務系とが約半々となっている。

通常新人が一人前になるには、10年かかるといわれる。入社後2〜3年は先輩社員のアシスタントとして業務を手伝いながら、仕事の基礎を覚える。その後、業務の難易度を上げながら多様な経験を積むことで専門性の高い知識やスキルを習得する。そして、入社6年目程度でグループリーダーとしてプロジェクトを運営しながら後輩を育成する立場に昇格する。

個人は、このようなキャリアプロセスをへて、「課題発見力」「問題解決力」「交渉力」を身につけて、管理職相当の能力を身につけていく。

このような能力を身につけるためには⑴顧客の希望するスケジュールに応じられる「迅速性」「緊急性」、⑵高い「チャレンジ性」、⑶「出張」の経験が必要になる。顧客である社外関係者との信頼を構築するためには、相手が希望するスケジュールを厳密に守ることが重要であり、そのために緊急な事態に迅速に対応する必要がある。

さらに、未経験のプロジェクトに挑戦したり、新製品の開発などにかかわり、試行錯誤を繰り返しながら、幅広い知識やスキルを習得することも必要だ。ある外資系の日本支社の社長さんは、はじめに手がけた新製品の日本市場への販売がうまくいかず、会社に損失を与えた。それにもかかわらず、会社はセカンドチャンスを与えてくれた。その2度目のチャンスで、見事にその失敗を挽回し、新商品の販売に成功したのだそうである。若いときにチャレンジできたこと、また、長い目でみて会社がチャンスを与えてくれたことが自分のキャリアの発展につながり、いまがあると話されていた。

3番目は、「出張」の重要性である。トラブルを解決するための緊急な出張や、製品の販売に支障をきたさないように、長期の出張が生じるケースがある。この出張によって、限られた時間内で問題を解決するための高い知見や交渉力を身につけることができる。

ところが、短時間正社員には、上記のような経験のできる業務がまかされていない。能力開発にはさまざまな仕事を経験することが重要であるが、短時間正社員は仕事の内容が変わらないことから、制度の利用が長期化するほどキャリア形成のプロセスから遠ざかってしまうのである。

筆者は、職場で、小さい子供をもつ女性社員が親に子供の世話を頼めるという理由で出張を願い出たところ、上司が子供を親に預けてまで出張をするのはいかがなものかと、その社員の申し出を断った例を聞いたことがある。過剰な配慮をする上司の意識にも問題がある。

松原は、短時間勤務制度を長い間利用すると、迅速性やチャレンジ性、限られた時間内に問題解決する業務を長い間経験せず、それが能力開発を遅らせることになると、日本の短時間正社員制度の運用の問題点を指摘している(7)。

長時間労働とメンバーシップ

リクルートワークスの石原直子氏は、日本で短時間正社員制度がうまく機能しない理由のひとつは、日本の企業で長時間労働ができない労働者をフルメンバーとみなさない傾向があるからではないかという。その理由は「女性が育児のために短時間勤務を選択すること」を会社に、仕事よりも家庭を重視しているとして受け取られてしまうからだという。

石原さんは、「長時間労働が常態となると、時間に制約があるということは、すなわち会社のフルメンバーじゃないということになるんですよね。しかも管理的なポジションについているひとは、時間は無制限にあり、仕事を優先できるひとと考えられている。(ワーキングマザーは)

同じ条件で働けないからフルメンバーじゃないといわれているわけです。ここがやっぱり非常に厚い壁です」(8)。

「『夜中に発生した緊急事態に対応できない状態だったら困るでしょ』といわれるのですけど、じゃあ男性の課長とか部長が本当に夜中に発生した緊急事態に対応しているかといったら、そんなことはないのです。だいたい次の日の朝でいいんですよ。実態とは違っていても、対応可能な状態であることが大事、それができない人はフルメンバーじゃない、といわれているということだと思います」

それを克服するためにはどうしたらいいのか。石原さんは「長時間労働そのものを悪とする雰囲気がないといけないとおもいます。トリンプインターナショナルでは以前、吉越浩一郎さんが社長だったときに、6時になると電気を消して本社の鍵をかけるというルールを導入して残業のない会社を実現しました。すべての人が6時に仕事が終わるんだということにすれば、ワーキングマザーであることのハンディはほとんどないということになります」。

さらに、このような状態を放置しておけば、「メンバーじゃないのでこれだけしかしません、という開き直りも出てくるわけですよね。もともと有能だった人をその状態に置いておくことは日本全体で見た時に明らかな人的資源の無駄遣いです。会社は、あなたにコストをかけているから、リターンを期待しています、というメッセージを出し続けなくちゃいけないにもかかわらず、現状の日本の人事制度は、あなたにはコストをかけているけれど、能力発揮はしなくていいよ、といっているわけです。それではリターンが返ってくるはずはないですよね」。

前の章では、女性を統計的に差別すると、差別された女性はモチベーションを失って生産性向上の意欲をなくしてしまうという、コートとラウリーの理論を紹介した。まさにこの理論があてはまっているのだ。そして社会にとっても望ましくない状況（人的資源の無駄遣い）が生じている。

実際、いま生保業界などでは、上記の問題に対応するために、コース別人事管理制度を見直し、一般職を廃止し、エリア限定の総合職に変えることで、仕事においてはそれほど大きな違いがない人事制度に変更している。

長時間労働と遅い女性の昇進スピード

いまみたように、結婚や出産は女性社員の昇進確率を下げる一方、長時間労働をすることは女性においてのみ昇進確率を上げる。

加藤・川口・大湾（2013）は大手総合化学メーカーの人事ファイルを分析した結果、女性は年間の労働時間が2200時間を超えると昇進の確率は急速に高まることを見出している。

2009年に経済産業研究所がおこなった「ワーク・ライフ・バランスに関する国際比較調査」を分析した山口（2013）の研究においても同様の結果がみられた[9]。週49時間以上働く（残業をする）ということが、男性よりも女性において、管理職比率を上昇させる要因になっている。1日に直すと恒常的に2時間以上の残業をしているということである。この研究成果については次章でさらにくわしく紹介する。

もっとも、この結果だけでは、管理職であることによって、労働時間が長くなるのか、長時間労働をすることによって管理職に昇進する確率が高くなるのかはわからない。

しかし、加藤らの研究結果でも、山口の研究結果でも、女性労働者においてのみ、長時間労働が管理職昇進を統計的に有意にプラスにしている。ということは、残業ができるということが、女性の場合には、管理職に昇進するための条件となっている可能性が高い。

加えて次章でくわしくのべるが、女性の昇進のスピードは男性に比べて遅い。

結局のところ、結婚し出産した女性には所得の低下というペナルティが課され、キャリアを積み上げる女性は結婚や出産を先のばしにすることになる。

さらに、これをみた若い女性は、キャリアを積み重ねるためには結婚や出産をすることをあきらめなければならないと考え、自分への投資を控えることになる。

企業の女性差別と少子化

いまみてきたように、日本の組織には人事管理制度による仕事の配分や昇進・昇格において大きな男女差がみられる。また、女性が出産した後には、さまざまな所得の低下（出産ペナルティ）が生じていた。このペナルティは高学歴の女性ほど大きい。それを回避するために、第1節でみたように、高学歴の女性が晩婚化や非婚化していると考えられる。

そうだとするならば、女性が男性と同じようなキャリア形成の機会が与えられ、仕事と育児が両立できる環境があれば、女性は仕事に差し支えるという理由で、結婚を躊躇したり、出産の時期を遅らせたりしないのではないだろうか。

そして、少子化対策には、両立支援とともに、企業の女性に対する差別的な慣行を見直し、職場において男女の均等を達成するような政策が必要になる。また、企業は、若いときから、女性の能力を引き出すための機会を提供し、キャリアの前倒しをおこなうことで、男性と同じような仕事の経験を積ませる必要がある。

ところが、日本では、企業の雇用慣行を是正するような対策よりも、むしろ、両立支援に重きをおいている。また、企業も、組織文化全体を変えることで女性が活躍しやすい環境を整えるよりも、女性社員を対象とした女性の意識を高めるための研修が多くみられる。

しかし、この節でみたように、女性が活躍しやすい環境が整えられなければ、両立支援にかかるコストを回収することはむずかしい。さらに、長時間労働の文化を変えることは、組織全体にとってメリットが大きい。

組織文化を変える

長時間労働が問題なのは、それが職場の生産性の低さからきているからである。図2‐2は、アメリカを100とした時間あたりの生産性（GDP）と年間の総労働時間との関係をみたもの

図2-2　労働生産性と総労働時間の国際比較

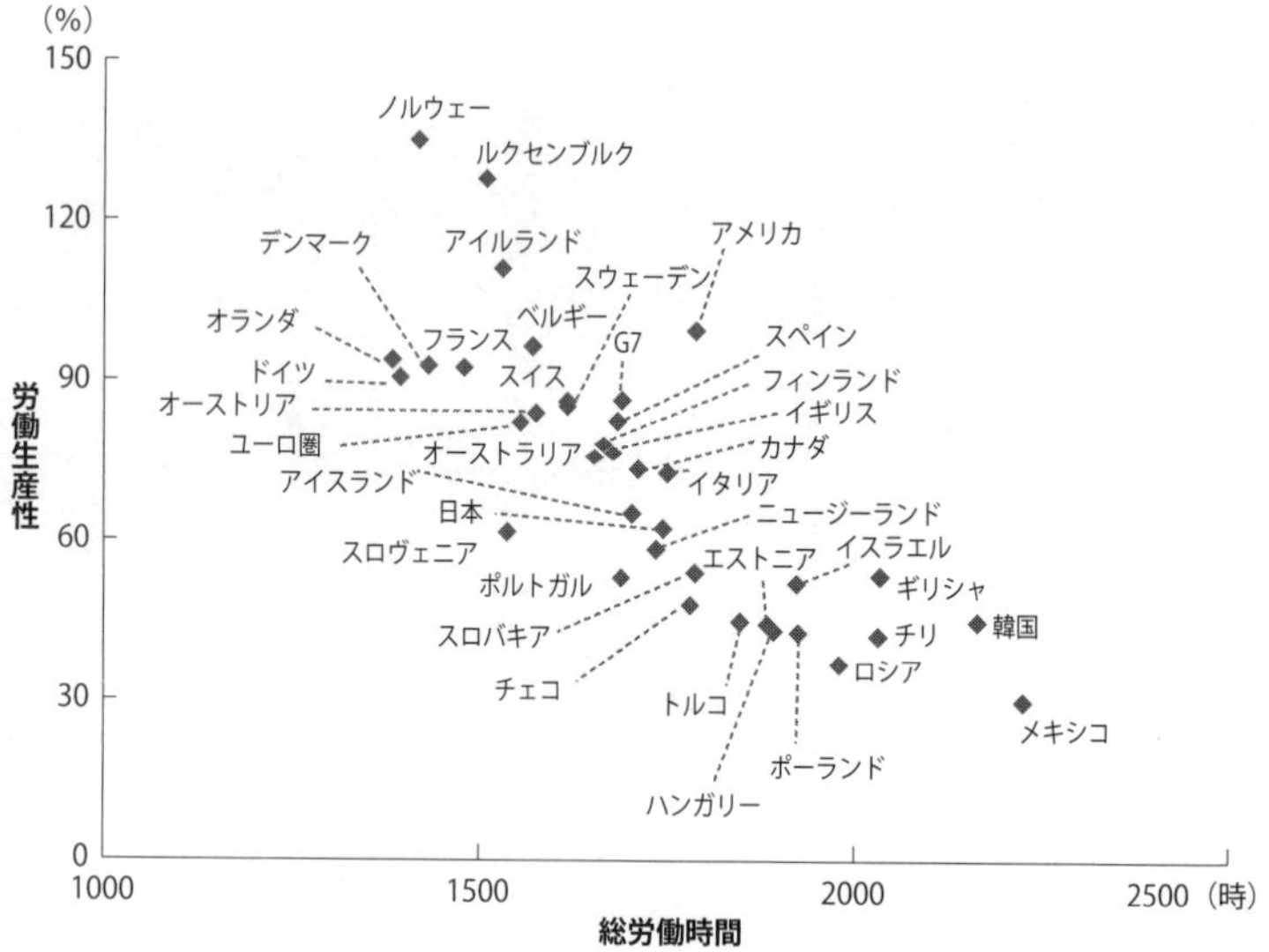

（注）労働生産性は各国の1時間あたりのGDPを算出し，アメリカを100として指標化したもの．
（出所）OECD Productivity Database, September 2012より作成．

である。

これをみると、両者の間には負の相関関係があることがわかる。また、先進国のなかでは日本の労働生産性が一番低いこともわかる。

つまり、子育てをしている女性が能力を発揮できる職場を作ることは、職場の生産性を上げることにつながるということである。

２０１３年に実施された内閣府「ワーク・ライフ・バランスに関する意識調査」によると、労働時間が長い正社員ほど、長時間働くことによって、上司から「頑張っている人」「責任感が強い人」というイメージをもたれ、それが評価されていると考えていることがあきらかにされている。(10)

また、同じ調査で人事部を対象に「残業や休日出勤をせずに時間内に仕事を終えて帰宅することが人事評価において考慮されるかどうか」を聞いたところ、74％の企業がプラスに評価されていないと回答している。また、そう回答した企業では、1カ月あたりの平均残業時間が60時間以上である従業員の割合が高い。

他方、（時間内に仕事を終えることが）評価されていると回答している企業では、仕事が終われば周りの人が残っていても退社でき、仕事の手順を担当が自分で考えることができると同時に、同僚同士で仕事のノウハウを教え合う風土があることがわかった。

ここから職場の意識改革とともに効率よく働いたひとの評価を高める必要があることがわかる。リクルートワークスの石原直子氏は、これからの組織経営は新たな価値をいかに創造していくかにかかっているのであって、フルコミットメントできるひとだけが集まって仕事をしていても、新しい価値など創造できない。それを実現させるために、日本の管理職は短い時間の中で仕事の質を高めていくことにもっと意識を集中すべきだとのべ、日本の長時間労働の企業文化を変えることの重要性を強調している。

2 少ない男性の育児参加

長い労働時間は、家庭での性別役割分業を固定化し、女性の社会進出を妨げる。川口（2008）は、「企業における女性差別的雇用制度と家庭における性別役割分業の相互依存関係は、ジェンダー経済格差の発生メカニズムにとって中心的役割を果たしている」とのべ、そのために、ジェンダー経済格差の分析には、家庭における男女の役割分担についても同時に、同じ枠組みのなかで論じられる必要があるとのべている。[11]

男性の長時間労働は、男性の家庭での育児参加を減らしている。最近は『産後クライシス』という本が出版され、30代の夫婦のあいだで、夫の育児負担が少ないことが原因で夫婦の危機に陥るカップルがふえていることが指摘されている（内田・坪井、２０１３）。

ところが実際に、妻の不満に気づいている男性は少ない。その理由は、男性は「稼げるかどうかで男の価値は決まる」という教育をされてきたために、結婚もその延長線上で「稼げればよい夫だ」と勘違いしてしまい、妻の不満に気づかないままですごしてしまいがちなのだという。

ファザーリング・ジャパンのファウンダー、安藤哲也さんも１人目を生んで妻が働き続けるためには社会の制度が整っていることが重要だが、２人目は夫がどこまで育児に参加できるかが鍵になっているとのべている。

男性の意識を変える家庭革命を起こす

女性たちがパートナーの男性の意識を変える家庭革命を起こす必要があるというのは、元『日経ウーマン』編集長で、日経ＢＰヒット総合研究所長・執行役員の麓幸子氏である。麓氏は自分のワーキングマザーとしての経験を踏まえ、部下にパートナーとともに家事や育児をシェアするように、パートナーの意識と行動を変えるように伝えているのだそうである。家庭内であえてコンフリクトを起こすことで、男性が意識を変え、会社も変えることができる。これからは女性だけでなく男性も、介護によって、時間制約のなかで働かなければならない時代になる。男性社員のための両立支援が必要になるので、それをやって初めて日本は職場で真のダイバーシティが達成できるとみる。

㈱イー・ウーマンの佐々木かをり氏も、「この25年で女性は大いに変わった。女性にやさしい政策がたくさん誕生したにもかかわらず、男性のライフスタイルや価値観を変えることができなかった。つぎは、男性の意識を変えることが必要だ」とのべている。

若い男性の意識も変化している

麓さんは、最近は、若い男性の意識も変化していると指摘する。前の時代には、男性が妻を養えるだけの処遇と給与が保障されていた。しかし、その保障が若い世代にはない。それなのにいまだに男性は妻を養わなければならないといわれるのかと、男性側からも不満の声が出てきているという。家庭も顧みず、家庭のなかに居場所がない上の世代をみて、自分はもっと家庭生活を楽しみたい、育児にももっとかかわりたいと考える男性がふえているという。

男性の年収があがらなくなり、仕事に打ち込みさえすれば将来豊かになれるという時代が終わりをつげた。他方、家族との生活は充実させればさせるほど、生活の質を上げることができる。

それが、若い男性の意識に影響を与えているのだという。

男性の育児参加の実態

厚生労働省の調査によれば、男性の育児休業取得率は96年の0・12％から2012年には2・03％に増加している。

また、2008年にニッセイ基礎研究所が男性の育児休業取得希望を調査したところ、31・8％の男性が育児休業の取得を、また、34・6％が、短時間勤務制度の利用を希望していると回答している。

さらに松田（2013）は、男性の性別役割分業についての意識は、二極化する傾向があるという。「意識のリベラルな父親が世話をする回数がふえ、保守的な父親は以前よりも世話をしなくなった」。つまり、意識の個人差が行動の違いとなって現れる傾向が以前よりも強くなっているのだという。

しかし、男性の意識を変えることが必要であると同時に、男性が希望しても育児休業を取得しにくい職場環境があることにも目を向ける必要がありそうである。

渥美（2013）は、職場に男性社員の育児支援に対する根強い抵抗感があることを指摘している。[12] さらに、上司が部下の育休取得を妨げる「パタニティ・ハラスメント」が水面下で進んでいるというのである。

既述の加藤ら（2013）がおこなった大手総合化学メーカーの分析結果では、男性が3カ月間育児休業を取ると、7～11％の所得の減少が生じていると推計されている。女性だけでなく、男性にも育児休業を取得するとペナルティが課されている。

2011年の男性正社員が育児休業を取得しなかった理由は「職場が制度を取得しにくい雰囲気だった」（30・3％）、「業務が繁忙であった」（29・7％）、「配偶者等自分以外に育児をする人がいた」（29・4％）などとなっており、職場の環境にも問題があることが示唆されている。[13]

3 再就職がむずかしい日本の労働市場

女性の6割は、出産後離職している。そのうちの3割は自発的に離職している。しかし、残りの7割の女性は両立環境が十分でなかったり、希望する働き方が実現できなかったことによって離職している。

しかしいったん離職すると、再就職は容易ではない。第1章で紹介したセンター・フォー・ワークライフポリシーの調査によると、日本では、結婚や出産で一時仕事を辞めた大卒女性の77％が、職場復帰を求めているのに対して、実際に仕事についているのは43％とその間に大きなギャップがある。これに対してアメリカでは就業を希望している女性の73％、ドイツでは68％が実際に再就職している（センター・フォー・ワークライフポリシー、2011）。

図2-3は、内閣府男女共同参画局が2007年に実施した「女性のライフプランニング支援

図2-3 女性のライフステージに応じた働き方の理想と現実

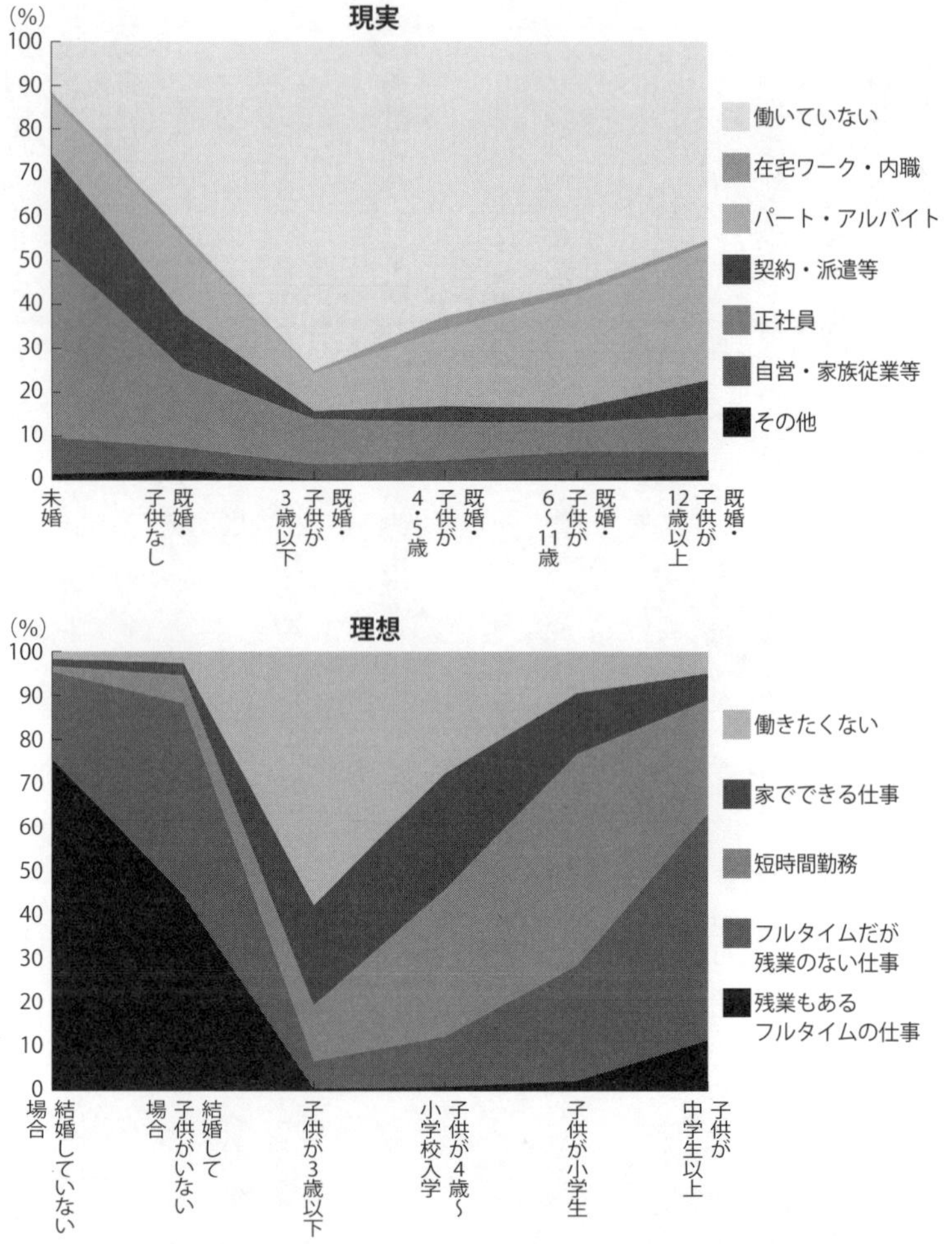

(出所) 内閣府「女性のライフプランニング支援に関する調査」2007年より作成.

に関する調査」から女性の理想の働き方と現実の働き方とを比較したものである。

子供が3歳以下では働きたくないという女性は57・6％であるが、子供が4歳から小学校入学までになると27・7％、子供が小学生になると9・4％、子供が中学生以上では4・9％と激減する。このように、働きたいという希望は子供の年齢が上がると上昇するのであるが、実際に働いている女性の割合は、子供が4歳から小学校入学までになると37・4％、子供が小学生になると44・1％、子供が中学生以上では54・7％と、希望と現実のあいだにはギャップがあるのである。

その理由は、お母さんが希望するような働き方が生み出されていないからである。既婚女性に開かれている雇用機会の多くがパートやアルバイトの仕事であり、出産前のキャリアが活かせる仕事が少ない。

大嶋（2011）は、出産で退職した場合の機会コストは、生涯賃金で1億円から2億円に及ぶと推計している。働き方の選択肢をふやしたり、あるいは、再就職がしやすい労働市場を作ることで、育児の機会費用をへらすことが、少子化対策につながるのである。

日本の社会には、他の先進国と比べてセカンドチャンスがえられにくい社会になっている。やり直しができる社会が作られれば、日本の女性人材の活用が進むだけでなく、出産の機会費用を大幅に下げることができる。これが出生率にもプラスに働くのではないだろうか。

❹ 保育環境の不備

少子化対策が適用される範囲が限定されていたという問題に加えて、保育環境が十分でないというのがもうひとつの少子化対策の問題である。

出産後6割の女性が離職するという（統計的）データから、これらの女性たちは、育児に専念するために、自発的に離職しているようなイメージを抱きがちだが、2012年に実施されたアンケート調査の結果によると、「家事・育児に専念するため、自発的に辞めた」と回答した正社員は34・5％にすぎない（三菱UFJリサーチ&コンサルティング、2012）。実際には、就業時間が長い、勤務時間が不規則（26・1％）、勤務先の両立支援が不十分だった（21・2％）といった理由で両立環境が整っていないことによって離職が生じている。

内閣府の「ワーク・ライフ・バランスに関する意識調査」（2013）が、第1子出産後も就業を希望していたが継続しなかった女性に対して、どのような条件が満たされれば、就業継続が可能だったのかについて聞いたところ（複数回答）、「認可保育園・認証保育園等に子どもを預けられれば」（55・9％）、「短時間勤務等、職場に育児との両立支援制度があれば」（43・5％）、「職場に仕事と家庭の両立に対する理解があれば」（42・4％）、「休暇が取りやすい職場だったら」（42・0％）、「両親等親族のサポートを得られていれば」（36・9％）と続いている。

国が保育園を十分に提供していないことや、企業の働く母親に対する理解不足に加えて、働き方の選択肢が十分に提供されていないことなどが女性の就業継続を妨げていることがわかる。

3 少子化対策はなぜ効果をもたなかったのか

少子化の原因になっているのは、日本の職場で子供をもったお母さんになかなか活躍の機会が与えられないこと、育児休業制度や短時間勤務制度を長期にわたって取得すると、キャリア形成にマイナスの影響があること、さらには、長時間労働がむずかしい女性は管理職への昇進機会が少ないことなど、日本の職場で子供をもって働くことには、大きな機会費用が発生することがわかった。仕事ができる女性がこのような職場の差別を回避しようとすれば、結婚をしなかったり、結婚の時期を遅らせるなどの選択をすることになる。

また、男女の固定的な役割分業の意識が残っていたり、企業の処遇制度においても、育児休業を取得した男性には昇進の遅れなどのペナルティが課されたりしている。また、日本の長時間労働も、男性の家庭参加がむずかしい要因であり、こちらも子育てコストを高めている。

最後に、この点については、社会であまり議論がされないのだが、女性がいったん仕事を辞めると再就職が容易でないことも子育てコストを高めている。これにともなう機会費用は少なく見積もっても1億円である。それも女性の出産をためらわせる大きな要因である。これらの出産にともなう間接費用を減少させることが少子化対策において必要になる。

これに対して、日本の少子化対策は、働いている女性が出産後に継続して就業ができるための政策が中心になって展開されてきた。松田（２０１３）は、日本の少子化対策は都市に在住し妻が正社員で働いている世帯への支援に終始し、それ以外の大多数の世帯への支援がおろそかにされてきたと批判している。

なぜ少子化対策に効果がみられなかったのか。もうすこし詳しくその原因をみてみよう。

適用範囲の狭い育児休業制度

２０００年以降、次世代育成法の施行とともに、育児休業制度の中身は充実してきた。現在は育児休業中の給付は休業前の所得の50%であり、２０１５年４月からは、休業期間開始後６カ月間は給付が67%にまで上昇する。

女性の育児休業取得率も年々上昇傾向にある。２００５年度には72・３%であったが、女性の育児休業取得率は２０１１年度には87・８%にまで高まり、従業員５００人以上の企業では91・４%と高くなっている。ただし、２０１２年度には83・６%、２０１３年度には76・３%と２年連続して低下している。

また、厚生労働省の事業所調査によれば、在職中に妊娠した女性の８割以上が復職している（厚生労働省平成24年度「雇用均等基本調査」）。しかし、出産した女性の出産１年前と半年後を比較した調査結果によると、出産前に常勤の勤めをしていた女性は51・6％であるのに対して出産半年後も常勤の勤めをしていると回答している女性は28・6％にとどまっている（第1回21世紀出生児縦断調査より平成22年に子供を産んだ女性を対象とした調査）[14]。

つまり、2010年に産まれた子供の母親のうち出産後に常勤の仕事をしている女性は23・6％である。62・7％は仕事をしていない。ということは、育児休業制度は2010年に出産した女性の約2割に適用されているにすぎないということになる[15]。

なぜ出産後に離職する女性が多いのだろうか。日本女子大学現代女性キャリア研究所の2011年の調査から、高学歴女性のキャリアの軌跡をたどってみよう。

初職では、高学歴女性の77・7％が正社員であり、また、約3割が1001人以上の大手企業に就職している。ところが、初職を継続している女性は25～29歳層で33・8％。30～34歳層では15・2％と年齢が上がるほどその割合は減少している。

25～29歳では約4割が転職を経験し、24・3％は離職している。転職者の多くは第1章でみたように、仕事のやりがいやキャリアの発展性に不満があり、転職している。背後には、女性は離職リスクが高いという前提で男性と同じようなやりがいがある仕事をさせてもらえないという、（統計的）差別が存在する。

転職後の状況をみると、正社員の割合は初職で72・2％であったのに転職後は46・3％に減少している。また、1001人以上の企業に勤めているものの割合も32・1％から21・8％に減少している。

つまり、多くの高学歴女性は、初職で大手企業に就職する割合は高いが、初職を継続しているわけではなく、多くが中小企業に転職したり、転職後は非正規就業についたりしている。

両立支援の規模間格差

日本の両立支援は、大手企業中心に進んできた。その動きは中小企業にも広がってきているとはいうものの、両立環境には大きな規模間格差がある。そして、67・4%の女性労働者は500人未満の企業で働いている（2012年の数字）[16]。

松田（2013）は、企業アンケート調査をもとに、(i)育休、(ii)育児短時間、(iii)子育て支援、(iv)出産・育休の情報提供と支援、(v)働き方の見直し、という5つの分野別の合計22施策をもとに両立支援度という尺度を作成し、資本金と企業の両立支援度の関係を2005年と2011年との2時点でみている。その結果、資本金の多い企業ほど、多彩な両立支援制度を従業員に提供しているだけでなく、2005年から10年にかけて、両立支援を加速度的に充実させていることを見出している[17]。

筆者も、本書の執筆にあたって、多くのインタビューを重ねたが、大手企業の人事担当者や経営者の方からは、女性社員は100%育児休業を取得し、ほとんどが職場に復帰していると聞くことが多い。

松田（2013）は、大手企業では、両立支援を充実させ、多彩なメニューを用意し、コストをかけているにもかかわらず、それが業績にもたらす影響についてはきちんと把握していないと指摘している。2010年に第一生命経済研究所ライフデザイン研究本部が実施した企業へのアンケート調査によれば、両立支援の効果として「社員の退職率が低下した」（36・4％）を上げる企業が多い一方、「製品・商品の売上が増加した」（0・9％）、「会社の生産性が向上した」（3・7％）と回答した企業の割合は少ない。

この結果が示唆するのは、日本の大手企業は、両立支援を企業の福利厚生のひとつとして位置づけており、人材を育成し生産性を向上させるための企業戦略のひとつとしては考えていないということである。その結果、両立支援のコストが回収できていない可能性が高い。

他方、中小企業は、制度が整っていない。次世代育成法の施行によって一般事業主行動計画の策定が義務づけられたが、この行動計画を策定しているのは、30人未満の企業では2・4％、50～99人では4・9％と低くなっているのに対して、300人以上の企業では300～499人では60・4％、1000人以上では80・8％と高い比率になっている（労働政策研究・研修機構、2009）。

また、短時間勤務制度がある企業は30人未満では19・5％であるのに対して、500～999人規模では85・3％、1000人規模では73・1％と大きな開きがある。ただし、制度がないが運用としてはあるという回答は規模が小さいほど多く、30人未満では、11・2％の企業でそう回答している。

さらに、制度の利用が過去3年間にあったという回答も30人未満では11・2％であるのに対して1000人以上では57・7％と、大きな差がみられる。

そして、労働時間は規模が小さくなるほど長くなっている。たとえば、2012年では、500人以上の事業所規模では年間の平均の労働時間は1968時間であるのに対して、5～29人規模では2062時間と、ここにも差がみられる。

拡大する育児休業取得率の規模間格差

さらに、育休取得率の規模間格差も拡大している。企業規模別女性の育児休業取得率は2008年から10年にかけて、100人以上の企業では取得率に変化がなく9割の女性が取得しているが、5～29人では93・4％から79・2％へと大きく下落しており、リーマン・ショック以降、規模間格差が拡大している。

ちなみに2013年度の女性の育児休業取得率は76・3％で2012年度に続いて2年連続減少していることはすでにのべたが、その理由は、従業員5～29人の事業所の所得率が1年前より14・8％ポイント下がったためである。

廣川は、企業業績の低迷などによって職場において育児休業取得の「自粛ムード」が蔓延し、あきらめざるを得ないケースが少なからずあったのではないかとみている（廣川、2012）[18]。

図2-4 企業規模別の管理職に占める女性の割合

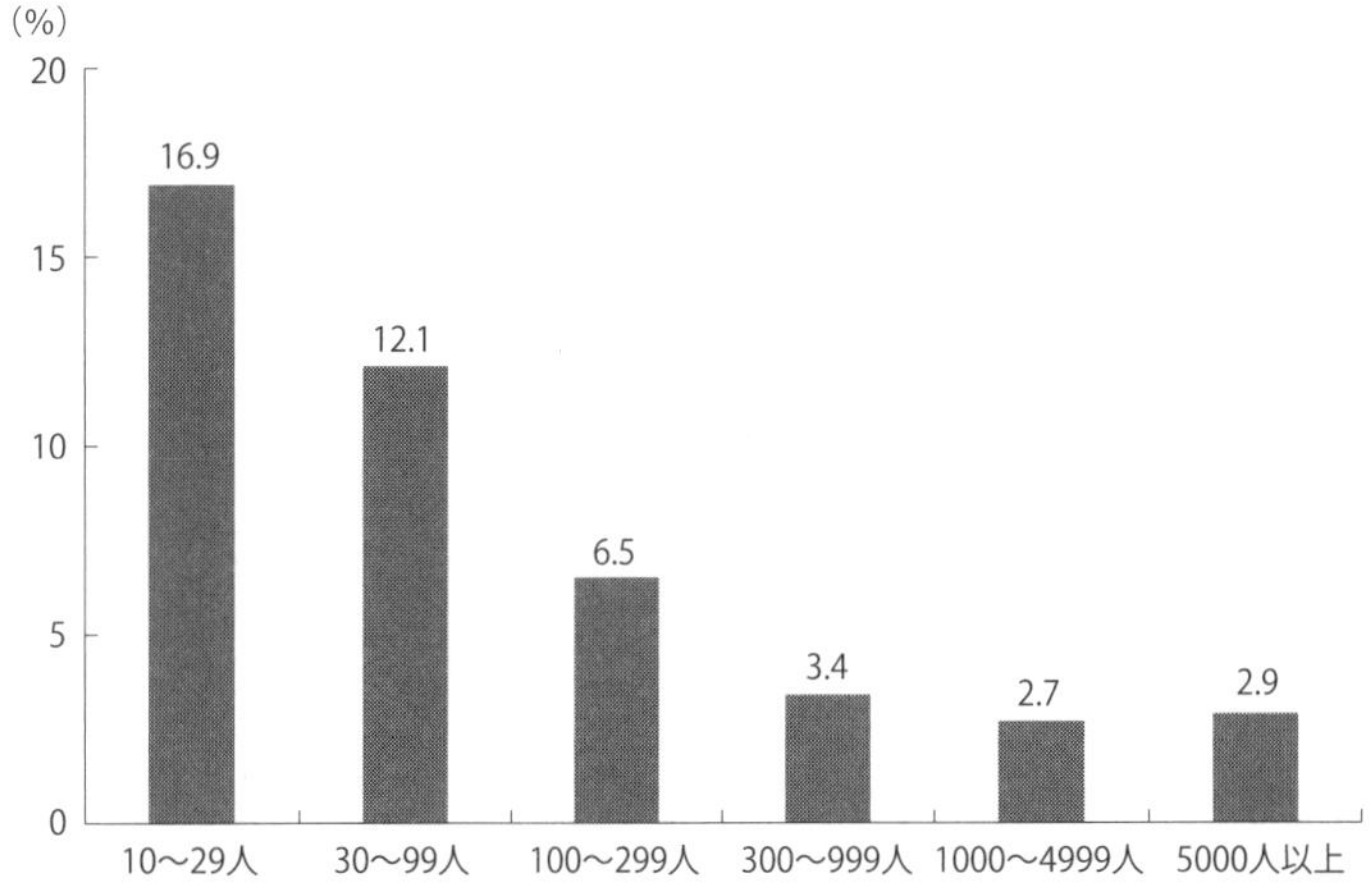

(出所) 厚生労働省「平成23年度雇用均等基本調査」より作成.

女性の活用は中小企業の方が進んでいる

以上みたように両立環境には規模間格差が大きく、大手ほど環境が整備されているのに対して、女性の能力活用は中小の方が進んでいる。その結果、女性を管理職に登用している企業の割合は、中小企業が大企業を上回っている。

図2-4は、規模別にみた管理職に占める女性の割合である。ここでは課長職以上を管理職としている。30人未満の企業では、管理職に占める女性の割合は16・9%であるのに対して、5000人以上では2・9%と低くなっている。

ここから、大手企業は、両立支援は整えたものの女性の能力活用に課題を抱え、中小企業では、男女の格差は少ないものの、コスト上の制約から、両立支援が十分に整えられておらず、また、労働時間が長いために、女性が仕事と家庭を両立することがむずかしい現状にあることがわかる。

ここまでみたように、いままでの日本の両立支援政策は、初職で大手企業につとめ、会社に理解があり、継続的に働き続けられる環境が用意されており、保育所が利用でき、親の援助があり、夫の育児参加があるといったごく限られた女性労働者に恩恵をもたらす制度であることがわかる。と同時に、以上でのべた規模間格差に配慮して、異なった対策を講じることが必要であることがわかる。大手企業は、女性活用に問題をかかえており、中小企業は両立支援に問題があるということである。

4 どうすればいいのか

このように、日本のいままでの少子化対策にも問題があったことがわかる。ではどうしたらいいのか。以下では4つの提案をおこないたい。

1 職場における女性差別を禁ずるための均等法強化

いままでの少子化対策は、女性の出産前後に注目し、女性が働き続けられる環境作りに主眼がおかれてきたが、問題はそれ以前にある。第1章でみたように、女性には活躍の機会が男性ほど与えられていない。それが高学歴女性の離職につながっている。また、継続して働く場合にも、結婚や出産をするとマミートラックに配属されるケースが多く、その結果所得のロスや昇進確率の低下といった問題が生じている。これらの問題もふくめて、女性への差別をなくし、男性と同じ活躍の機会を与えることが、女性の結婚を早めたり、出産動機を高めたりすることにつながると考えられる。

2 長時間労働を是正し働き方を変えることで男性の育児参加を促進する

日本の企業において、正社員は長時間労働（残業）ができることが暗黙の条件となっている。日本の正社員は、「会社の将来を担う中核労働者として長期的な視点から人材育成がなされる労働者である。……強い雇用保障がある代わりに、残業や転勤や配置転換などの会社からの命令に従う義務を負っている」労働者である（大沢、2006）[19]。

このような拘束性が、子供のいる女性の組織の中核での活躍を阻害するだけでなく、男性の長時間労働の一因となるとともに、男性の家事や育児参加を減らしている。また、日本の組織の低生産性にもつながっている。長時間労働を是正し、残業を減らすための労働時間規制が必要である。

3 女性の再就職支援

日本の再就職市場が整備されていないことに加えて、雇用の安定したキャリアの発展のある仕事のなかに、多様な働き方が生み出されていないことが、女性の再就職をむずかしくしている。そのために、女性が出産で離職した場合には、生涯でみると1億~2億円の所得が失われると推計されている。そのことも、女性が非婚化したり、出産を躊躇する要因になっている。

中小企業庁では2013年から、中小企業新戦力発掘プロジェクトを実施し、育児のために離職したお母さんのためのインターンシップを始めている。また、大学でも再就職をめざす女性のための教育課程が新設されたりしている。とはいっても、このような試みはまだ緒に就いたばかりであり、継続的な支援が必要になっている。

また、制度面においても見直しが必要になっている。現在、雇用保険に加入している労働者が失業した場合には、再就職のためのさまざまな公的な支援が受けられるが、1年以上労働市場から離れている労働者への支援は少ない。1年以上の離職者に対しても、短期の離職者同様の支援をしていくことが必要である。

大嶋（2011）によると、日本では「働く希望があるにもかかわらず、現在働いていない」女性は15～64歳の女性の15％の607万人にのぼるという。就業希望があるが無業である女性の44％（268万人）は45歳未満で、子育て期にある。[20] また、内閣府の『男女共同参画白書』によると、子育て期の女性で働く希望があるにもかかわらず働いていない女性は342万人おり、彼女たちが就労すると、GDPが1・5％上昇し、雇用者報酬総額が7兆円増えることが推計されている。

就業しない理由は、働き方の希望と現実のギャップが大きいことに加えて、大都市圏では、保育・学童保育などの公的な子育て支援が受けにくく、かつ親からの援助が受けにくいこと、また、従来女性の就業率が高い地方では、求人へのアクセスの機会が少ないことが、就業のネックになっている。

いったん離職した女性が再就職できる環境を社会で用意することが必要になっている。

4 少子化対策における国のリーダーシップの重要性

日本の社会制度は、夫は一家の所得を保障し、妻が育児や家事などの（無償）労働をおもに担うという暗黙の前提によって作られている。それゆえに、対GDPに占める家族関連社会支出はヨーロッパの国と比較して低くなっている。2007年には0・79％であるが、スウェーデン、イギリス、フランスなど出生率の回復のみられる国ではそれぞれ3・35％、3・27％、3％と高くなっている（OECD Social Expenditure Database, 2008）。

その低い支出を補ってきたのが企業福祉であったのだが、松田（２０１３）によると、企業の経営環境が以前に比べて厳しくなっており、大手企業においても両立支援にかかる直接的・間接的コストをかける余裕がなくなってきているという。そのために人材強化よりも売り上げやシェアの拡大に経営の優先順位が移ってきているのだそうである。

このような状況を受けて、安倍政権の成長戦略では、５年間で40万人分の保育の受け皿を確保する待機児童解消加速化プランを実施することを約束している。

日本では第１子出産後６割の女性が離職しているが、離職者のうちの67％は、もし両立支援があれば仕事を辞めなかったと回答している。政府は財源を早急に確保して安心して子供を預けられる保育環境の整備を急ぐべきである。

［注］

（１）厚生労働省『平成20年版　働く女性の実情』http://www.mhlw.go.jp/houdou/2009/03/dl/h0326-1d.pdf

（２）大嶋、２０１１、１４４ページ。

（３）加藤隆夫・川口大司・大湾秀雄、２０１３。研究対象となった企業の従業員数は、国内で７０００人。海外の事業所で働く従業員をあわせると２万人にのぼる大手企業である。

（４）大内、２０１２、97～98ページ。

（５）大内、前掲論文、98ページ。

（6）萩原、２００６、２２２ページ。
（7）松原、２０１２、27ページ。
（8）「雇用契約それ自体には具体的な職務は定められておらず、いわばそのつど職務が書き込まれるべき空白の石版であるという点が、日本型雇用システムの最も重要な本質なのです。こういう雇用契約の法的性格は、一種の地位設定契約あるいはメンバーシップ契約と考えることができます。日本型雇用システムにおける雇用とは、職務ではなくてメンバーシップなのです」（濱口、２００９、３～４ページ）。
（9）この調査は、１６７７の企業に従事する23～59歳の男性６４８０人、女性３０２３人のホワイトカラー正社員を対象とした「ワーク・ライフ・バランスに関する国際比較調査」を分析したものである。
（10）たとえば、１日12時間以上働いている正社員の場合、52・５％のひとが、頑張っていると評価されていると考えているのに対して、10時間未満の場合には38・４％のひとしかそう考えていない。
（11）川口、２００８、13ページ。
（12）渥美由喜「男性の育休取得が激減……背景に「パタハラ」」日本経済新聞電子版、２０１３年８月５日。http://www.nikkei.com/article/DGXNASFK3100C_R30C13A7000000/
（13）データの出典は、永瀬伸子「女性のワーク・ライフ・バランスに関する調査」（２０１２）。この調査は、内田・坪井、２０１３に紹介されている。
（14）厚生労働省「第１回21世紀出生児縦断調査（平成22年出生児）」の概況」。http://www.mhlw.go.jp/toukei_hakusho/toukei/index.html
（15）23・６％の女性のうちで育児休業を取得している割合（83・６％）を計算すると、19・７％となる。
（16）働く女性のうち従業員数５００人未満の企業で働いている人の割合は67・４％である（厚生労働省『働く女性の実情』平成24年版、付表20－2）。
（17）資本金１８０億円以上の企業では、７・３項目の支援から13・９項目の支援へと拡充しているのに対して、資本金20億円未満の企業ではこの５年間で拡充した支援策は２項目にとどまっている（松田、２０１３）。

（18）廣川明子「育児休業の格差問題」２０１２年３月。http://www.dir.co.jp/consulting/insight/management/120321.html
（19）大沢、２００６、80ページ。
（20）大嶋、２０１１、78ページ。

［参考文献］

内田明香・坪井健人『産後クライシス』ポプラ新書、２０１３年。

大内章子「大卒女性ホワイトカラーの中期キャリア――均等法世代の総合職・基幹職の追跡調査より」『ビジネス＆アカウンティングレビュー』第9号、85～１０５ページ、２０１２年。

大沢真知子『ワークライフバランス社会へ』岩波書店、２００６年。

大嶋寧子『不安家族――働けない転落社会を克服せよ』日本経済新聞出版社、２０１１年。

加藤隆夫・川口大司・大湾秀雄「職場における男女間格差の動学的研究：日本大企業の計量分析的ケーススタディ」RIETI Discussion Paper Series 13-E-038、２０１３年。

川口章『ジェンダー経済格差』勁草書房、２００８年。

センター・フォー・ワークライフポリシー『日本における女性の休職・離職と職場復帰――企業が有能な女性の成功をサポートするには』２０１１年。

津谷典子・樋口美雄編著『人口減少と日本経済』日本経済新聞出版社、２００９年。

内閣府「ワーク・ライフ・バランスに関する意識調査」２０１３年。

内閣府男女共同参画局「女性のライフプランニング支援に関する調査」２００７年。

永瀬伸子「少子化、女性の就業とエコノミー」篠塚英子・永瀬伸子編著『少子化とエコノミー――パネル調査で描く東アジア』作品社、２００８年。

萩原久美子『迷走する両立支援――いま、子供をもって働くということ』太郎次郎社エディタス、２００６年。

濱口桂一郎『新しい労働社会──雇用システムの再構築へ』岩波新書、2009年。

松田茂樹『少子化論』勁草書房、2013年。

松原光代「短時間正社員制度の長期利用がキャリアに及ぼす影響」『日本労働研究雑誌』第627号、22〜33ページ、2012年10月。

三菱UFJリサーチ&コンサルティング「平成23年度育児休業制度等に関する実態把握のための調査研究事業報告書（企業・労働者アンケート調査）」（厚生労働省委託調査）、2012年。

山口一男「ホワイトカラー正社員の管理職割合の男女格差の決定要因──女性であることの不当な社会的不利益と、その解消施策について」RIETI Discussion Paper Series 13-J-069、2013年。

労働政策研究・研修機構「中小企業の雇用管理と両立支援に関する調査結果」JILPT調査シリーズ、54号、2009年6月。

──「出産・育児期の就業継続──2005年以降の動向に着目して──」労働政策研究報告書、No.136、2011年5月。

──「男女正社員のキャリアと両立支援に関する調査結果」JILPT調査シリーズ、No.106-1、2013年3月。

第3章

女性管理職はなぜ少ないのか

海外から日本の女子労働の特徴としてよく指摘されるのは、管理職に占める女性の割合が諸外国に比べて低いことである。政府もこの問題を重要視しており、安倍総理からも経済界に対して役員の女性割合をふやすよう要請がなされている。

この章では、管理職に女性がふえることでどのような経済効果が期待できるのか。管理職の女性比率の高い企業ほど業績が高いにもかかわらず、多くの日本企業が対策を講じていないのはなぜなのか。社会全体で女性の能力を活かして、「女性が輝く」国を実現させるためにどうしたらいいのかについて考えてみたい。

1 ダイバーシティ・マネジメント

女性の能力活用はなぜ経済にプラスの影響を与えるのだろうか。その理論的根拠を提供しているのがダイバーシティ・マネジメントといわれるものである。同質的であることをよしとしてきた日本企業において、にわかに注目されている経営のあり方である。

ダイバーシティは日本語で「多様性」を意味する。多様な人種を抱えるアメリカで生まれた考え方を発展させたもので、人種に限らず、性別、年齢、個性、価値観、健康状態、さらには働き方の違いなど、あらゆる多様性を積極的に受け入れることで、優秀な人材を幅広く確保し、ビジネスの成長につなげようというのである。

一人ひとりの人権を尊重しつつ、適材適所に多様な人材が配置されれば、既存の慣習や概念にとらわれない斬新なアイディアが生まれる。多様な人材の発想力を企業経営に活かすことで、職場にイノベーション（変革）を起こし、変化に強いダイナミックな組織を作ることができる。そのために、女性人材の能力活用が不可欠になっている。もちろん、単に多様な人材を集めればよいのではなく、目標達成に向けた適切なマネジメントも必要となる。

ダイバーシティを必要とする経済要因

ダイバーシティ・マネジメントの重要性は、経済の変化との関連で考えるとわかりやすい。

①消費の変化

サービス経済化が進展するなかで、消費の質が大きく変化している。市場が成熟化し、一つひとつの商品のライフサイクルが短くなっている。企業は消費者に製品やサービスを提供するだけでなく、それを使うことによってえられる感覚的な価値を提供しなければ、競争に勝てなくなっている。

さらに、消費者の多くが女性である点も重要だ。女性の家庭での地位も向上し、家庭内で大きな買い物をする場合には、最終的な購買の決定者は妻（女性）になっている。女性の嗜好を理解できないと、モノが売れない時代になっている。

世界中のさまざまな商品分野における消費のうち、少なくとも64％以上が女性によるものか、女性に影響を受けたものであり、その割合がはるかに高い分野も多い（ボストン コンサルティング グループ、2009）[1]。

②顧客の多様化とサービス経済化

アメリカでは、顧客の多様化と経済のサービス化が、ダイバーシティ・マネジメントを導入するきっかけとなっている。

製造業が中心であった時代のアメリカの社会では、均一なマネジメントのもとに、標準化した商品を大量に市場に送り出し、規模の経済がもたらすメリットによって収益をあげていた。しかし、サービス産業部門に経済の重点がシフトするにしたがって、顧客の多様化に対応するためのパラダイムシフトが求められるようになる。そこで登場したのがダイバーシティ・マネジメントであった。たとえば、アフリカ系アメリカ人向けにシャンプーを開発したところ、そのシャンプーが爆発的に売れた。また、白人以外の女性向けにファンデーションを多色発売することによって売り上げが伸びたなどの経済効果がみられるようになる。顧客（市場）の多様化が人材の多様化を必要とするようになったのである。

同様に、日本においても、市場が成熟化するなかで、組織内に多様な感性をもつ人材を確保し、売れる商品を開発しないと業績をあげることがむずかしい時代になっている。

③経済のグローバル化

経済のグローバル化の影響を無視して21世紀の社会を語ることはできない。ここでいうグローバル化とは世界規模で経済・経営活動の相互依存化が進んだ状態のことを指す。

企業が業務の一部をインドや中国など新興国の企業に請け負わせるビジネス・アウトソーシング（BPO）や、オフショアリングによって自社の業務プロセスの一部、または全部を移管・委託する動きも盛んになっている(2)。

また、これまで日本国内でビジネスを展開していたサービス業も、市場の成熟化や少子化による市場の縮小によって、いまではグローバル市場に積極的に進出し、世界を相手にビジネスを展開しなければならなくなっている。日本国内の人口が減少するなかで、アジアの新興国では急速に中間所得層が増加しているからである。

早稲田大学の谷口真美教授は、「グローバル化は好むと好まざるとにかかわらず、われわれのもとに必ず迫り来る津波のようなものだ。この津波は何人たりとも止めることはできない」と著書のなかでのべている(3)。

最近は、楽天が社内の公用語を英語にし、話題になっている。その背景には、経済のグローバル化に加えて、経済のIT化が大きな影響を与えている。インターネットの出現によって、インターネット上でバーチャルな商取引が可能になったからだ。楽天は、2012年5月現在、eコマース事業においては、日本を含む世界10のグループ企業を通じて、13の国・地域でその事業を展開している。将来的には27の国・地域での展開をめざし、年間20兆円の売り上げが達成できると見込んでいる。[4] そして、このように事業がグローバルに展開している場合には、ビジネスの意思決定にスピードが必要になる。人材が多様化し、英語が世界共通語になってきているいま、意思の疎通をはかり、迅速に決断を下すためには社内の公用語を英語にすることが不可避であったと、三木谷社長は著書のなかでのべている。

ダイバーシティ・マネジメントとは何か

以上のべてきたように、わたしたちを取り巻く経済社会は大きく変化してきている。「世界中の多様なパートナーやサプライヤーと協働し、多様な顧客に向けて商品やサービスを開発・提供していくためには、多種多様な人種・国籍をもつ人材の能力や知見を活かし、共通の目的に向けて協働を促し、成果を生み出すマネジメント」が不可欠なのである。[5]

ちなみに、日本では2002年に日経連（現経団連）が『原点回帰――ダイバーシティ・マネジメントの方向性』という報告書を出版しており、これが経営の分野で「ダイバーシティ」という言葉が使われた最初であるといわれている。

それでは、ダイバーシティ・マネジメントとは一体どのようなものなのだろうか。

人材コンサルタントのパク・ジョアン・スックチャ氏は、ダイバーシティを、「社員の多様性を活かして、企業メリットにつなげる経営戦略」で、その基本的な考え方は、

(1)個々人の「違い・異質なこと」を認め受け入れ、それらの違いに価値を見つけること
(2)多様な社員の能力、アイデア、経験や視点をベストに活用することによって組織に貢献できるようにすること
(3)評価では、仕事に関係のない性別、国籍や価値観などにとらわれず個人の能力や実績だけを考慮すること

の3つに集約されるという[6]。

しかし、単に「多種多様な人材」を採用するだけでは、かえって仕事の質や生産性を低下させる危険性がある。そこで、ダイバーシティを適切に管理（マネージ）する仕組み作りと、そのための環境整備が重要になってきているのだ。

「今企業の中では、女性活躍推進のことをダイバーシティと指すと思っている人は多いと私は思います。もちろん優先的に取り組むべき問題であり、活性化されているのである意味では間違っていないのかも知れませんが、あまりに「女性」を特別として掲げすぎているような気がします。性差なく自然になるよう、それぞれ（男性、もちろん女性自身も）が少しずつ意識を変えていくことが、ダイバーシティに繋がると思います[7]」とパク氏はいう。

早稲田大学の谷口教授も、女性の登用はダイバーシティ・マネジメントのイントロダクション、とのべている。ダイバーシティ・マネジメントに段階があるとすれば、もっとも導入が簡単なのが、女性のキャリア管理や管理職登用であるという。人種の多様性や国籍の多様性になってくると、より高度で難易度も高くなってくる。そして、さらに難しくなるのが、多国籍企業の多様性

を取り入れること。グローバル企業の多様性には、従業員だけでなく、株主、取引先企業、顧客の多様性が、文化、社会、経済システムに影響を受けて、より入り組んだものになるからである。(8)

しかし、日本の企業はダイバーシティ・マネジメントに弱い、と谷口教授は指摘する。人事管理の多様性が男性社員を中心にしておこなわれてきたからだ。さらには、多くの日本企業は人材の多様性ではなく、多用性を追求してきた。ひとりの従業員がさまざまな能力を会得することで、技術変化に対応してきたのだ。しかし、それでは、対応できなくなっている。すでにスキルと経験を兼ね備えた人材がいれば、すぐに即戦力となる。そういう人材を登用し、活用しなければスピードと競争の時代を生き抜くことができない。つまり、ダイバーシティ・マネジメントは、21世紀の激動する世界で日本企業が生き残るために、避けては通れない管理システムなのである。

ダイバーシティ・マネジメントの発祥の地はアメリカである。もとをたどれば人種差別をなくそうという公民権（civil rights）運動から始まった。ところが、その後、80年代後半になると、アメリカの企業は、（人材の）多様性を追求することが利益につながる、つまり〝もうかる〟ということに気づく。

そのきっかけとなったのが、1987年にHudson Instituteから出版された2000年の労働力構成を予測したWorkforce 2000という報告書であったといわれている。この報告書には、13年後には、労働力に占める白人の比率が大きく減少し、少数民族や女性の比率がふえることが指摘されていた。このような変化がおきれば、当然、消費者が大きく変化し、顧客も多様化することが予想される。

消費者の多様化に対応できればもうかるが、従来どおりのビジネスをしていては、パイは縮小し業績は落ちる。変化に対応するためには多様な人材を活用できる企業が有利になる。そのために、従業員の採用にあたって重視される項目が性や人種といった属性から、仕事を遂行するのに必要なスキル／能力／知識に変化したのである。

パク・ジョアン・スックチャ氏は、ダイバーシティの特徴は、それを実現したことによってどの程度利潤があがったのかを実際に計算できるところにあるという。シリコンバレーの6割は外国生まれ。多様な人材が集まったほうがクリエーティブな商品が生み出されやすい。つまり、成果を求めた結果、人材が多様化したのであり、日本でも同様に、成果を求めるのであれば、女性がもっと参加する組織が作られる必要があるということになる。

ダイバーシティを実現させていない会社には、才能のある女性はこない、というのはゴールドマン・サックス証券の汎アジア投資調査統括部長のキャシー松井氏である。生産年齢人口が減少しているいまの日本では、人材の確保と定着に成功するかどうかが企業の盛衰をわける分水嶺になっている。自身が活躍でき、能力を伸ばすことができる組織だと女性がおもわなければ、女性人材の採用はむずかしい。たとえ採用できたとしても組織に定着しない。そのためにダイバーシティ・マネジメントを実施することの重要性をトップがどれだけ理解しているかが、女性活用が成功するかどうかの鍵を握っている。日本の企業の将来を考えると、女性人材の活用以外にいまの経済水準を今後も維持できる方法は見当たらない、というのがキャシー松井氏の日本経済に対する見立てである。

㈱イー・ウーマンの佐々木かをり氏は、いま日本は戦後の発展の第2段階にあるという。戦後の発展の第1段階では、「経済界のトップもマスコミのトップも、一枚岩で同じ価値観を共有することで、一気に日本を立て直した。そのときに女性は家を守る。子供を教育する。PTAや自治体の運営に携わる。そういう暗黙の了解で役割分担ができあがり、スピードのある経済成長ができた」という。多様性をもたないことが早い復興と強い経済を作り上げることにつながったのだが、社会が成熟し、発展の第2段階になると、多様性を重視した社会に転換することが必要になった。成熟した社会では、ひとそれぞれに違った価値観があり、それに基づいてひとびとが多様な生き方を選択するようになる。そうなると「いろいろなひとの智恵や意見が集約され尊重され活かされる社会が作られる必要」が出てきたのである。

多様な価値観が醸成される社会を形成するためのひとつの試みとして、佐々木氏は、1996年から毎年、各界で活躍する女性を招いて国際女性ビジネス会議を開催している。2014年に開催された第19回の会議には、安倍総理自らが登壇し、800名以上の出席者の前で「女性が輝く社会の実現」に向けて先頭に立って変化をおこしていく覚悟であるとのべている。

佐々木氏は、一流企業のトップが、女性活用の重要性を頭ではわかっていながら実際に実現させないのは、トップに「体感がないから」ではないのかと考えた。日本にはまだリーダーになるだけの実績と実力を兼ね備えた女性がいないといわれる。しかし、実際にはすでに実績を積み上げた女性たちが日本にはたくさんいる。にもかかわらず、そのことがトップに伝わっていないのは実際にそのような女性たちに会う機会がないからではないのか。そうだとしたら、出会いの機会を作って、体感してもらうしかない。

カルロス・ゴーン日産自動車社長もこの会議にゲストとして招かれたひとりである。この会議に出席し、予定の時間を大幅に伸ばして、多くの出席者との会話を楽しんだあと、すぐに社内に女性活躍推進部を立ち上げ、積極的に社内の女性活用に取り組んだという。

佐々木氏は、ダイバーシティが経済成長につながるということがわかれば企業は変わると考えている。それをご自身が実感したのは、アメリカの女性起業家のための会議に出席したときである。

90年代初めには、アメリカでも女性の起業家が銀行から資金を調達するのはむずかしかった。ところが、２０００年になると、アメリカの中小企業の半分以上が女性経営者になるという予測が発表され、女性起業家が集まる会議に金融機関がブースを出すようになった。顧客の半分以上が女性になるのだったら女性にお金を貸さなければビジネスが成長しない。それが銀行の行動を変化させたのだ。まさに、顧客の多様化がビジネスを変えた事例である。

しかし、女性の時代がきているいま、わたしたち一人ひとりがダイバーシティの厳しさを認識することも重要だと佐々木氏はいう。「多様性の時代には、10人のひとが会議に出席したら10通りの意見が出て欲しい。意見を出してはじめて、自分が働いている意味があるということだ。チームとして最高の成果を出すためにそれぞれが発想し、それを提案することで会社に貢献することがダイバーシティの基本である」

ダイバーシティの時代とは、女性が成果を求められる時代であるともいえるのである。

2 ジェンダー・ダイバーシティと企業業績

それでは、経営にジェンダー・ダイバーシティを取り込むことによってどのような成果が期待できるのだろうか。

ダイバーシティ経営の成果

ダイバーシティ・マネジメントの成果は以下の4つにまとめることができる（経済産業省、2013）。

・プロダクト・イノベーション――多様な人材が異なる分野の知識、経験、価値観を持ち寄ることで、製品・サービス自体を新たに開発したり、改良を加えたりする改革をもたらすこと

・プロセス・イノベーション――（管理部門の効率化を含む）多様な人材が能力を発揮できる働き方を追求することで、効率性や創造性が高まり、製品・サービスを開発、製造、販売す

るための手段を新たに開発したり、改良を加えることで生産のプロセスに変革をもたらすこと

・外的評価の向上――顧客満足度の向上、社会的認知度の向上など、多様な人材を活用することで生まれる成果によって、顧客や市場などからの評価が高まること

・職場内の効果――従業員のモチベーションの向上や職場環境の改善など、自身の能力を発揮できる環境が整備されることで、働きがいのある職場が作られること

世界中で事業を展開しているセブン&アイ・ホールディングスは、2012年4月から西武所沢店や、イトーヨーカドー高砂店など4店で、女性を中心とした店舗運営を始めた。これまで商品開発や女性活用推進のプロジェクトチームなどで構成員が女性の部署があったとはいうものの、新たに人事異動をして職場を丸ごと女性だけで運営するというのは例がないと話題になった(9)。

代表取締役会長兼CEOの鈴木敏文氏は、その理由を組織の活性化とのべている。「実際に女性だけの店舗を作ったからといって直接効果が出るものでもないと考えています。男性も女性も一緒にやるのが理想です。それをあえて、女性だけにすると、そこに新しい発見が生まれ、仕事の仕方を見直す。また自分たちから進んでいろいろなことをやっていこうという意欲も出てくる

と思いまして、職場に刺激を与えるという意味で、始めたんです」

なぜそのような発想が生まれたのだろうか。鈴木会長は「たとえばセブン-イレブンの場合でいくと、奥さんが切り盛りしているところの方がうまくいっているのです。そこで、ＯＦＣ（店舗経営相談員）に女性を登用したところ、オーナーさんの奥さんと女性同士で円滑にコミュニケーションがとれ、店舗運営がいっそううまくいくようになったという事例が生まれています」。

女性労働のパラダイムシフト

こうみてくると、いま日本の女性労働にはパラダイムの転換がおきていることがわかる。山岡（２０１１）は、90年代、日本では少子高齢化による労働力不足への対応として女性の社会進出の必要性が唱えられたが、現在は企業価値創造のために女性の活躍推進が求められるようになっているとのべている。

また、小峰・日本経済研究センター（２００８）は「女性が進出しやすいように構造改革を進める」時代が終わり、「経済社会の変化に適合して各方面での構造改革を進めた企業で、女性の進出がみられる」ことを指摘している。(10) このことは、女性の活躍している企業は、業績を上げるために組織内の構造改革を実施している企業であり、これから目指すべき職場のあり方を実現している企業であるということができるのである。

ジェンダー・ダイバーシティと企業業績

それではジェンダー・ダイバーシティを実現している企業はそうでない企業にくらべて業績が高いのだろうか。

山本（2014）は、ジェンダー・ダイバーシティにはふたつの効果があるという。ひとつは、女性は結婚や出産で離職してしまうなどの理由で女性の採用を抑制する企業が多い場合、そのような偏見をもたない企業やあるいは両立の環境を整えた企業は、優秀な女性人材を（相場よりも）低い給与で採用することができるので、（経済学でいうレントが発生し）超過利益をえることができるという効果である。

もうひとつの効果は、すでにのべたように、女性の能力を活用することによってもたらされる職場のイノベーションによって生じる業績へのプラスの効果である。[11]

日興フィナンシャル・インテリジェンスの杉浦康之研究員は、東洋経済CSRデータをもとに、データ分析した結果、女性の能力活用によるイノベーションが業績にプラスに影響していることを発見している（図3−1）。

女性採用者比率の高い企業の利益率は、低い企業との差がわずか0・4％とほぼ変わらず、女性従業員比率についても0・8％にとどまるのに対して、女性管理職比率の高い企業は、女性比

図3−1　企業業績と女性採用者比率及び女性管理職比率の関係

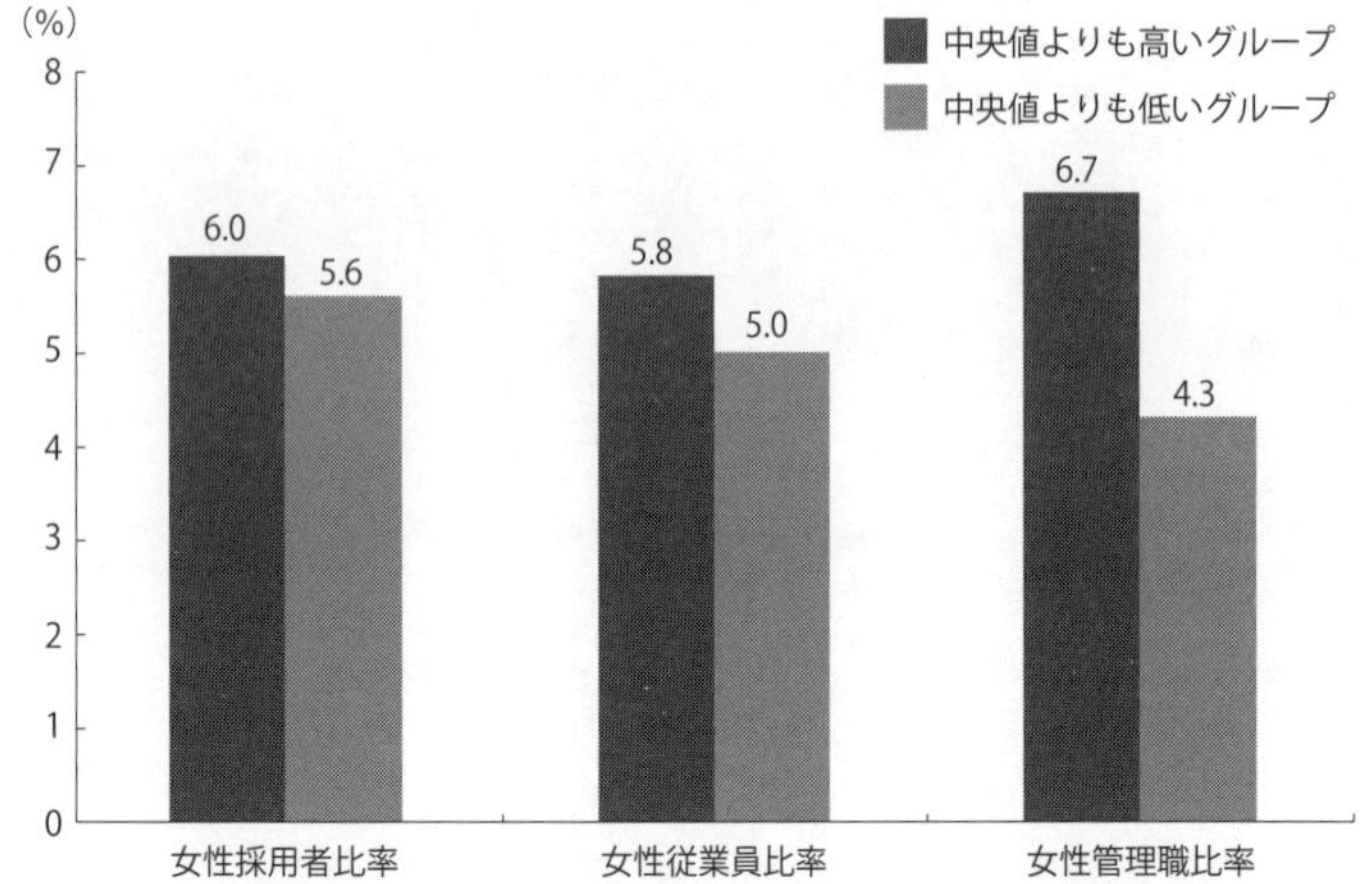

（出所）杉浦康之「東洋経済CSRデータの詳細分析で判明！『女性が活躍する企業』はここが違う〈第4回・最終回〉女性管理職の活躍で生産性は上昇，収益性も高まる」『東洋経済オンライン』2012年9月5日．

率の低い企業に比べて２・４％高くなっており、明確な差が認められる[12]。

他方、労働分配率については、女性管理職の多い企業とそうではない企業で相違はみられなかった。つまり、企業が女性を雇うことで人件費を抑えて労働分配率を下げているわけではなく、女性管理職による生産性の向上が業績に直接に影響を及ぼしているということである。

ただし、以上の結果は、管理職に占める女性が多いことが業績を上げているのではなく、もともと業績のよい会社が女性の管理職をふやしているという逆の因果関係が成立している可能性もある。

山本（２０１４）は、「ＣＳＲ企業調査」（東洋経済新報社）と「日経ＮＥＥＤＳ財務データ」（日本経済新聞社）をマッチングさせ、上場企業約１０００社の2003年、2005〜2011年までのパネルデータを作成し、企業業績と女性活用との関連についてより詳細な分析をしている。[13] ちなみにここでの利益率も杉浦同様、総資産経常利益率（ROA）が用いられている。

その結果わかったのは、正社員女性比率が高いほど、企業の利益率が高まるということであった（ここでは逆の因果関係はコントロールされている）。正社員女性比率が0・1高いと、利益率が0・44％高くなる。とくに、正社員女性比率が30〜40％の企業で利益率が高くなっており、また、30代の正社員女性比率が高い企業ほど、利益率が高くなっている。

ただし、正社員比率を少しだけ上げても業績がよくなるわけではなく、おもい切って30〜40％という高い水準に上げることが重要なのである。

さらに、従業員がワークライフバランスを達成できるように専任部署を設置している企業では、短時間で効率的に成果が出せるような働き方が実現されており、そういう企業では、女性の正社員比率が高いほど、利益率が増加している。

他方、山本の研究では、管理職女性比率（女性正社員に占める女性管理職比率の割合）は、利益率に影響を与えていない。しかし、管理職女性比率は同じでも、正社員1000人以上で短時間勤務制度がある企業では、高い利益率となっている。つまり、女性が働きやすい環境が整えられている企業では、女性管理職が力を発揮して業績に貢献していると考えられる。

ワークライフバランスと職場の生産性

それではどのような制度と環境が整えられれば、生産性と企業の利益率にプラスの影響がもたらされるのだろうか。

山口（２０１１）は、経済産業研究所と内閣府経済社会総合研究所とが共同で実施した「仕事と生活の調和（ＷＬＢ）に関する国際比較調査」から、ワークライフバランス（ＷＬＢ）施策を導入し、育児休業制度や介護休業制度の導入がプラスの影響をもたらしたという職場を特定化し、その職場の特質を探っている。(14)

その結果、「性別にかかわらず社員の能力発揮を推進すること」と「社員の長期雇用の維持」の2項目を重視している職場で、育児・介護制度の導入が生産性にプラスの影響を与えていることがわかった。他方、法定以上の育児・介護支援があるが、女性の活躍推進を積極的に進めていない企業は施策の効果がなく、高い生産性を上げていない。加えて、多様な働き方を全般的に組織に取り入れているところでも生産性へのプラスの影響が見出せた。

ここから山口（２０１１）は「成功する女性人材活用のいわば共通項は雇用者の育児介護支援を含むＷＬＢの推進に組織的に取り組んでいる企業であることと、男性雇用者と同様に女性雇用者の能力発揮の推進を重視する企業であることである」とのべている。(15)

第2章では、少子化対策として、両立支援と女性の活躍支援の両方が車の両輪として位置づけられることが重要であることを指摘した。ここでは、そのような職場で業績が上がっていることが実証研究によって裏付けられている。

多くの企業は何も対策を講じていない

問題は、このような企業が全体の3％程度にすぎないことである。

山口（2011）は、潜在クラス分析を用いて、日本企業の両立支援をタイプ分けしている。その結果、日本企業の両立支援のあり方は6つのタイプに分けられることがわかった。それらは、(1) ほとんど何もしない型、(2) 法を上回る育児・介護支援制度はあるが、生産性への影響がない「育児介護支援無影響型」、(3) 法を上回る育児・介護支援制度はあるが、生産性への影響がマイナスの「育児介護支援失敗型」、(4) 法を上回る育児・介護支援制度はあるが、生産性への影響がプラスの「育児介護支援成功型」、(5) すべての制度・取り組みにおいて有りの確率が無しの確率を大きく上回っている「全般的WLB推進型」、(6) 柔軟な働き方4制度（フレックスタイム・裁量労働・在宅勤務・短時間勤務）はあるが育児・介護休業制度やその他の両立支援の取り組みについてはあまり進んでいない「柔軟な職場環境推進型」である。

その分布を割合の多い順にみると、

ほとんど何もしない型——69・9％
育児介護支援無影響型——17・6％

育児介護支援失敗型――４・１％
育児介護支援成功型――３・４％
全般的ＷＬＢ推進型――３・１％
柔軟な職場環境推進型――１・８％

となっている（山口（２０１１）表６より引用）。

ほとんど何もしていない企業、両立支援制度は整備されているがそれが生産性には影響を及ぼしていない企業、さらに両立支援制度がマイナスの影響をもたらしているところを足し上げると、91・６％になる。(16)

なお、ほとんど何もしない型は、中小企業に多く、育児介護支援成功型や全般的ＷＬＢ推進型は大手企業に多い。これは第２章で紹介した松田（２０１３）によっても指摘されている。

ここから、山口（２０１１）は日本の企業の大多数は「女性の人材活用ができない」のではなく「やらない」のである。野球でいえばこれは女性の人材活用について「空振りの３振」のではなく「見送りの３振」である。試みで失敗しているなら改善の余地があるが、「やろうとしないのでは改善の余地がない」と日本企業の女性活用に対する姿勢を厳しく批判している。

なぜ日本の企業は女性の人材活用に関して「見送りの３振」をし続けているのだろうか。以下では、管理職のジェンダーギャップについて要因分析をした結果からその理由について考えてみたい。

3 女性の管理職比率が低い本当の理由

国際的にみて、日本の管理職に占める女性の割合は低い。図3-2は、管理職の女性割合を国際比較したものである。もっとも比率が高いのがフィリピンの52・1%、続いてアメリカの43・1%。これに対して日本は11・9%、韓国は10・1%と低い数字になっている。

長いあいだ日本の大手企業は、女性社員に期待してこなかった。しかし、「20代とか30代をみていると本当に男性と同じように女性社員も鍛えられているなって感じがします。年功にとらわれずに、30代でも本当に実力のある人がいれば、管理職に登用するということになれば、女性の管理職もふえるとおもいます」と指摘するのは、元資生堂副社長の岩田喜美枝氏である。

もともと日本の大手企業には、不文律の結婚退職制度があって、女性の就労は結婚前の腰掛けと考えられていた（大沢、1993）。1986年に男女雇用機会均等法が施行されてからは、大手企業はコース別人事管理制度を導入して、従来男性にのみ開かれていた企業内部で昇格・昇進をしながらキャリアを磨いていくコースを総合職、昇進・昇格が少なく補助的な仕事をするコースを一般職として、事実上の男女の処遇格差を維持した。

図3-2　管理職の女性比率の国際比較

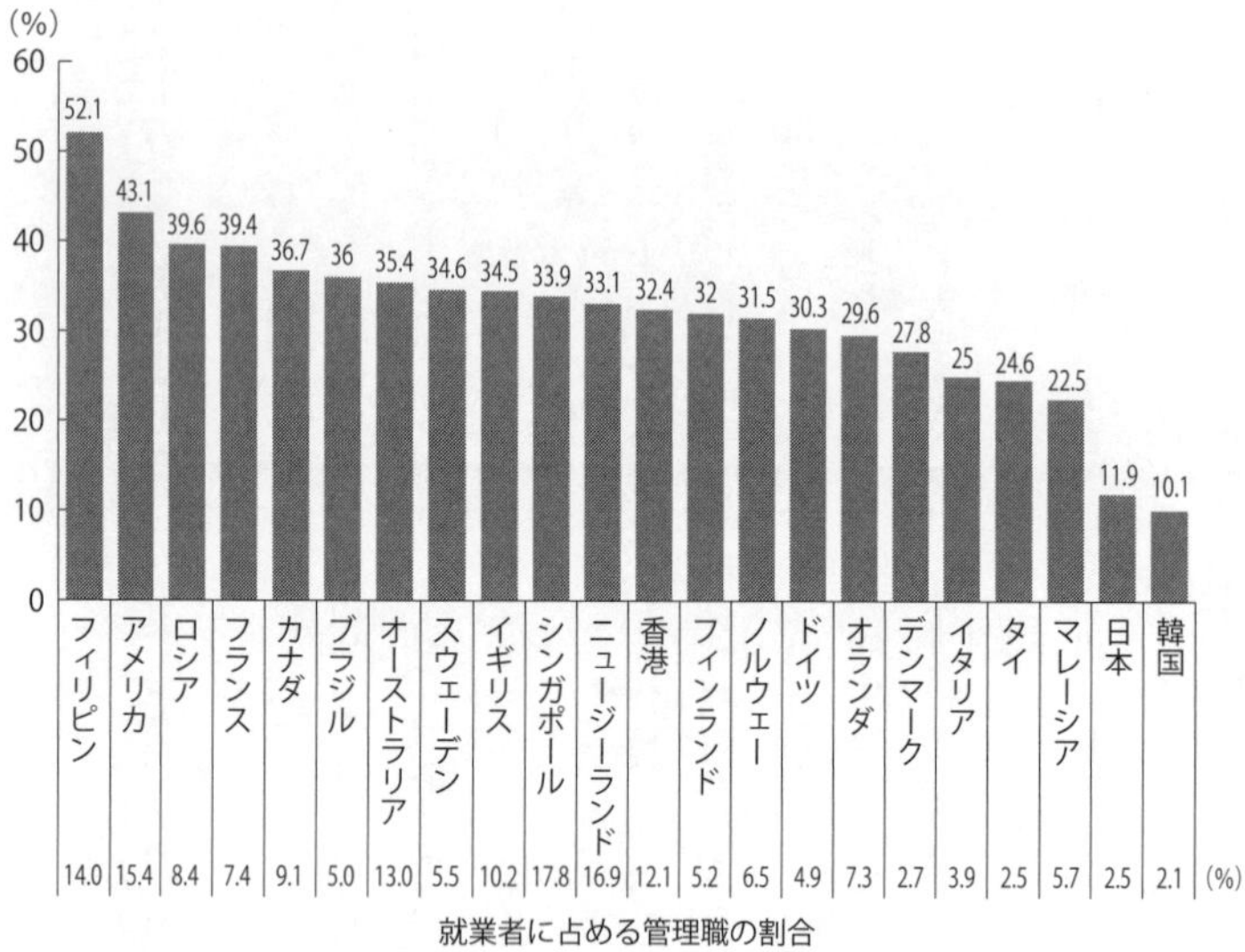

（出所）労働政策研究・研修機構『データブック国際労働比較』2013年.

ところが、97年と06年に均等法が改正され、あらゆる段階での差別の禁止が明文化されてからは、男性は総合職、女性は一般職という男女でコースによって完全分離をおこなうコース別人事制度の運用は違法となった。また、企業も少子化による新卒者の減少に加えて、女性の高学歴化が進んだ結果、人事管理制度の見直しを始めた。そして、90年代後半に採用された総合職の女性たちがいま30代の中盤にさしかかり、係長適齢期になってきている。

企業の中でキャリアを積むには時間がかかる。力をつけはじめた30代後半の女性たちが、結婚や出産の時期を迎え、いま企業は、大切に育ててきた女性たちを戦力としてさらに

図3-3 管理職の女性比率の推移

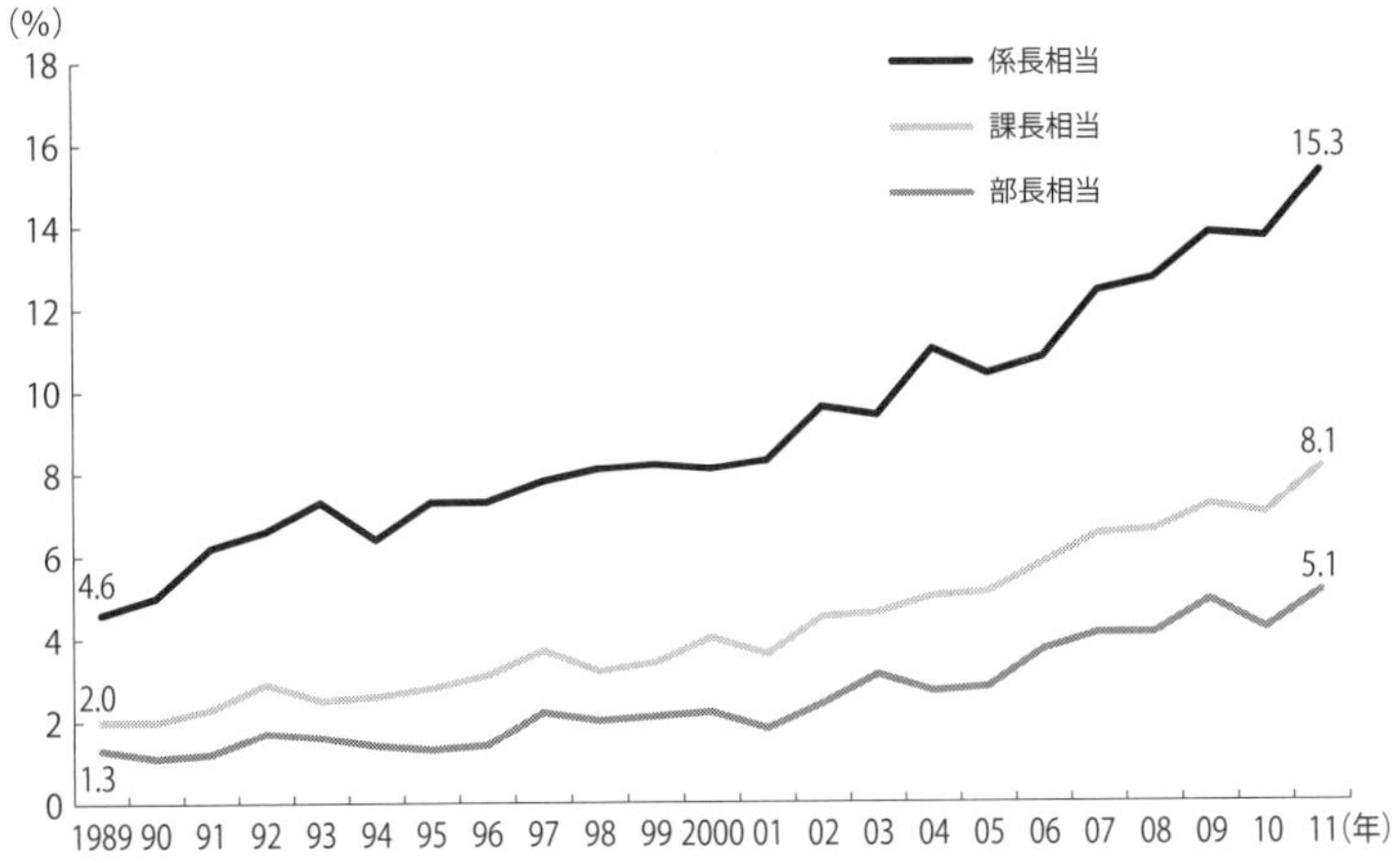

(出所) 厚生労働省「賃金構造基本統計調査」各年.

パワーアップしていけるかどうかの岐路に立っている。

図3-3は、管理職の女性比率の推移をみたものである。89年から2011年にかけての推移をみると、係長相当職での女性比率は伸びており、2011年には15・3%が女性になっている。ただし課長職では2011年で8・1%、部長相当職では5・1%と役職が上にいけばいくほど女性の割合が低くなっている。

たしかに女性の管理職は増加している。しかし、このまま自然にまかせておけば問題は解決するとは考えにくい。それは、つぎでのべるように、職場内に男女の昇進格差をもたらしている人事管理制度が存在するからである。

統計的差別と昇進確率の男女差

なぜ管理職の女性比率が日本では低いのだろうか。企業の人事担当者からえられた回答の第1位〜3位は、

①現時点では、必要な知識や経験、判断力を有する女性がいない。（54・2％）

②将来管理職に就く可能性のある女性はいるが、現在管理職に就くための在籍年数などを満たしているものはいない。（22・2％）

③勤続年数が短く、管理職になるまでに退職する。（19・6％）

となっている（厚生労働省「雇用均等基本調査」平成24年度より）。

これをみると、女性の勤続年数が男性と比べて短いことが管理職に占める女性の割合を低くしているのであり、「女性は結婚や出産でやめる」という女性のM字就労が理由とされているのである。つまり、管理職に女性が少ないのは、女性側にその原因があると企業は考えているのである。

それでは、男性と女性で学齢や勤続年数が同じであると仮定して管理職比率を推計し直してみれば、この格差は解消されるのだろうか。

山口（2013）は、従来の推計方法よりもすぐれたDFL法という推計方法を用いて、管理職の男女格差の要素要因分析をしている。[17] その結果わかったのは、高卒の男性の方が大卒の女性

よりも遥かに管理職割合が高いということであり、学歴よりも、生まれが男性か女性であるかが、課長以上の管理職になる確率に大きな影響を与えているということであった。教育や勤続年数や年齢の違いによって説明できる管理職の男女差は課長以上割合では2割程度、係長以上割合にまで広げると3割にはなるものの、格差の大部分はこれらの要因では説明できない。つまり、仮に女性が教育や勤続年数が男性と同じであっても、年齢とともに管理職の男女格差はどんどん大きくなり、女性の教育や勤続年数が改善されたとしても格差はほとんど縮小されないということである。

35～39歳以降になると管理職の男女格差は顕著に広がり、女性大卒者の課長以上割合は、男性大卒者の課長以上割合の半分にも満たない。

つまり、管理職に女性が少ないのは、勤続年数が短いからではなく、（そういう前提で）女性に機会が与えられていないからなのである。これは、第1章でのべた企業の統計的差別（女性はすぐに辞めるといった思い込み）が存在することを裏付ける結果となっている。

ところが実際には、高学歴女性は結婚や出産で辞めているわけではなく、機会が与えられていないことに不満をもって職場を去っているのである（第1章）。ここに日本企業が抱える構造的な問題があるのであり、日本の雇用管理制度における女性差別が改善されないと、女性の管理職比率は今後も上昇しないのではないかとおもわれるのである。

ちなみに、コース別雇用管理制度は日本独特の制度である。少なくともお隣の国韓国には存在しない。また、日本でも企業全体では、1割強の企業が採用しているにすぎない。が、5000

人以上規模になると、約半数の企業がこの制度を採用している。2010年から11年にかけて、総合職採用予定者に占める女性割合は、11・6%と、いまだに総合職で採用される女性は少数である。また、全総合職に占める女性の割合は5・6%にすぎない。

大手総合化学メーカーの事例

同様のことは、一企業の人事ファイルの分析によっても実証されている。第2章ですでに紹介したが、加藤・川口・大湾論文（2013）では、大手総合化学メーカー人事ファイルを分析することで昇進のジェンダーギャップが形成される要因を分析している。

この企業は、全従業員に占める女性の割合は11%であるが、課長以上の管理職に占める女性比率は3・4%と低い。経営の意思決定をおこなう取締役レベルでは1・6%と少なくなっている。また、幼い子供を養育している女性管理職はいない。

この企業における昇進のジェンダーギャップは、男女の離職率の差とともに昇進のスピードの男女差によってもおきている。実際の昇進の確率を8つのジョブグレード別に男女でみると、職階が上にいくほど、女性の昇進確率が低くなっており、男女の格差が歴然としている。たとえば、17・2%の男性がG6からG5に昇進しているのに対して同じグレードに昇進している女性は8・4%と低い。さらにグレードがG5からG4に上がる確率は、男性が11・2%なのに対して女性は5%と半分以下になっている（ちなみにここでは数字が低いほどグレードが高くなっている)。また、高卒や短大卒で補助的な事務の仕事についている女性の場合には3段階グレードアップしたあとはそれ以上上位のグレードに昇格することはない。

なぜこのような差が生じるのだろうか。

日本の大手企業では、人事評価制度が導入されているところが多い。この会社では、男性社員の場合には、高い評価を受けることが統計的に有意に昇進(昇給)の確率を上げている。ところが、女性の場合には、人事評価と昇進のあいだには統計的に有意な相関関係がみられない。たとえ、職場でよい人事評価をえたとしても、女性はそれが昇進・昇給に結びつかない。偏差値の高い大学の出身であるかどうかも女性の昇進には影響を与えない。つまり、女性であることそのものが昇進のスピードを遅らせ、昇進の確率を下げている要因なのである。

長時間労働と女性の管理職昇進

学歴や勤続年数の差では説明できない残りの男女差を説明するものが、配属される職場の男女差と就業時間である。

女性は就業時間の比較的短い「人事・総務・会計・広報」に多く配属される傾向がある(山口、2013)。また、管理職に昇進する確率は、就業時間と密接に関連している。女性の場合にのみ、長時間労働が昇進の確率を高めている。つまり、男性並みに働けるかどうかが、女性が管理職になる暗黙の条件となっている。これは、第1章で紹介した統計的差別仮説にしたがうと、女性はいつ結婚して退職するかわからないので（女性は離職率が高いので）、離職した場合のコストを考えて、女性に機会を与えない（統計的差別）。また、女性がこの差別を乗り越えるためには、女性が長時間労働をすることで仕事へのコミットメントを示すシグナルを会社に送る必要があると解釈することができる。そうであるならば、子供のいる女性が昇進することはむずかしい。筆者は、有能な女性たちが子育てをしながら、長時間労働を続けた結果、体を壊して仕事をあきらめざるをえなかった話を数多く聞いている。

ちなみに男性の場合は、長時間労働が昇進の条件にならないのはみなが長時間労働をしているからである。日本の大企業では、男性社員のあいだで、入社時点からある一定の職階までは、昇進に差がみられない。差をつけないことで、すべての男性社員に昇進期待をもたせ、競争させているのである。それが、仕事へのモチベーションを高めると解釈されている。

男性もふくめた働き方革命の必要性

男性が変わらないと女性が職場で活躍するのはむずかしい。だからといって、そのコストを、女性を雇う会社のみが負担するのは不公平である。女性の能力活用を促すのであれば、男性の働き方革命が不可避になっている。

男性は結婚しており、6歳以上の子供がいることで管理職になる割合が高くなるが、女性は逆に6歳以上の子供がいると管理職の割合が低くなる（山口、２０１３）。以下は、卒業後20年以上同じ会社につとめ、管理職の段階に進んでいく時期に、仕事か家庭かという葛藤に直面する女性の声である。

「企業社会で勤続年数が長くなると管理職の段階を進んでいくことが課題となりますが、管理職任用への試験を受けるかどうかの選択に迫られています。管理職になることは企業のなかで達成感をえられるにちがいないのですが、引き替えに仕事に費やす時間が大幅にふえることになります。子供が思春期になり、仕事の比重が高まることには迷いがあり、仕事か家庭かという葛藤に直面するようになりました」（小林、2007）[18]。

仕事と家庭の葛藤というと、就学前の子供を養育している母親が抱える問題と考えられがちであるが、本当の葛藤は、子供が思春期になったときに訪れるといわれている。

アン・マリー・スローター（Anne-Marie Slaughter）氏は、2012年に任期なかばにして女性初の国務省政策企画本部長の職を辞した際、その顛末を、なぜ女性はいまだにすべてを手に入れることはできないのか（Why women still can't have it all）と題する記事にまとめて、『アトランティック』誌（2012年7・8月合併号）に寄稿した。その記事がアメリカで注目を集めている。

記事のなかでは、息子のひとりが学校で問題をおこしたことが辞任を決意した理由になったことが明かされ、勤務先のワシントンで私生活を犠牲にした働きが要求されるなか、思春期の息子ふたりをもって高級官僚職をこなすのは不可能だったとのべている。

現在スローター氏は、ワシントンにある新アメリカ財団で働いており、今回は自分自身の時間を管理できる職場なので問題はないといいつつも、女性にキャリア志向をもてというのであれば、同時に男性にも子供の教育や世話にもっとかかわれるような働き方の選択肢が提供されるべきだと主張している。

日本ではさしずめ、子供の受験と昇進が重なったあたりで、いまのべた葛藤に直面することになるのではないだろうか。スローター氏の場合も、仕事を完全に辞めたわけではなく、時間管理ができる職場に転職してキャリアを続けている。大切な人材を失わないためにも、男性をふくめて長時間労働を是正し、柔軟な働き方が選択できる職場作りが求められている。

ちなみに、労働政策研究・研修機構が2012年におこなった男女正社員のキャリアと両立支援に関する調査によると、従業員300人以上の企業につとめる一般女性従業員の4割が管理職（課長）の昇進を望まない理由として「仕事と家庭の両立が困難になる」ことをあげている。(19)

リーダーになる女性の数をふやすためには、男性の働き方の見直しや働き方の選択肢をふやすことが必要になっている。

性差よりも個人差が大きいリーダーシップの資質

管理職に占める女性の割合が低い理由として、日本ではそもそも管理職になりたい女性が少ないことが挙げられることが多い。たしかに、上司から管理職になることを薦められたら引き受けるかという質問に対して、引き受けるという男性は48・3％であるのに対して、女性は16・1％と低くなっている。ただし仕事内容や条件次第では引き受けてもよいというひとは、男性では23・3％、女性でも27・4％いる。それをふくめると女性でも4割は管理職への就任に前向きである。また、20代の女性では、約2割が引き受けると回答しており、3割は条件次第では引き受けると回答している（東京都産業労働局『東京都男女雇用平等参画状況調査結果報告書』２０１4年）。

リーダーというと男性がイメージされるが、男性のなかにもリーダーに向かないひともいる。つまるところリーダーシップをとる資質をもっているかどうかは、性差よりも個人差が大きい。それにもかかわらず、女性であるという理由だけでその資質のあるひとを排除してしまうことは大きな人材の浪費につながる。

加えて、最近は、求められるリーダーシップのスタイルが変化している。

経済のグローバル化、情報テクノロジーの発展、多様な国籍をもったひとたちが交わる職場をまとめるダイバーシティ経営においては、カリスマ型のリーダーよりも変革型や統合的リーダーシップが求められるようになっている。

変革型リーダーとは、ビジョンを示し、組織・集団の目標を明確にし、達成可能なプランとそのための具体的なプロセスを提示し、先頭に立って新たな企業文化を作り価値を創造していくリーダーのことをいう。リーダーは、メンバーそれぞれに適した役割を与え、部下から信頼と信任をえることによって、集団をリードしていくことが求められる。

このようなリーダーシップに求められる資質を尺度として実証研究をおこなったところ、男性と女性のリーダーシップには明確な差異が見出されただけでなく、女性のほうが変革型リーダーに必要な資質のスコアーが高かった（本間、2010）[20]。

男性は、集団に目標を達成するよう働きかける〝課題性〟リーダーシップに優れており、女性は集団内の対人関係や維持のために、情緒的なサポートや個人の葛藤を解決するなどの〝関係性〟リーダーシップにおいて優れている。また、女性リーダーの方が豊かな社会感受性をもち、高いコミュニケーション・スキルをもち、道徳的で、公正を重んじ、自己奉仕的であって権威には拘泥しないという結果も示されている。リーマン・ブラザーズがリーマン・ブラザース＆シスターズであったなら破綻はしなかっただろうとまことしやかにささやかれる理由がここにある。

社会的規範の存在

それにもかかわらず、女性がリーダーになりたがらないのは、社会のなかの男らしさや女らしさという規範と、リーダーシップに求められる男性性とのあいだに不適合が生じるからである。

最近の話題作シェリル・サンドバーグ著『ＬＥＡＮ ＩＮ（リーン・イン）女性、仕事、リーダーへの意欲』（２０１３）のなかで、人間はステレオタイプに基づいて判断する傾向があり、男性は一家の大黒柱で決断力があり、女性は家事や育児をし、情感が豊かで献身的であるとみられる傾向があることを指摘している。その結果、女性は出世競争で押しのけられたり、女性自身が競争から身を引いたりしがちなのではないかというのである。

サンドバーグは、著書のなかで、コロンビア大学ビジネススクールでおこなわれた職場における男性像と女性像を分析した実験結果を紹介している。

ベンチャー企業を立ちあげて成功したある女性起業家の実例を、ひとつのグループには実名で、別のグループには男性名に変えて紹介したところ、学生たちは能力面では、両者を同等に評価したにもかかわらず、男性名の起業家を女性名の起業家よりも好ましい同僚とみなしたというのである。

日本でも、流通業で働く30代の女性が、チームリーダーになり、男性の部下を2人もったときの経験をつぎのように語ってくれた。「ひとりは、年は下だけれど、自分の方があきらかに上だとおもっている。言葉には出さないが、そういうオーラを出している。わたしもそれを認めざるをえない。何でこのチームで結果が出せるんだろう。何で自分はいまこの試練に立ち向かわなければいけないんだろう」とおもったと当時の心境を吐露している。しかし、自分を抜擢してくれた社長さんの励ましもあり、「やっているうちにそれなりに、できるようになってきて、仕事がまわるようになった」という。

いまあげたのは、職場における同僚あるいは部下と上司とのあいだにおきる葛藤であるが、顧客とのあいだにも同様のことはおきうる。たとえば、銀行では長い間融資をおこなう部署には女性を配属してこなかった。これは、女性行員に融資の相談はしたくないという顧客が多いという事情があるからだ。しかし、こういった考え方も時代とともに変化しており、実際に女性をそこに配属し仕事を任せてみると、熱意が通じ、先方から信頼を勝ち得たといったエピソードを聞いたことがある。

日本同様、性別役割分業が強い社会規範となっているアジアの国でも、女性管理職に対する社会の見方は決して優しくない。韓国では、管理職になる女性は男性でもなく、女性でもない。第3の性に属するといわれているのだそうだ。また、中国でも、「女性」「男性」に加えて「女性の博士」といわれる第3のカテゴリーが存在すると聞いた。賞賛されているのではない。管理職になる女性や女性の大学教員は社会規範の範疇から外れた人であることを示しているのである。

以上の議論をふまえると、女性管理職をふやしていくためには、人事管理制度の改革が必要であることはいうまでもないが、それだけで格差が解消されるわけではないということである。

本間は、管理職において女性が少ない要因を、ジェンダーギャップの総合的モデルとして図示している（図3-4）。ギャップをもたらす要因は大別すると社会要因、個人内要因、組織要因という3つに分類でき、この3つの要因が相互に関連しあって、管理職のジェンダーギャップ（男女差）をもたらしているというのである（本間、2010）。

個人内要因とは、女性の仕事への動機やキャリア意識、リーダーシップ志向性、仕事と家庭の両立が可能な環境などがここにふくまれる。組織要因には、評価・査定の公平性、機会、さらには、制度とその実際の活用などがふくまれている。社会要因とは、以上にのべた性別役割分業が

図3-4 ジェンダーギャップの統合的モデル

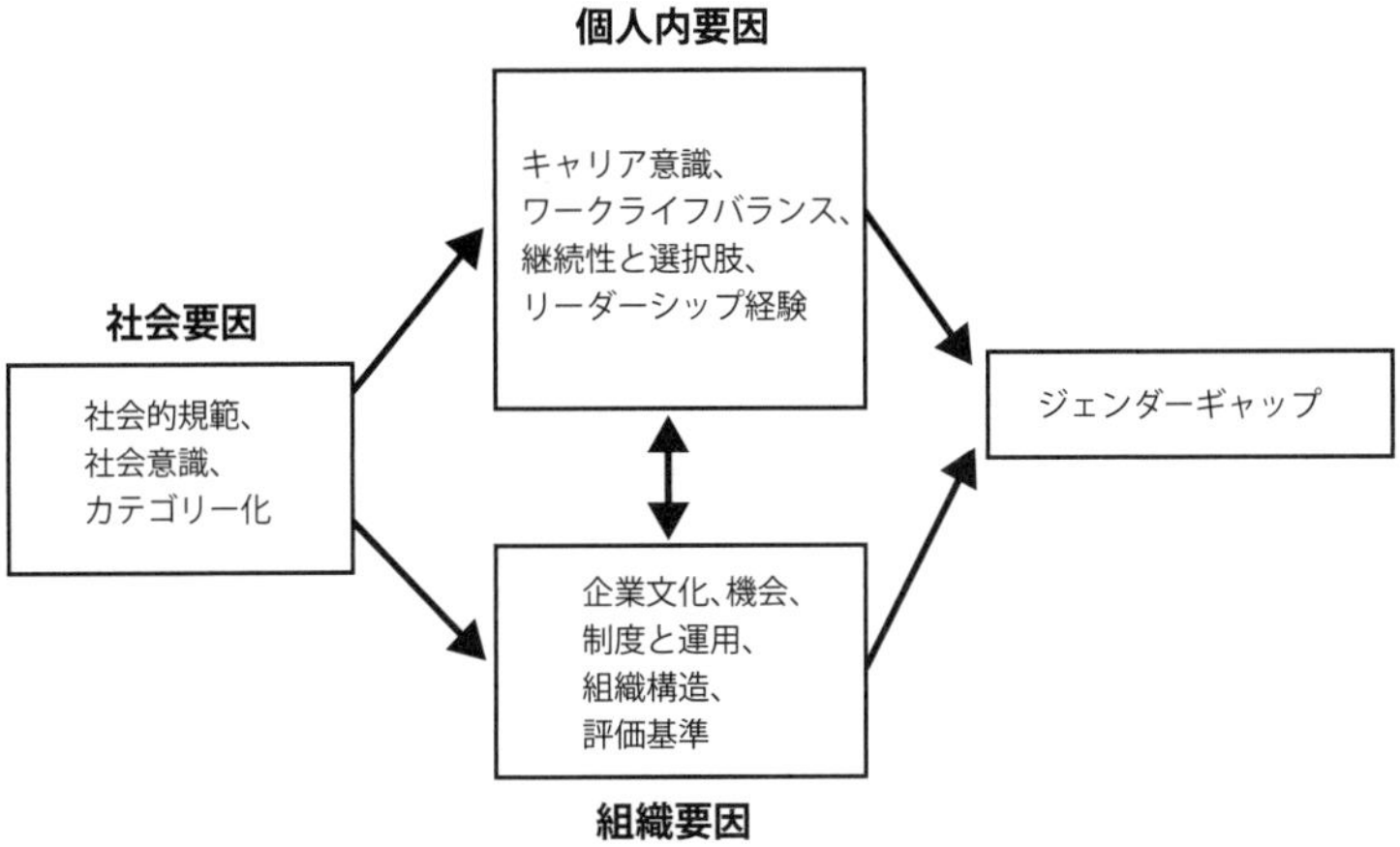

（出所）本間道子「我が国におけるリーダーシップの現状と社会心理学的背景」『日本女子大学現代女性キャリア研究所紀要』第2号，2010年，60ページ．

前提となった社会の価値観のことをいう。

これらの要因が相互に関連して管理職におけるジェンダー格差が生じているのであり、価値観の見直しも含めて、社会全体で総合的にしくみを見直すことが求められている。

さて、日本において、管理職に占める女性の割合が低いとはいうものの、グローバルな環境の変化のなかで、ダイナミックに組織の価値観を転換させ、新たな価値を創造している企業もふえている。

以下では、日本の大手企業で、先頭にたって組織の変革をおこなってきたリーダーのインタビューを交えながら、日本の企業がジェンダー・ダイバーシティを実現するためにどうしたらいいのかについて考えてみたい。

4 ジェンダー・ダイバーシティを実現するために企業がやるべきこと

女性人材活用のためのエコシステム

McKinsey & Company（2012）では、女性の活躍推進に成功している企業では、3つのエレメンツ（要素）からなるエコシステムをもっていると指摘している[21]（図3-5）。それらは、つぎの三つである。

①トップコミットメント――経営トップ層がジェンダー・ダイバーシティの重要性を認識し、組織内の上級職への女性の登用について目標値を設定し、その実現に向けた工程表を作成する。

②女性が活躍しやすい環境の整備――女性が組織の暗黙の約束事やルール（codes）をマスターし、高い志をもち組織内で認められるためのスキルとネットワークをもつためのプログラムを開発し、女性のロールモデル作りやネットワーキングを積極的に進める。メンタリングや女性のためのリーダーシップ研修を実施し、リーダーになるためのスキルを獲得する。

図3-5 女性人材活用のためのエコシステム

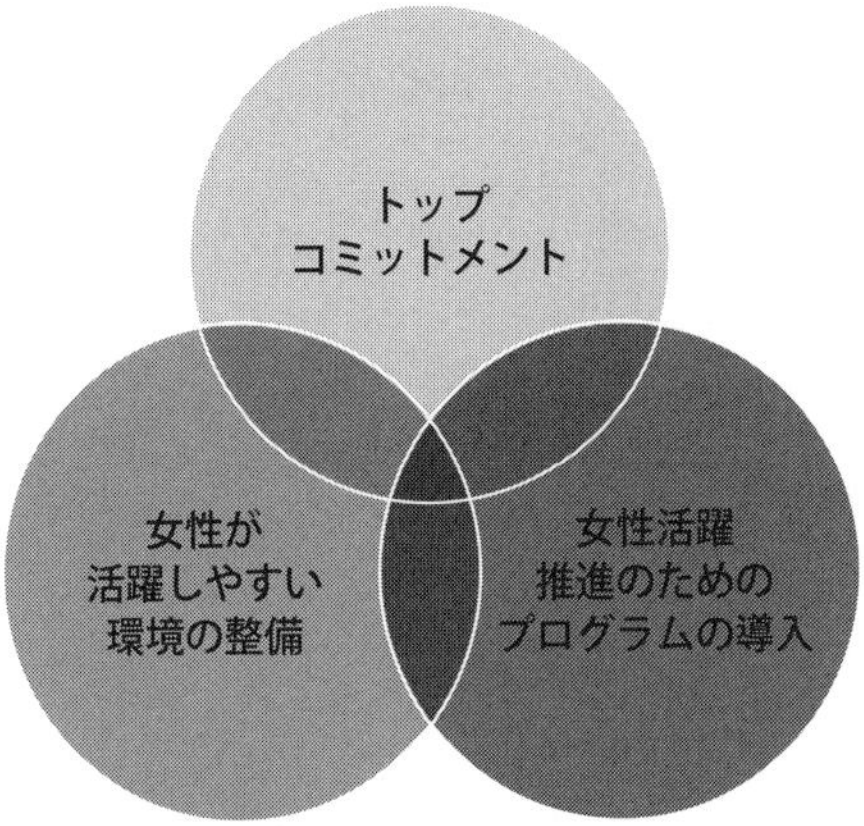

（出所）麓幸子・日経BPヒット総合研究所編『なぜ，女性が活躍する組織は強いのか？』日経BP社，2014，33ページ．

③女性活躍推進のためのプログラムの導入——仕事と家庭の両立支援策、労働条件と場所の選択、女性人材の採用、維持、昇進、育成に関する企業パフォーマンスの指標の策定、時間制約社員が不利にならない評価制度の見直し、育児休業前後及び休業中に仕事への移行をスムーズにするための施策を実施する。

そして、これらの要素を機能的に融合させることで、女性の活躍を推進し、ジェンダー・ダイバーシティを実現させている。また、さまざまなプログラムや施策を導入するだけでなく、その実施状況や効果を最高経営幹部がモニターしている企業ほど、上級管理職の女性比率が高くなっている。

トップインタビュー

それでは、トップが先頭に立って女性の活躍を推進してきた企業では、実際にどのような取り組みがなされてきたのだろうか。

以下では、代表的なウーマノミクス企業として取り上げられている、資生堂、大和証券グループ本社、セブン&アイ・ホールディングス、ファーストリテイリングの4社で筆者がおこなったトップインタビューから、各社の取り組みを紹介しよう。

❶トップのコミットメント

資生堂の元副社長の岩田喜美枝氏は、ご自身の登用には当時の社長の力が大きかったと振り返る。「わたしがおもう存分、女性の登用に力を注ぐことができたのは、当時の社長のおかげです。もしトップがあれほどの理解者でなければ、こういうふうにはいかなかったです」

大和証券グループ本社の鈴木茂晴会長は、「会社は中間層によって成り立っているが、その中間層を動かすのは、トップの本気度。上が本気でなければ、中間層は動きません」とトップの本気度が鍵だと強調している。

セブン&アイ・ホールディングスでは他社にさきがけて女性活用に取り組んでいる。1993

年にすでに2人の取締役が誕生している。

鈴木敏文会長は「2人には、君たちの後輩を教育して、女性役員の数をふやしていくように努力してほしいといいました。以前、グループ各社に2人以上女性役員を登用するようにいったところ、まだ無理だという会社がありました。理由を聞くと、候補にあがった女性社員と同期で入社した男性のほうが優秀で、まだ役員になっていない。それなのに、その女性を役員に引き上げることは無理があるというんです。最初は無理だとおもっても、そういう階段を踏ませることで、会社の中に自然に空気ができあがってくる。そうすると現在いる女性社員や、将来入社する女性社員の中に、私は役員を目指そう、社長を目指そうという意識をもつ人たちがでてくる。最初から無理だと上がいっていたらいつまでも変わりません。少なくても役員の3割は女性にしたいなと考えています。いま、グループ各社全部で、女性役員が26名います（2014年12月末現在）」。

人材プールを作って人材供給パイプを太くする

女性の管理職や役員をふやすということは長期に計画して実行していく必要がある。資生堂では計画的に人材供給パイプを構築し、女性管理職をふやしている。

「何年までに（女性の管理職を）何十％にするという目標を掲げると、現状と比べて何人の女性管理職を育成しなくてはいけないかという数が出ます。たとえばそれが100人だとすると、100人育成したのでは駄目です。普通はその3倍くらい育成する必要があるといわれています。

資生堂は人事部とその女性が所属している部署の責任者と相談しながら人材プールを作って、そのひとりずつに育成計画を作っています。従来やっているような仕事をいつまでもやっていたのでは伸びない。もっとチャレンジできるような仕事を与えていかなければならないので、どういう仕事を担当させるか、いつ頃この人をどこに異動させるかということを一人ひとり考えて、人材の育成を急いでいます。その結果、いまやっと（管理職の女性比率は）27％にまで来たところです」

「私は、実際に誰を登用するかというときに、女性に下駄をはかせるようなことはしないという方針なのです。ですが、育成の過程での女性優遇はあってもよいと考えています。役員候補者に対して、リーダー研修をやっていて、毎年13名くらいの人を選抜して、大変密度の濃い研修を年に6回位、宿泊も含めてやっています。みなさんに土日も返上してもらったり祝日も返上してもらったりしますが、本当に厳しい育成型の研修であって、そこでたとえば社長や私が一緒に議論に入る。そういう選抜型の研修がありますが、そこに必ず複数の女性を入れてきました」（資生堂、岩田喜美枝氏）

大和証券グループ本社の鈴木茂晴会長は、役員の女性登用には複数名の登用が必要だという。「ひとりは無理ですよ。ひとりしかいなければ、身近に相談するひともいない。結局、会社が女性活躍に取り組んでいることのシンボルみたいなものになってしまう」

とはいうものの、管理職には向き不向きもある。「向いていないひともいました。それは男性もまったく一緒です。ただ、女性としての強さを見せてくれたひともいました。ある地方都市で、法人営業の担当になって半年くらいしたら、ものすごく仕事ができるようになった女性がいたんです。話を聞いたら最初は全然自信がなかったというんですね。ところが、ある日町を歩いていたら自分の担当する企業のトップの方が車を止めて、自分の名前を呼んでくれた。それでものすごく自信がついたといっていました。彼女がそれだけの仕事をしていたので信頼関係が築けたんですね。それをみてもわかるように、ようはそのひとのもつ人間性を出していけばいいわけです。どちらかというと、女性の方が臆することなく、与えられた仕事にチャレンジできるかもしれませんね。当社グループには、現在女性の役員は6人います。社外取締役の女性もいますが、基本は、内部から登用しています。ここ10年は活躍する女性がたくさん出てきて、いまは女性の支店長・部長は16人います。そういうところから役員を選んでいきたいと考えています」

❷ 女性が能力を発揮しやすいためのさまざまな環境整備（Collective enablers）

日本の大手企業では、コース別人事管理制度を導入して、実質的に男性と女性の処遇に差をつけてきた。しかし、有能な女性がふえるにしたがって、そのような制度は女性人材の浪費をもたらすことになる。

大和証券グループ本社の鈴木会長が社長時代に女性活躍のための制度改革の必要性を感じたのは、入社してくる女性社員がみなとても優秀であるにもかかわらず、転勤のないエリア総合職を選択するひとが多いために、給与や昇進に差がついてしまうからだった。

そこでエリア総合職と総合職との差を縮めた。現在では、昇進もまったく同じで給与もボーナスもほとんど変わらない。この制度改革をおこなってから、女性の活躍が一気に拡がったという。ただ、出産・育児という男性にはない役割も女性にはある。そこで、そのために女性が仕事を辞めずに働き続けられるような人事制度を作った。

「責任が与えられなければ、男性だって根をつめて仕事はしません。性別にかかわらず能力があるひとならば、機会が与えられれば、才能を発揮します」と鈴木会長。

まさに、この章で論じたように、女性に活躍の場を提供し、両立支援を充実させるという車の両輪を用意することで、女性の活躍を進めたのである。

雇用慣行の見直しはさらに、契約社員から総合職への転換制度の導入、エリア総合職でも配偶者が転勤した場合には、その近くの支店に転勤できる制度の導入へと進められていく。育児で離職した営業の社員には「営業員再雇用制度」という名称で、辞めて5年以内であれば、元の部署に再就職できる制度を導入した（離職前と同じ給与が保障されている）。さらに派遣やパートから正社員になれる制度も作った。

社長時代は毎日、だれが退職しているのか、その理由は何かということを聞き、本人の希望があれば、人事とかけあって、仕事が続けられるような方法を考え実行した。「そうしないと、なかなか女性が活躍できる環境を整えることはできません」と鈴木会長はいう。

働き方の改革

資生堂の岩田喜美枝前副社長が取り組んだことのひとつは、働き方の改革である。管理職の評価制度のなかに、働き方の見直しによる労働生産性の向上を盛り込んだ。

同じアウトプットのために投入するマンアワー（ひとりが1時間にこなす仕事量）をもっと少なくするというのが業務改革である。仕事を棚卸しし、大事な仕事と、重要度の低いものとに区別し、重要でないものは思い切って減らす。その業務の削減と業務プロセスの簡素化を徹底してやれなければワークライフバランスの実現はできない。「いくらでも働ける」とか「辞令1本でどこでも転勤できます」というのは、男性型のスタンダード。それが変わらなければ、子供のいる女性は、一流社員とは評価されない。働き方の常識を変える必要がある。岩田氏は、先頭に立ってそのための業務改革と働き方の改革に取り組んだ。

評価制度の見直し

つぎに岩田氏が取り組んだのが評価制度の見直しである。働き方を変えるためには、評価制度を見直さなくてはならない。いまの評価の仕組みは、長時間労働をする人が有利になっている。なぜなら、目標をどれだけ達成したかという成果で評価されるが、そのためにどれだけの時間が投入されたかということは考慮されない。結果として残業をしないひとや短時間勤務のひとが不利になる。それでは長時間労働の企業風土を変えることはできない。評価は、成果を時間で割って、何時間でその目標に到達したのかということを考慮する必要がある。岩田氏はその改革を提唱している。

3 女性のキャリア開発を支援するさまざまなプログラムの導入

ユニクロを展開するファーストリテイリングの若林隆広執行役員は、顧客の多くが女性で、新入社員は女性が半分にもかかわらず、上位職にいけばいくほど、女性比率が低くなっていることに危機感を抱いた。退職率を男女で比較したら、女性は男性の2倍にものぼっていた。そこでまず、ライフ・イベントに合わせた勤務時間の短縮や勤務地限定制度などの人事の諸制度を整えることから始めた。しかしそれだけでは限界があった。「女性自身が、自分に期待して長期ビジョンをもって仕事をしていかない限りだめだ」ということに気づく。

「会社がこうしてくれるじゃなくて、自分自身がこうなりたいとか、自分はほかのひとに負けないこういう部分を磨き上げて会社に貢献ができるようになりたいと女性自身がもっと強くおもわないといけない」

そこで柳井正会長と相談し、柳井会長が女性社員を前にした集会や社内報、あるいは全社コンベンションなどで、そのメッセージを伝えるところからはじめた。会長と女性社員との座談会なども開催していくうちに、次第に、トップと現場の社員とのあいだに一体感が生まれたのだそうである。

また、上司も女性社員一人ひとりと面談し、将来の目標を一緒に考えた。直属の上司だけでなく、若林氏も、ほとんどすべての女性店長と面談し、家族のことや、キャリアの希望などを聞くことで、個々の事情を考慮した異動を実施した。

そのような努力が奏功して、当時女性の店長は全体の15％だったが、いまでは35％にまで増加している。そのうえのエリアマネジャーは、3％から20％に増えている。

両立支援とキャリア形成

両立支援は、女性が働き続けるためにもっとも重要な支援である。このような支援がなくては出産後の女性が働き続けることができない。しかし、それを利用することで仕事の経験において男女差ができてしまわないように注意する必要があると指摘するのは岩田喜美枝氏である。

「仕事と子育ての両立支援については、考えつくものはすべてやったと言えるくらいやりました。私が入ったときにはすでに多数の両立支援プログラムがありましたが、私が入ってからもまたさらにいくつもの両立支援策を追加しました。おかげさまで、もう出産育児で仕事を辞める社員はいなくなりました」

ところが「手厚い両立支援プログラムがあってそれを利用するのは、ほとんど女性であるということになると、これが仕事経験における男女差につながり、キャリアの差になってしまうのです。仕事の経験がひとを育てるので、両立支援策を、もっと普通に働くことを支援することにシフトしないといけないと思います」。

岩田氏は、短時間勤務や長期の育児休業制度の利用もさることながら、出産前と同じようにフルタイムで働けるための在宅勤務制度やフレックスタイム、ベビーシッターを利用した際の料金の一部を助成するなどのサポートが、もっと必要なのではないかと指摘する。

女性の意識改革

インタビューの最後では、多くのトップから、会社も本気で取り組むので、女性にも覚悟のほどを見せてほしいというメッセージがのべられた。

男性は、生活のためにも仕事をしなければいけないという気持ちがあるから、厳しいところも我慢する。女性には忍耐力はあるけれど、「辞めても何とかなる」といった思いをもっているひとも少なからずいるだろう。日本は男性だけでここまで発展してきたのだから、そこに女性が加わればさらに飛躍できる。両立支援のための制度も整えた。これからは女性にも働くことに対する覚悟のほどを見せてほしい。女性の本気度が試される時代に入ったと考えている。(大和証券グループ本社、鈴木茂晴会長)

とくに私が女性に望みたいことは、周りが何かしてくれると期待するのではなく、自分たちが殻を破るんだという強い意識をもって働いてもらうことです。（セブン＆アイ・ホールディングス、鈴木敏文会長）

女性はもっと付加価値の高い仕事をしようとおもわないといけない。それと同時に、育児ってものすごく重要な仕事だとおもうんです。育児も大事だし、仕事も大事。両立できるとおもわないといけない。どちらかみたいに考えちゃだめですよね。（ファーストリテイリング、柳井正会長）

最近の政府の動き

さて、２０１３年の成長戦略の柱のひとつに女性人材の活用が挙げられたことにともなって、政府内にも動きがみられる。２０１４年度から女性登用の数値目標を達成した企業に対し、新たな助成金を交付する方針を固めている。２０２０年までに指導的地位に占める女性の比率を30％まで増やすことを目標に掲げている。

内閣府は、「女性の活躍『見える化』サイト」を開設し、上場企業の役員・管理職への女性の登用、仕事と生活の両立推進等に関する情報を、業種別に整理して公表している。２０１４年７月15日現在で、情報を公表している企業は全上場企業３５５２社中１１９１社（33・5％）と低水準にとどまっている。

加えて2013年4月から東京証券取引所は、上場企業が東京証券取引所に提出するコーポレート・ガバナンスに関する報告書に、役員の男女比率や女性の登用の取り組みなど女性の活躍状況に関する内容を記載するように奨励している。

成功のための処方箋

最後に、この章の分析からえられたいくつかの知見についてまとめておこう。

まず、女性の活躍支援と（働き方革命もふくめた）両立支援を両輪として進めている企業が女性の活用に成功し、かつ利益率が高いことがわかった。つまり、業績を向上させるために、ダイバーシティを実現させた企業で女性活用に成功しているということである。

他方、多くの大手企業では、女性は短期勤続であるという前提の上に（思い込み）、女性に機会を提供していない。それが女性人材の浪費をもたらしている。

重要なことは、男性／女性というくくりで社員を判断するのではなく、各個人の適性を見極め、社員のやる気を引き出し、それを伸ばしていくダイバーシティ・マネジメントの実施である。

ある大手企業で役員まで経験した女性は、いままでの経験から、部下を4タイプに分類し、それぞれのタイプ別にマネジメントをする必要があるのだと教えてくれた。

4つのタイプとは、

①仕事もでき、野心もあるが、自分について来られない部下に対しては寛容でないタイプ
②能力以上に自分を評価している自信過剰タイプ
③仕事はできるが、野心がなく現状維持でいいとおもっているタイプ
④従業員に与えられた権利を最大限利用するが、いわれただけの仕事しかしない消極的タイプ

リーダーは、部下がどのタイプかを見極め、それぞれに適切なアドバイスをし、導いていく必要がある。たとえば、②の部下に対しては過剰な自信をたしなめる辛口のアドバイスが必要であり、③の部下に対しては、チャレンジングな機会を提供することで、野心をもつように導く必要があり、④の部下に対しては、自律的に仕事をするように働きかける必要がある。また、①のタイプは仕事ができるがゆえに、組織において孤立しやすい。集団のなかで浮かないように適切なアドバイスをしながら成長を促してリーダーに育てていくことが必要である。

ちなみに、ご自身は③のタイプであったそうである。ところが、上司やまわりに背中を押されて、さまざまな仕事を経験し、目の前の仕事を一生懸命こなしているうちに、気がついたら役員にまでなっていたのだそうである。

従業員の多様性を重視した新しいマネジメントによって新たな価値を創造する時代が日本にきているのである。

［注］

（１）ボストン コンサルティング グループ、２００９、12ページ。
（２）リクルートＨＣソリューショングループ、２００８、64ページ。
（３）谷口、２００５、７ページ。
（４）三木谷、２０１２、１４７ページ。
（５）リクルートＨＣソリューショングループ、２００８、66～67ページ。
（６）パク・ジョアン・スックチャ『ダイバーシティの一部にすぎない女性活用――企業パフォーマンスを上げるためのダイバーシティ・マネジメント①』東洋経済オンライン、２０１１年１月７日。
http://www.toyokeizai.net/business/management_business/detail/AC/3880e41000fa93ef10276bae73f478c/page/1/
（７）イー・ウーマン働く人の円卓会議『日本経済、復活の鍵はダイバーシティだと思いますか？』（２００８年７月７日～11日まで実施）http://www.ewoman.co.jp/report_db/pages/02_080707_1.html
（８）谷口、２００５、32ページ。
（９）『アエラ』２０１２年７月２日号、70ページ。
（10）小峰隆夫・日本経済研究センター、２００８、31ページ。
（11）ここでいうレントとは、差別によって女性の採用が抑制されているために逆に女性を採用することによって企業が受け取れる利益のことを指す（山本、２０１４）。
（12）杉浦康之「東洋経済ＣＳＲデータの詳細分析で判明！『女性が活躍する企業』はここが違う〈第４回・最終回〉女性管理職の活躍で生産性は上昇、収益性も高まる」東洋経済オンライン、２０１２年９月５日。
http://toyokeizai.net/articles/-/9771/
（13）従業員規模１００人未満の企業は分析対象から外されている。
（14）正社員数３００人以上で育児休業や介護休業の導入にプラスの影響があったと回答した企業が対象になっ

ている。

(15) 山口、2011、25ページ。

(16) なお、対象となっている両立支援は、柔軟な働き方のための4制度(フレックスタイム、裁量労働、在宅勤務、短時間勤務)に加えて、法を上回る育児休業制度、介護休業制度である。また、イギリス、オランダ、ドイツ、スウェーデンと比較して、日本においてのみ、「法を上回る育児・介護休業制度」について、プラスの影響があった企業よりもマイナスの影響があったと回答した企業の方が多かったことから、上のクラス分析でも、介護・休業制度の有無だけでなく、その効果についても分類の対象としている。

(17) 分析に用いられているデータは、2009~2010年に経済産業研究所がおこなった「仕事と生活の調和(ワーク・ライフ・バランス)に関する国際比較調査」の日本企業調査とその従業員調査をリンクしたデータである。1677の企業に従事する23~59歳の男性6480人、女性3023人のホワイトカラー正社員が対象になっている大規模調査である。

(18) 小林、2007、96ページ。

(19) 労働政策研究・研修機構「男女正社員のキャリアと両立支援に関する調査結果」JILPT調査シリーズ、No.106-1、2013年3月、35ページ。

(20) 本間、2010、57ページ。

(21) McKinsey & Company, *Women Matter: An Asian Perspective*, 2012 より作成。

[参考文献]

大沢真知子『経済変化と女子労働――日米の比較研究』日本経済評論社、1993年。

加藤隆夫・川口大司・大湾秀雄「職場における男女間格差の動学的研究――日本大企業の計量分析的ケーススタディ」RIETI Discussion Paper Series 13-E-038、2013年。

経済産業省編『ダイバーシティ経営戦略』経済産業調査会、2013年。

小林多寿子「現代女性の職業キャリアと日本女子大学卒業生のライフコース――2006年インタビュー調査から」『日本女子大学総合研究所紀要』第10号、95～104ページ、2007年。

小峰隆夫・日本経済研究センター編『女性が変える日本経済』日本経済新聞出版社、2008年。

サンドバーグ、シェリル『LEAN IN（リーン・イン）女性、仕事、リーダーへの意欲』日本経済新聞出版社、2013年。

谷口真美『ダイバーシティ・マネジメント――多様性をいかす組織』白桃書房、2005年。

麓幸子・日経BPヒット総合研究所編『なぜ、女性が活躍する組織は強いのか？』日経BP社、2014年。

ボストン コンサルティング グループ『ウーマン・エコノミー――世界の消費は女性が支配する』津坂美樹・森健太郎監訳、石原薫訳、ダイヤモンド社、2009年。

本間道子「我が国におけるリーダーシップの現状と社会心理学的背景」『日本女子大学現代女性キャリア研究所紀要』第2号、43～65ページ、2010年。

松田茂樹『少子化論』勁草書房、2013年。

三木谷浩史『たかが英語！』講談社、2012年。

山岡由加子『ダイバーシティ・マネジメントによる社会変革――ダイバーシティは格差是正を超えて新たな企業価値創造のトリガーとなりうるか』みずほ情報総研レポート、2011年。

山口一男「労働生産性と男女共同参画――なぜ日本企業はダメなのか、女性人材活用を有効にするために企業は何をすべきか、国は何をすべきか」RIETI Discussion Paper Series 11-J-069、2011年。

――「ホワイトカラー正社員の管理職割合の男女格差の決定要因――女性であることの不当な社会的不利益と、その解消施策について」RIETI Discussion Paper Series 13-J-069、2013年。

山本勲「上場企業における女性活用状況と企業業績との関係――企業パネルデータを用いた検証」RIETI Discussion Paper Series 14-J-016、2014年。

リクルートHCソリューショングループ『実践ダイバーシティマネジメント』英治出版、2008年。

労働政策研究・研修機構「男女正社員のキャリアと両立支援に関する調査結果」ＪＩＬＰＴ調査シリーズ、Ｎｏ．１０６-１、２０１３年。

McKinsey & Company, *Women Matter: An Asian Perspective*, 2012.

第4章

静かな革命はおこせるか——ポジティブ・アクションの可能性を探る

アメリカで女性の社会進出が進み、男女の雇用機会の平等にはずみをつけたのは、60年代におきた市民権運動であり、政府による差別是正のためのアファーマティブ・アクションであった。その動きが60年代から70年代にかけて、性差是正の方向に社会を大きく動かしただけでなく、女性のアイデンティティにも大きな影響を与えた。未婚・既婚にかかわらず、女性が自分の名前でよばれて活躍する領域が拡大したことによって、Mr.とMrs.に加えて、Ms.という新しい称号が生まれた。アメリカで『静かな革命』とよばれるこの変化は、なぜおきたのか。それが社会にどのような影響を与えたのだろうか。

また、日本と同じように女性労働の活用に課題を抱える韓国で、積極的雇用改善措置としてのアファーマティブ・アクションが実施されている。

この章では、アメリカや韓国の取り組みを紹介するとともに、これまでの日本の女性労働政策を振り返り、その課題を探る。最後に、日本に性差別を是正するためのポジティブ・アクションを導入することの可能性について考えてみたい。

1 アメリカにおいて女性の社会進出はなぜおきたのか

1960年代に入ってアメリカにおいて女性の社会進出が急速に進展する。既婚女性の社会進出によって、女性のアイデンティティが大きく変化する。『静かな革命』と呼ばれるこの変化はなぜおきたのだろうか。

女性の就労パターンの変化と静かな革命

図4‐1は、アメリカの女性と男性の年齢階層別の労働力率の変化をみたものである。まず女性の変化についてみると、1940年の女性の労働力率は、20～24歳時にのみピークがある細い釣り鐘型になっている。この時代には、結婚したら女性は家庭に入るのが一般的であったことがわかる。1960年になると45～54歳にもうひとつのピークが出現している。子供に手がかからなくなってから再度労働市場に戻る既婚女性がふえ、M字型カーブが出現しているのだ。さらに、1975年には、子育て期にあたる25～34歳での労働力率の落ち込みが減り、仕事と育児を両立させる女性がふえてきている。そして、1995年には男性と女性の労働力率カーブに大きな違いがみられなくなっている。

その変化のなかで特筆すべきものは、女性の教育年数と雇用就業率とのあいだにみられる強い正の相関である。図4‐2は、アメリカの女性の教育年数と雇用就業率をみたものである。1950年や1960年では教育年数による女性の雇用就業率の差はそれほど大きくみられない。ところが、雇用平等法が制定され、後述の差別是正のためのアファーマティブ・アクションが導入された60年代から70年代にかけて、両者のあいだに強い正の関係がみられるようになるのであ

図4-1 アメリカの年齢別労働力率の推移

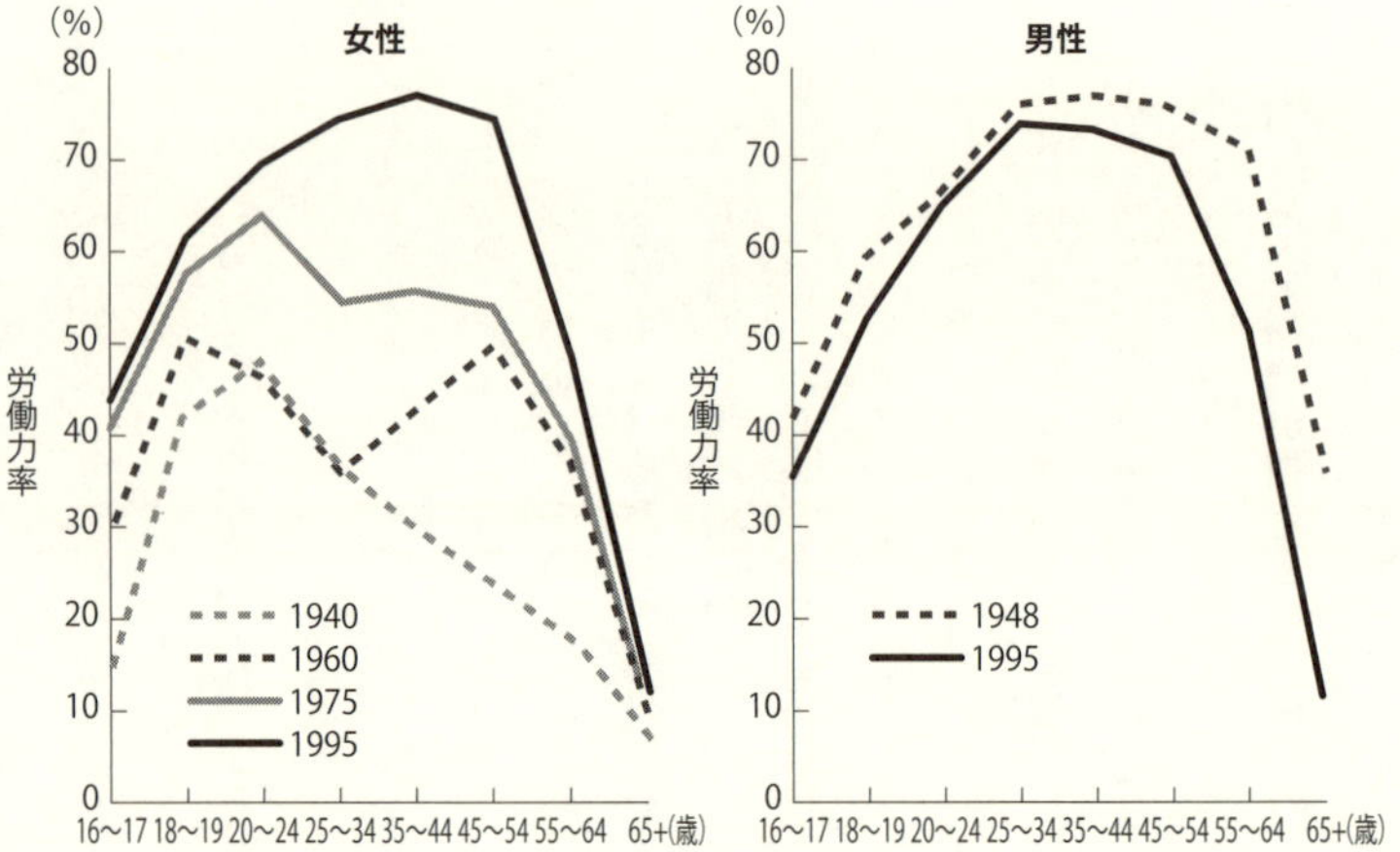

(出所) Francine D. Blau, Marianne A. Ferber, and Anne E. Winkler, *The Economics of Women, Men, and Work*, Prentice Hall, 1998.

る。

とくに、専門職大学院への女性の入学者が大幅にふえ、法律大学院の入学者に占める女性の割合は、1966年から93年のあいだに3・2%から42・5%へと上昇、また、経営大学院でも3・2%から42・5%へと大きく上昇している。また、60年代には大学の専攻分野に男女で偏りがみられたのであるが、70年代以降は、従来は男性が多かった分野で女性の割合がふえている。

このように、60年代から70年代にかけてアメリカの社会は男女共同参画社会の形成に向けて大きく前進するのである。背後には経済の構造変化と、その流れをサポートする政府の積極的差別是正措置（アファーマティブ・アクション）とその法的根拠である雇用機会均等法の制定がある。

図4-2　アメリカの女性の教育年数別の雇用就業率の推移

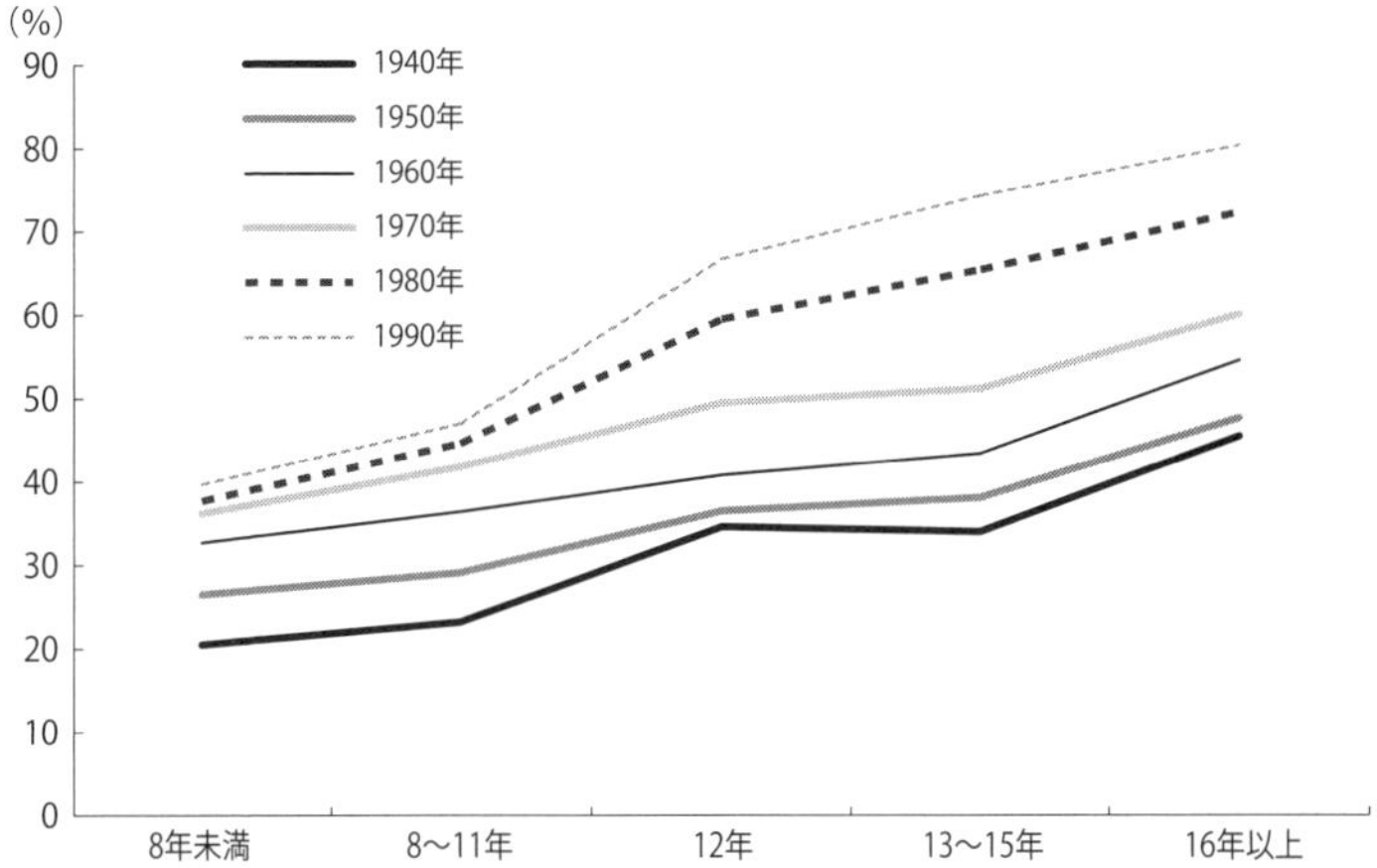

（出所）大沢真知子・原田順子『21世紀の女性と仕事』放送大学教育振興会，2006年，図表1-2より作成．

アメリカの雇用平等法とアファーマティブ・アクションの実施

過去の社会的・構造的差別によって、人種や性に由来して事実上の格差がある場合に、それを解消して実質的な平等を確保するために政府によってとられる格差是正のための措置のことを、ポジティブ・アクション（Positive Action）やアファーマティブ・アクション（Affirmative Action）とよぶ（辻村、2011[1]）。

一般に「社会における弱者集団の多くを支援するための多くの政策を包括する広範な用語」で、具体的な措置としては、情報提供や意識改革、職業訓練プログラムのような緩やかなものから、特別枠を設けて優遇するクォータ制まで幅広く多様なものが含まれる

（辻村、２０１１）。

アファーマティブ・アクションの法的根拠

アメリカのアファーマティブ・アクションの起源については諸説あるようだが、もっとも有名なのが、１９６１年にケネディ大統領によって発令された行政命令１０９２５号であろう。政府と取引のある業者に人種や性による差別を是正するよう求めたものである。

そして、そのような行政命令を発令するにあたっての法的根拠が１９６０年代に成立した雇用差別を禁止するさまざまな法律である。１９６３年の平等賃金法（Equal Pay Act）に続き、64年には公民権法第7編（Title VII of the Civil Rights Act of 1964）により、人種、皮膚の色、宗教、性、出身国に基づく差別的取り扱いが法律で禁止された。また、その執行を監督する機関として、雇用機会均等委員会（Equal Employment Opportunity Commission（ＥＥＯＣ））が設置されている。

アメリカのアファーマティブ・アクションというと、女性の社会進出を進めた立役者といった捉えられ方をしている向きもあるが、もともとは、アフリカ系アメリカ人に対する差別を是正するためにとられた措置である。当初起草された公民権法第7編には、性差別に関する条項は入っていなかった。１９６０年のアメリカ社会は、男性が世帯主で女性が専業主婦であることが当たり前であったので、女性が差別されているという認識すらなかったからだ。それが審査の最終段階になって、性差別も含めることが提案された。それによって法案そのものが廃案になることを目論んだからだという。ところが、反対はなく法案は可決された。そしてふたを開けてみると、人種差別よりも性差別を是正するための法律として効力をもつものとなったのであった（Hoffman, 1986）[(2)]。

60年代のアメリカでは男性世帯主の片働き世帯が標準であっただけでなく、1950年代のアメリカの多くの職場には結婚退職制度（Marriage Bar）があり、結婚後に働く女性は少なかった。その後、事務職が女性の仕事になってからは、いったん家庭に入った女性が再度労働市場に戻り、60年代には女性のM字就労がみられるようになる（Goldin, 1992）。

すでにみたように、70年代に入ると、育児期における就業率の低下がみられなくなり、女性の就労パターンは台形型に変化する。同時期に、それを後押しするさまざまなアクションが実施されるようになる。

そのひとつが、公民権法を改正した雇用機会均等法（Equal Employment Opportunity Act）の制定である。1972年に成立したこの法律では公民権法では除外されていた州及び地方政府の公務員も適用対象になり、適用範囲が拡大されるとともに、委員会の権限が拡大された。

雇用機会均等委員会（EEOC）は、もともとは被害者から申し立てがなされた場合に、調査をし、理由ありと認めた場合には、協議、調停、説得などをおこない、合意に達した場合には、協定を策定することができるという権限を備えていた。それが、72年の改正では、調停が不成立に終わった場合に、ＥＥＯＣが直接民事訴訟をおこせる権限が与えられた。78年には妊娠による雇用差別も禁止される。加えて、72年には教育改正法第9編（Title IX of the Educational Amendments）が制定され、連邦政府が財政支援する教育機関における性差別の禁止を規定する基本法が制定されている。

さらに、差別があるかどうかの目安として「5分の4ルール」といわれる基準が作られる。これは、あるグループの選出確率が、もっとも選出確率の高いグループの5分の4を下回っていた場合、選出に使われた基準のなかに差別を生み出す要素が含まれているとみなすという規定のことである。後述の間接差別の有無を認定するときにこの規定が使われることが多い。

これら一連の法改正によって、アファーマティブ・アクションの適用範囲は飛躍的に拡大され、教育機関にも及ぶようになる。

アファーマティブ・アクションの対象が大学にも拡大されたことにともなって、70年代になると、各大学では女性の少ない専攻分野に女性をふやそうと、さまざまな差別是正のための措置が講じられるようになる。そのような一連のアクションによって、女性の大学への教育投資の回収率が向上する。その結果、女性の大学進学率が飛躍的に増加し、70年代になると、大学の進学率に男女差がなくなる。教育投資の回収率は就業年数が長いほど高くなるので、高学歴の女性を中心に、女性の就労パターンはM字から台形型に変化するのである。

エステベス－アベは、アメリカには学歴によって賃金が大きく上昇する労働市場があることが、この変化を加速させたとみる（エステベス－アベ、２０１１）。また、アファーマティブ・アクションは、差別を是正することで、この回収率を上げることに寄与したのである。とはいうものの、第1章でのべたように、育児や夫の転勤などを理由に就業を中断する女性もいる。しかし、再参入しやすい労働市場があるので、高学歴の女性がキャリアを形成することができるのである。

第3章では、日本では長時間労働をすることが、（女性が）仕事へのコミットメントを示すシグナルとして使われているのではないかと論じたが、アメリカでは、その代わりに学歴や専攻分野あるいは、専門職大学院などで獲得した高度な資格がシグナルとしての役割を果たしているのかもしれない。

雇用機会均等法やアファーマティブ・アクションは、雇用における女性の差別を是正することで、女性の教育投資の回収率を高め、生涯所得をふやしたといえる。

経済学では既婚女性が働くか働かないかを決定するおもな要因として、自ら働くことでえられる所得と夫の所得のふたつに注目する。（他の条件を一定とすると）自ら働くことによってえられる所得が高い女性ほど就業確率が高い（賃金（代替）効果）。一方、（他の条件を一定として）夫の所得が高い妻ほど就業しない確率が高い（所得効果）。このふたつの相反する効果のどちらがより強い影響力をもつかで、経済の発展にともなって女性の社会進出が強まるか弱まるのかが決まる。

1960年から70年にかけて、アメリカ経済は製造業からサービス業中心の経済に移行しはじめる。本書ですでに論じたように、サービス経済化は、高学歴の女性の就業機会をふやし、女性の市場賃金率を上昇させる。この賃金の上昇が女性を労働市場に引き込む媒体となるのである。この効果が夫の所得によってもたらされる妻の就業へのマイナス効果を上回って、女性の社会進出を進める（Mincer, 1962）。

中間層を厚くしたアメリカの女性の社会進出

図4-3は、1940年から1990年にかけての夫の所得階層別の妻の雇用就業率をみたものである。1940年はどの所得階層でも妻の雇用就業率が低く、既婚女性が雇用市場で働くことが一般的ではなかった当時のアメリカの状況がみてとれる。また、1960年では、高所得層で妻の雇用就業率が低く、妻の就業が家計補助的であることがわかる。

ところが、女性の社会進出が進んだ1970～90年の変化をみると、どの所得階層でも妻の就業率が高くなっているのだが、とくに増加が顕著なのが、所得の中間層である。第5章でのべるように、この間アメリカでは製造業の比重が低下し、男性不況が進行する。男性の実質年収の中央値の推移を1960年から1995年にかけてみると、1973～95年にかけて13％減少している。そのロスを補ったのが妻の所得であった。同時期の妻の実質年収の中央値は11％増加している（Blau et al., 1998）。

アメリカにおいて高学歴の女性の社会進出が顕著であることから、それが所得格差の拡大を招いたという解釈がされるが、図4-3をみると、アメリカの中間層を厚くすることで経済の発展

図4-3 夫の所得階層別にみた妻の雇用就業率の推移

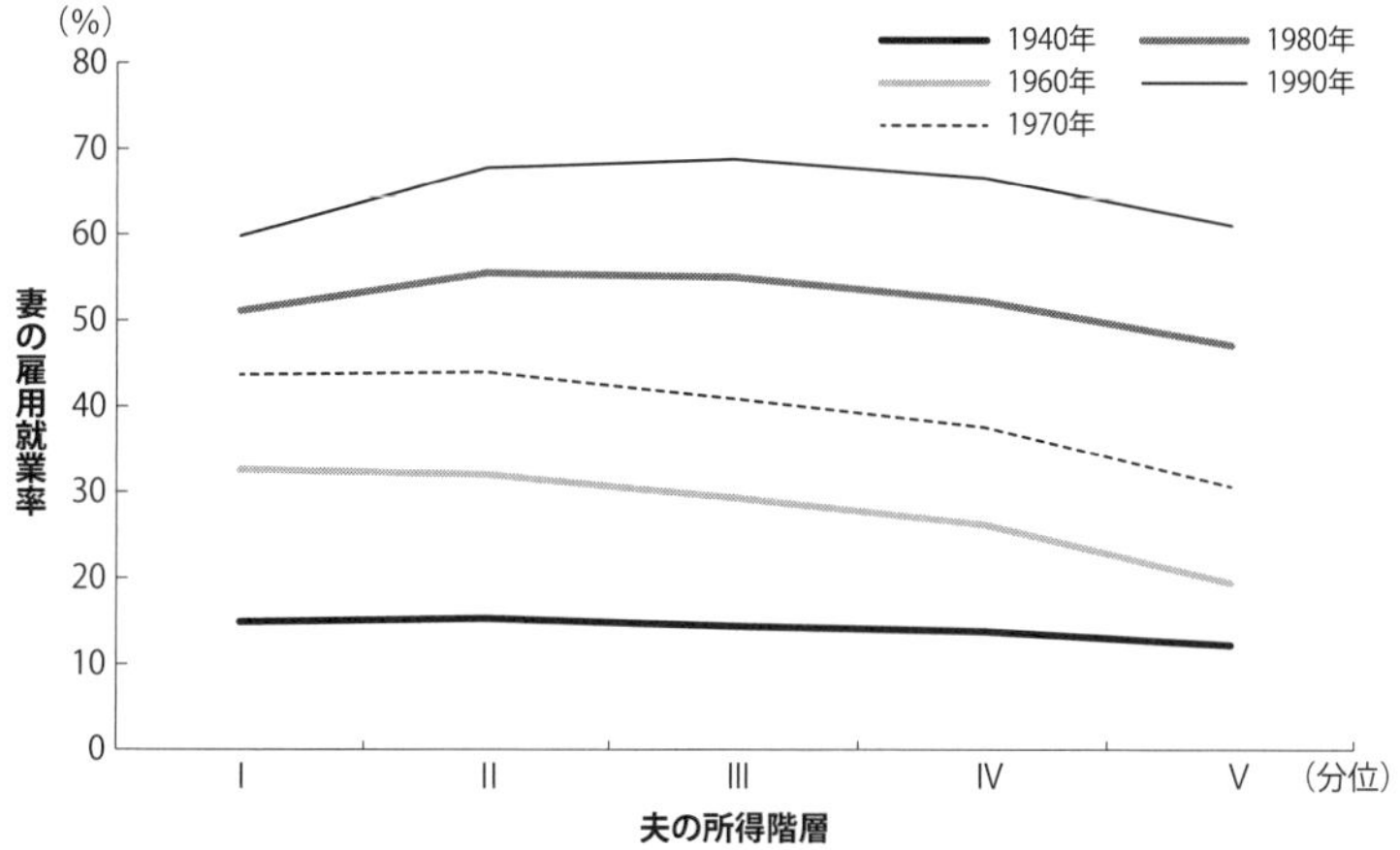

（注）所得階層は所得の低い世帯順に全世帯の所得を5等分してグループ化し，分布の下位20%が第I分位，つぎの20%が第II分位，真ん中が第III分位で，最上位の20%が第V分位となっている．

（出所）Francine D. Blau, Marianne A. Ferber, and Anne E. Winkler, *The Economics of Women, Men, and Work*, Prentice Hall, 1998.

に寄与したことがわかる。

アメリカでおきた静かな革命

さらに重要なことは、この社会変化が女性のアイデンティティに大きな変化をもたらしたことである。妻や母親であることのアイデンティティに加えて、ひとりの働く女性として個のアイデンティティを同時に確立するのである。

エステベス－アベ（2011）はそれを以下のようにのべている[3]。

……1960年代には市民権運動と性的意識の変革があり、経口避妊薬などが普及した。妊娠のタイミングを自分でコントロールできるようになった世代の女性たちはその前の世代と違った教育投資を始める。この世代以降、弁護士養成といったプロフェッショナル・スクール大学院への女性の進学率が伸び始める。また、妊娠時期を遅らせることで、母親になる頃には自分のキャリアが自己アイデンティティの一部となっている女性たちが増えてきた。こういう女性たちが従来は男性のみに占められていた専門職・管理職への扉を開いていった。これらの女性たちはその前の世代と異なり、仕事を自分のキャリアとして自己アイデンティティの一部とした最初の世代でもあった。

〝過去における差別の是正〟から多様性確保に変化

以上のべてきたように、60年代の後半から70年代にかけて、アメリカの社会は大きく変貌する。政府によるアファーマティブ・アクションの追い風を受けて、女性が社会の中核人材へと成長していくのである。

しかし、80年代になると風向きが変わる。このようなアクションに対して、「逆差別」であるとする白人層からの批判も強まり、また、１９８１年から12年間続いた共和党政権では、連邦最高裁判官の人事においてもアファーマティブ・アクションを制限的に解釈する判事が任命される。１９８４年のレーガン政権下では、雇用機会均等委員会（ＥＥＯＣ）及び連邦契約遵守プログラム部（Office of Federal Contract Compliance Programs（ＯＦＣＣＰ））の予算も削減された。その意味で、アメリカでアファーマティブ・アクションが実質的な効力をもったのは60年代後半から70年代の終わりまでの15年間であったといえる。

時代の方向性を示すものとして、裁判所が下す判例は非常に重要な意味をもつ。性差別に関して問われた裁判として重要なものがジョンソン事件といわれる判例である。これは、昇進試験の際に男性候補者が推薦されたにもかかわらず、アファーマティブ・アクションコーディネーターの勧告にしたがって女性候補者を昇進させたことが合憲かどうかが争われた事件で、最高裁は公民権法第7編に違反しないと判断した。その理由は、伝統的に人種や性別によって隔離されてきた職種であって、あきらかな不均衡が存在していたことに加えて、昇格に際して能力等も十分に考慮したうえで女性の昇進が決定されたことがこのような判決につながったとみられている（辻村、２０１１）。

女性や少数民族の能力活用という点からいえば、80年代になるとアメリカは本格的なダイバーシティの時代を迎え、人的資源の効率的な活用という観点から多様性の確保が必要になる。この点については第3章ですでにくわしく論じた。

これにともなって、アメリカのアファーマティブ・アクションは、多様性を確保することが社会的効用の向上につながるという観点から正当化されるようになるのである（辻村、２０１１）[4]。その判例として上げられるのが、グラッター事件である。ミシガン大学法律大学院の入学試験において人種をプラス要素としてマイノリティーに対する考慮を加えた措置をめぐって争われた裁判である。最高裁は「将来に向かって多様性を確保するために」アファーマティブ・アクションを合憲とする立場を採用している[5]。

また、ダイバーシティ・マネジメントとの関連でいえば、1991年には雇用機会均等法（EEO）が改正され、ガラスの天井法（Glass Ceiling Act）が成立している。連邦政府内にガラスの天井委員会（Glass Ceiling Commission）が設置され、壁を取り除き、指導的な地位につく女性や少数民族の割合をふやすこころみがされている。ちなみにここでいうガラスの天井とは、企業内における女性や少数民族の昇進の壁のことである。

そして、クリントン政権になると、新たな法律は作られないものの、企業における女性やマイノリティの活躍を推進するための動きもさらに加速される。その後ブッシュ政権下で大きく後退するものの、オバマ政権ではさらに加速され、EEOCにおいて雇用だけではなく賃金においても差別がないかどうかを調査する機能が強化されている（Jacobsen, 2013）。

アファーマティブ・アクションは雇用部門だけでなく、女性の起業家支援にも効力を発揮している。カーター政権下では、1979年に行政命令12138号が発令され、女性の起業家を支援するためのアファーマティブ・アクションが実施されている。

それが実を結び、90年代のアメリカ経済の復活には、女性の起業家が大きな役割を果たした。とくに福祉の分野で起業する女性がふえたことが、雇用機会の増大につながり、失業率を低下させるとともに、福祉の担い手としてのNPOの増加によって、小さい政府を作ることにも成功したと評価されている（大沢、2003）。

第3章で紹介したイーウーマンの佐々木かをり氏のインタビューでも、アメリカで女性のビジネスオーナーがふえるにしたがって、金融機関が積極的に女性起業家への融資の勧誘に乗り出していたという実態が語られていたが、その背後には大統領行政命令の発動による女性起業家を支援するアクションもあったのである。

アファーマティブ・アクションの経済効果

いまみてきたように、アメリカのアファーマティブ・アクションは平等社会を実現させるために始められたものであったが、次第にその関心は、それによってもたらされる経済効果に移っていく。つまり、多様性はもうかるということに気づくのである。それでは、実際にどのような効果がみられるのだろうか。

生産性の向上に資する

Jacobsen（2013）は、最近のアファーマティブ・アクションに関する研究では、多様性の追求は資源の効率のよい活用に資する、あるいは、少なくとも効率にマイナスの影響を与えないといった結果が多くみられるという。

たとえばNiederleらの研究では、選考の過程で、勝敗の確率を男女で同じにした場合としない場合で、応募者の数と質にどのような違いがあるのかを調べている。その結果、選抜で勝敗の確率を同じにした場合の方が女性の応募が多かっただけでなく、応募者のなかにハイパフォーマー

（高い成果を生み出せるもの）が含まれる確率も高くなっていた。つまり、クォータ制の導入によって、女性の採用をふやすことは採用人材の質も高めるということが実験の結果示されたのである。

潜在的な能力に男女差がないと仮定すれば、女性の応募が少なければ、相対的に生産性の低い男性の候補者がふえる。そのために、クォータ制を導入して女性の参加をふやすことが、有能な人材の確保につながり、企業の生産性向上に資するということである。

ロールモデルをふやし男女の固定的役割分業意識を変える

第3章では、女性のリーダーが少ない理由として、性別役割分業に基づくステレオタイプのイメージに、リーダーシップをとる女性のイメージが重なりにくいことがあることを指摘した。

しかし、身近にリーダーシップをとる女性がいれば、そのイメージを変えることができる。役員を経験した女性にポジティブ・アクション（アファーマティブ・アクションと同義）を導入することについての意見を聞いたことがある。「ポジティブ・アクションが導入されたから、自分は管理職になれたといわれたら絶対納得できなかったとおもう。昇進は実力と実績によって決定されるべきだ」としたうえで、しかし、「自分が役員になったのは、ゲタをはかせてもらったのではないかとおもう」とのべた。そして、しばらく考えてから、「ある一時期、社会の価値観を大きく転換しなければならないときに、このような手法を使って、女性リーダーをふやすことは必要かもしれない」と結んだ。

実力で選ばれたにもかかわらず、ポジティブ・アクションが導入されれば、それによって優遇されたといわれてしまう。アメリカでも実際に登用された女性側からのとまどいの声も聞かれた。ただし、実力があっても機会が与えられていない状況を変え、人的資源をよりよく活用するという効果が期待できるという側面も同時にある。

アファーマティブ・アクションの適用範囲

アメリカでは、アファーマティブ・アクションによって、女性の社会進出が進んだことは事実なのだが、この影響を直接受けたのは、連邦政府と直接に取引のある企業及びその関連会社で働く労働者にすぎない。Jacobsen（２０１３）は、そこに、自発的にアファーマティブ・アクションを実践している企業を加えても、アメリカの全雇用者のうちの28％から40％と推計している。にもかかわらず、それが社会を変える力になったのは、多くの機関が、自発的にその方針を取り入れたからである。

なお、最近のアメリカでは、人々の多様な価値観や習慣の違いを認めあう多様性（diversity）の容認に関心が移っており、育児・介護中の人々、身体障害をもつ人、あるいは宗教上の理由から祝日ではない日に休みを取る人たちが不利にならないように制度を整えること――社会的包摂（social inclusion）――がテーマになっているのだそうである（山口、２０１４）。

また、Jacobsen（2013）は、過去20年間にアメリカ社会の所得格差が拡大するとともに、階級間移動が少なくなっていることから、最近は、性や人種を超えて階級（class）間にみられる機会の不均等是正のためのアファーマティブ・アクションの実施にその関心が移ってきているとのべている。(6)

静かな革命以降の出生率の回復

さて、女性の活躍推進は少子化をさらにすすめ、経済成長にマイナスの影響をもたらすのではないか、と考えるむきもあるのではないだろうか。

アメリカの１９６０年代から70年代にかけての女性の社会進出は出生率の低下を同時に招いた。卒業後にキャリアを積み上げることを優先する高学歴女性の出産の時期が遅れたからである。ところが、１９８５年を境にこのマイナスの関係が弱まってくる（図4-4）。

なぜ女性の社会進出と出生率のあいだに見られたマイナスの関係は弱まったのだろうか。アメリカの政府の子育て支援は、法的には90年代になって作られたFamily and Medical Leave Actだけである。この法律は、過去１年間に１２５０時間働いていた労働者が育児のために12週間の休暇を取ることを認めている制度である。日本の育児休業制度に比べて期間も短く、所得保障もない。

それにもかかわらず、日本よりもアメリカの方が女性の社会進出が進んでいて、かつ出生率もそれほど低下していない理由として、エステベス－アベ（２０１１）は、日本や欧州諸国と比べ

図4-4　女性の就業率と出生率の相関関係の推移　1970～2000年

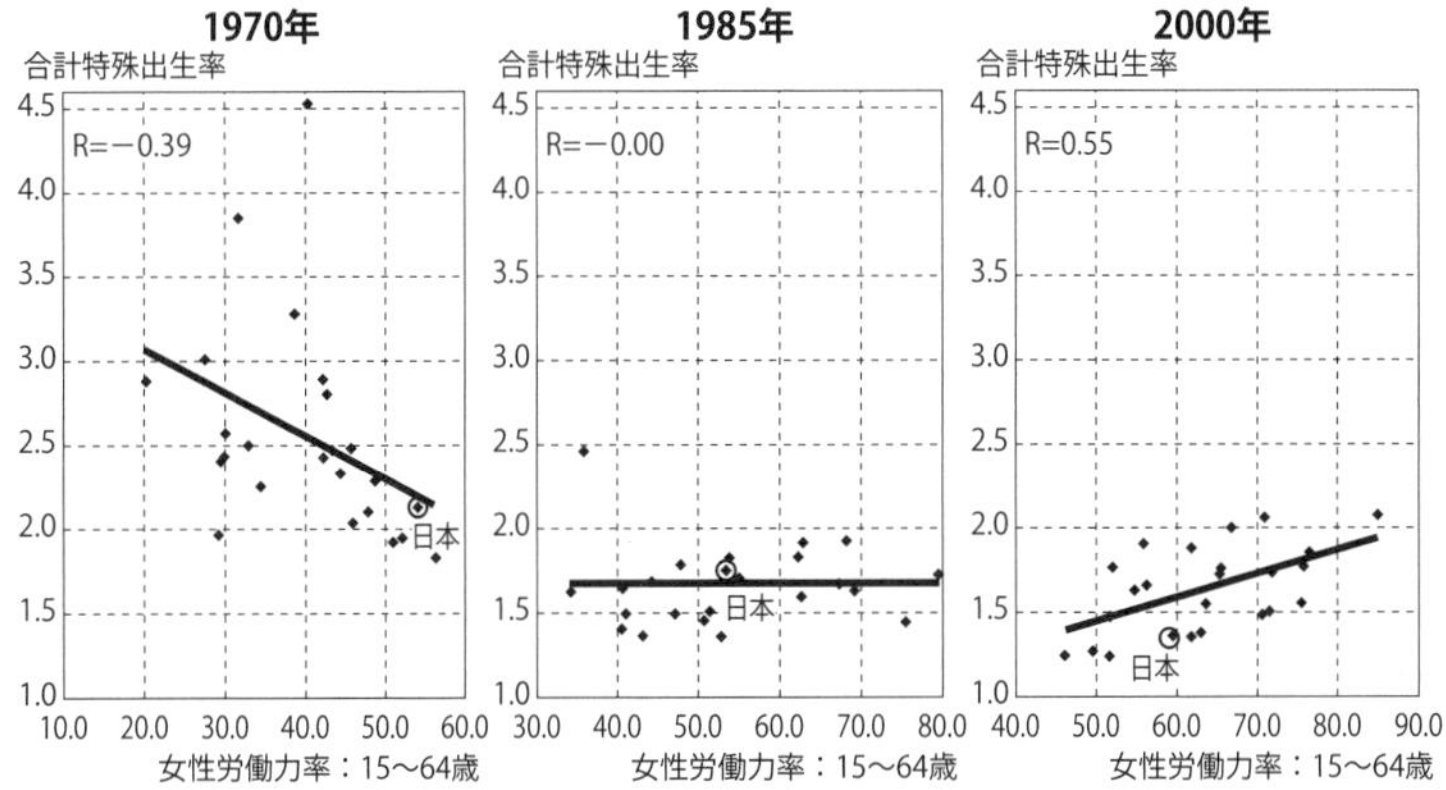

（資料）Recent Demographic Developments in Europe 2004　日本：人口動態統計，オーストラリア：Births, No. 3301, カナダ：Statistics Canada, 韓国：Annual Report on the Vital Statistics, ニュージーランド：Demographic Trends, U.S.: National Vital Statistics Report, ILO Year Book of Labour Statistics より作成．
（出所）　内閣府男女共同参画局『少子化と男女共同参画に関する社会環境の国際比較報告書』2005年．

て、アメリカでは労働市場からの退出と参入がよりたやすいことに加えて、雇用主と相談したうえで、勤務時間の調整や自宅で勤務することや、いったん育児のために家庭に入っても、再就職の際の賃金の減少（ペナルティ）があまりないことなどが、女性を労働市場に参加しやすくしているからではないかとのべている。(7)

90年代に入って、共働き世帯がふえるにしたがって、アメリカの企業では、働き方の選択肢をふやすことで、男性も女性も仕事と家庭を両立させることができるワークライフバランスの導入を進めている。この動きは、パク（2002）や大沢（2006）によって紹介され、2008年には日本でも仕事と生活の調和（ワーク・ライフ・バランス）憲章が策定されている。

重要なことは、ワークライフバランスや両立支援より前に、アメリカでは職場での男女の均等な取り扱いを保障する公民権法第7編が制定され、アファーマティブ・アクションの実施などによって、女性が活躍できる環境が整えられているということである。この点については、黒澤（2012）もアメリカのワークライフバランス施策について同じような指摘をしている。(8)

……アメリカにおける女性の労働力率は1960年代に上昇しはじめ、70年代から80年代半ばまで急増をとげた。その間、とくに顕著な変化がみられたのは小さな子供をもつ女性の労働力率の上昇であり、その結果、いわゆるM字型の労働力率は80年までにほぼ消滅した。

（中略）

……女性の社会進出が進み、共働き世帯が増加すると、そうした働き方と家庭生活との両立は多くの家計にとって困難となる。大陸ヨーロッパ諸国と異なり、労働時間や育児・介護休暇についての規制が最低限で、公的な子育て支援も手薄なアメリカでは、その後90年代に入り、労使双方に利益を与える手段として、フレックス・スケジュールをはじめとする「仕事と個人の生活（ワークライフバランス）」を図りやすくする働き方が多くの企業において自発的に提供されはじめた。……企業が女性を本格的に活用していたからこそ、従業員のワークライフバランスを自発的に支援する動機が企業側にも生じたといえる。

日本では、女性の就労パターンがM字から台形に変化するためには、企業が両立支援を充実させることが重要であると考えられてきた。そのために、企業も、女性が出産後にも継続して就業ができるように環境整備をすることに力を注いできたのである。

これに対して、この節でみたアメリカの事例が示すのは、男女の雇用平等政策の重要性である。女性が活躍できる環境整備が整えられてはじめて、ワークライフバランス施策が効果を発揮するということである。

このことは、第3章でみたように、男女雇用均等政策とワークライフバランス政策（両立支援策）が車の両輪として整えられている企業で女性の能力活用がプラスの効果を生み出しているという実証研究の結果とも整合的である。

ということは、政府は雇用の平等を実現させるための法律と、その実効性を確保するためのアファーマティブ・アクション（ポジティブ・アクション）を実施することが必要なのである。

次節では日本の均等法の変遷と法律が果たした役割とその課題について考えてみよう。

2　日本の男女雇用機会均等法の変化とその課題

1986年に日本で男女雇用機会均等法が施行された。また、3回の改正をへて、女性だけでなく、男女双方向においての差別を禁ずる法律へと大きく変化していく。日本で均等法はどのようにして誕生し、どのような改正がなされてきたのだろうか。

男女雇用機会均等法の成立の背景

1985年に男女の雇用差別を禁止する男女雇用機会均等法が成立した。それ以前は1947年に成立した労働基準法の3条で均等待遇原則が定められ、4条において女性に対する賃金差別が禁止されていた。しかし、賃金以外の差別を明確に禁止する法律は存在しなかった。その理由は、日本の労働基準法が女性労働者の保護規定をあわせもつ法律だったからである（浅倉、2006）。

しかし、均等法の成立によって、日本にはじめて、募集・採用から配置、昇進、教育訓練及び解雇・定年・退職までの雇用の全ステージにおいて男女差別を規制する法律が誕生した。

このきっかけとなったのは、「国連婦人の10年」（1976〜85年）である。第30回国連総会（1975）において、1976〜85年が国連婦人の10年と定められ、全世界的な規模で女性の社会的な地位の向上をめざすことが合意された。日本は、国連で採択された「女子差別撤廃条約」に80年に署名、85年に批准した。これにともなって、国内法を整備する必要性が生じ、男女雇用機会均等法（雇用の分野における男女の均等な機会及び待遇の確保等女子労働者の福祉の増進に関する法律）が制定されたのである。

このような経緯から、この法律は外圧によって作られた法律と批判されることが多い。しかし、1975年に市川房枝氏らの呼びかけにより41の全国規模の女性団体が「国際婦人年日本大会の決議を実現するための連絡会」を結成し、強力なロビー活動をおこなっている。女性団体の草の根の運動も、均等法を成立させるもうひとつの原動力になっている（南部、2014）。

均等法（1985年）

第1次均等法は1972年に制定された「勤労婦人福祉法」を母体としているために、男女の機会の均等及び待遇の平等確保という観点からみると、物足りないものになっている。

定年退職、解雇をのぞき募集・採用から定年退職までの期間「女性であることを理由に」差別的な取り扱いをしないよう努めることが事業主の努力義務になっているにすぎず、教育訓練及び福利厚生においては、男女差別が禁止されたものの、それは業務外研修（Off-JT）のみであって、企業で実施される教育訓練（OJT）についての男女差別は禁止されていない。

さらに、募集においても、禁じられているのは「男性のみの募集」であって、「女性のみ」の募集は禁じられていない[9]。そのために、「一般職やパートは女性のみ」という募集方法、あるいは、コース別人事管理制度などは均等法違反とはされなかったのである。

また、職場に差別的な取り扱いがあり、都道府県の女性少年室に苦情が持ち込まれたとしても、女性少年室ができるのは、助言・勧告などの指導にとどまっており、調停のための機会均等調整委員会も労使の双方が同意しなければ設置できない。第1節でみたアメリカの雇用機会均等委員会は、和解が成立しなかった場合には、独自の判断で、民事訴訟をおこすことができる権限を有していることを考えると、大きな違いがみられる。

この法律で、果たして日本に男女平等な社会を実現させることはできるのか。これはザル法ではないのか、とおもったひとも多く、当時の男女雇用機会均等法に対する評価はそれほど高いものではなかった。

ところが、均等法の施行と同時に、女性の高学歴化に拍車がかかる。それまで日本では高等教育を受ける女性の多くが2年間の短期大学に進学していたのであるが、均等法施行以降、大学への進学率が上昇する。女性たちは、この法律を、雇用における男女平等社会の到来をつげるシグナルと受け取ったのである（図4−5）。

また、高学歴の女性がふえるにしたがって、均等法も、女性が能力を発揮し、活躍できるような環境を整えるために、保護色の濃い法律から女性に対する差別を禁止する法律へと大きな転換を遂げていくのである。

1997年改正

95年の世界女性会議（北京会議）で日本が採択した北京行動綱領に基づき、97年に均等法が改

図4-5　男女別の大学進学率の推移

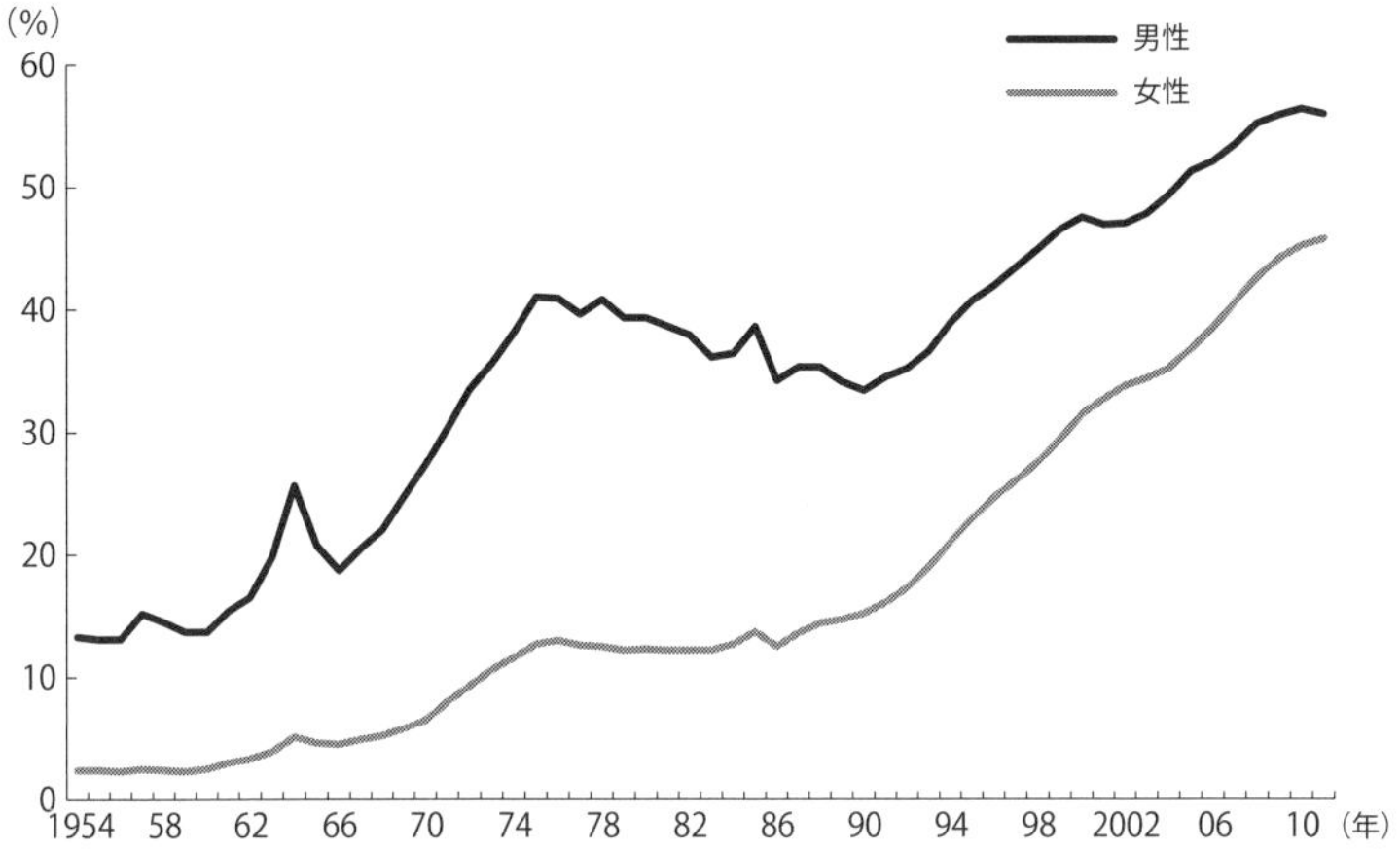

（出所）文部科学省「学校基本調査」より作成．

正されることになった。この改正においては、募集・採用、配置・昇進に関する均等取り扱いが努力義務から禁止規定になった。また、85年の均等法では、男女の職業分離が固定化されないように、女子のみの募集やコース別人事管理制における男女の層としての分離を原則禁止とした。

さらに、「機会均等調停委員会」の設置にあたっては、（事業主の合意がなくても）一方の申し立てによって開催することができるようになった。

加えて、事業主の「女性に対するセクシュアル・ハラスメント」を防止するための雇用管理上の配慮義務規定が新設され、事業主に対して①方針の明確化とその周知・啓発、②相談・苦情への対応、③事後の迅速かつ適切な対応が求められるようになった。

また、99年に改正均等法が実施されると同時に、労働基準法の一部が改正され、女性の時間外・休日労働と深夜業規制が取り除かれた。

2006年改正

日本政府が2003年に女子差別撤廃委員会（Committee on the Elimination of Discrimination against Women（CEDAW））に提出したレポートに対して、同委員会からは、間接差別の禁止を均等法に盛り込むよう勧告が出され、これを受けて、2006年に再度、均等法が改正された。

間接差別とは「性中立的な基準等であるが、その基準等を適用すると、一方の性に著しい不利益を与えるもので、使用者がその合理性を証明できないもの」をいう（山田、2011）[10]。

たとえば、総合職の管理職昇進基準のひとつに「全国転勤3回以上の経験者」という要件があったとする。従来の差別の認定は、この基準に照らして、総合職の女性が3回以上転勤しているにもかかわらず昇進できなかった場合に、差別と認定し、それを禁ずるものであった。

これに対して、間接差別とは、そもそもこの基準自体が差別を生み出す原因になってはいないかどうかを問う概念である。全国転勤3回以上という要件が家庭責任を有する女性にとって満たすことがむずかしく、その結果、管理職に占める女性の割合が低いとすると、事業主がこの基準が合理的かつ正当なものであることを証明できなければ、そのような要件を設けることが禁止されることになる。

浅倉（2006）は、間接差別という概念は、日本の雇用慣行で暗黙の前提として使われている男性基準そのものの妥当性を問い、そこに通底する「社会通念」の差別性を浮かび上がらせることで社会意識を変えることができる非常に重要な概念である、とのべている。

ちなみにアメリカで間接差別という概念が裁判に使われたのは、1971年のGriggs裁判だといわれている。Griggs裁判とは、雇用主（Duke Power Company）が採用や昇進において、高卒の資格や知力試験を課していた事に対して、実質的に黒人をその職種から排除していると訴えた裁判である。下級審では、雇用主側には差別的な意図がなかったとして原告敗訴となったが、連邦最高裁では、その判決が覆されて、原告が勝訴した。

公民権法第7編では、使用者による意図的な差別的取り扱いが禁止されていたのに対して、この判決では、使用者側にそのような意図がなく、中立的な雇用基準であっても、被用者に結果的に不利益が生じるような基準であれば差別行為とされるということが明確に定義された判例法として極めて重要な判決とされている。この判決は1972年のEEOCの改正に大きな影響を与えるとともに、間接差別という概念が導入されるきっかけを作ったのである。

政府は研究会を開催し、2004年の報告書では、7つの事例が間接差別として考えられる事例として示されたが、最終的には以下の3つの事例が間接差別にあたるとされた。[11]

それらは、

①募集・採用にあたって、労働者の身長、体重、または、体力を要件とすること、

②労働者の募集もしくは採用、昇進または職種の変更にあたって、転居を伴う転勤に応じることができることを要件とすること、
③労働者の昇進にあたり転勤の経験があることを条件とすること、
である。

これに対して浅倉（2006）は、このように、間接差別が適用できる事例を限定してしまったために、逆にそれ以外は認められるという状況を作り出してしまったとして、政府の対応を批判している。

見送られた均等法の改正

2006年の改正法は、5年後に必要とあれば改正の措置を講じるとする附則が加えられたことからこれを受けて2012年10月から均等法の見直しに関する議論が開始されたが、法改正にはいたらなかった（中島、2013）[12]。

多少の前進がみられたのは、2006年時点では、総合職においてのみ、募集、採用、昇進、職種変更の際に、合理的な理由がないにもかかわらず、転勤要件を設けることが間接差別にあたるとして禁止されていたが、それがすべての職種に拡大されたことである[13]。

均等法の効果

それでは均等法は日本の女性労働者にどのような効果をもたらしたのだろうか。

厚生労働省のコース別雇用管理制度の実施・指導状況によると、２０１０年から11年において、総合職採用予定者に占める女性の割合は11・６％と低く（08年から４％程度低下している）総合職に占める女性割合は５・６％にすぎない。

安部（２０１１）は、詳細な分析をおこなった結果、均等法施行以降、高学歴の女性は40歳未満までは正規雇用就業の割合が高まっているものの、有配偶女性の正規雇用就業が、それ以前の世代よりもふえたということはデータからは観察されないとのべている。ここから、均等法は正規雇用される高学歴女性をふやしたとはいうものの、キャリアと家庭責任を両立させる女性をふやしたとはいえないと結論づけている。つまり、女性の正規雇用就業者の増加は、同時に結婚しない女性をふやしたということになる。

本書では、その理由が女性側にあるのではなく、日本の企業の差別的な雇用慣行にあると論じている。女性は短期勤続であるという前提で、男性と同じ能力開発の機会や昇格がなされず、また、もし昇格の機会が与えられたとしても、男性よりもその時期が大幅に遅くなることが多い。そして、均等法は、この企業の性差別的な人事管理制度にメスを入れることができずにいるのである。

宮地光子弁護士は、過去に日本の法廷で争われた男女賃金格差裁判の判決を分析した結果、たとえば、男性は全員総合職で女性は全員一般職といったように、制度上、男女間で（層として）明確に分離されている場合にはほとんどの裁判でそれが違法と判定されており、その意味では司法が企業の女性差別をなくすために、一定の役割を果たしてきたと評価している。他方、男性が一律に昇格していなかったり、ほとんどすべてが昇格しているとはいえない場合については、違法かどうかの決着がついていない(14)。その後者にあたるのが、以下でのべる中国電力男女賃金差別事件である。

中国電力男女賃金差別事件

この裁判は、1981年4月に高校卒業後中国電力に入社した女性が同僚の男性は昇格昇進していくのに自身は平社員のままであることに対して、勤続27年がすぎた2008年5月に、会社に対して職能等級と職位の確認と損害賠償を求めて提訴した事件である。

2011年3月に広島地裁は請求棄却の判決を言い渡し、原告は広島高等裁判所に提訴し、2013年7月18日に広島高等裁判所において判決が下され、再度提訴が退けられた。同年9月に最高裁に上告し、現在その判決の結果を待っているところである。

高裁の判決では、昇格及び賃金における男女間格差があることは認めたものの、以下の理由において原告の請求を全面的に退けている。

（1）職能等級制度や人事考課の基準において、男女で取り扱いを異にするような定めがない。
（2）同じ男性間にも昇格の早いものと遅いものがあり、賃金額にも差があるのであって、男女間で層として明確に分離しているといえるものではない。
（3）昇進に男女差が生じる理由として、（一般的に日本では）女性の多くが管理職に就任することを敬遠したり、早期退職をする傾向がある。
（4）控訴人は、人事考課制度において、業務の結果については、高く評価されている一方、協力関係向上力、指導力については問題があると評価されていることから、管理職に求められる能力・成果を具備するに至っていなかった。

それでは実際はどうなのか。

（1）については、基準が一見性差別的にみえるものであっても、（2）で示されているように、結果として大きな男女差がある場合には、何らかの（間接）差別が職場の慣行にあるとみなすのが自然である。

（2）については、たしかに、男性のなかにも昇進が遅れているものがいるが、実態はどうかというと、賃金の高いほうから54人は全員男性で、55番目が女性であり、56番目から75番目まではまた皆男性で、76番目が女性になっている。シカゴ大学の山口教授は「賃金の上昇機会が男女で平等であれば、トップ54人がすべて男性になる確率は、1兆回に2回もおこらない」とのべている（山口、2013）[15]。

（3）については、本書ですでにのべたように、女性の多くが早期退職をするのは、男性と同じような成長が感じられるような仕事が与えられないからであり、まさに、原告が訴えるような差別がおこなわれている結果、多くの女性が会社を去っているのである。

（4）は、往々にしてリーダーを志向する女性に対して社会的にバッシング（制裁）されるケースが多い。この点についても第3章でのべた。裁判所はこれを鵜呑みにして、会社の言い分を認めるのではなく、そのような女性に対する差別的な評価こそが日本において女性の昇進を不利にしている要因であることを認識し、会社に対して見直しを求めるべきである。

時代の転換点に、政府及び司法がリーダーシップを取ることができるのか。判決の結果が注目される。

この節では、日本の均等法の成立とその改正による変化をみた。たしかに、男女差別を禁ずる法律になってきてはいるのだが、その実効性に課題を抱えており、また、司法も職場における女性の差別をなくすために十分な役割を果たしていない。

均等法に実効性がないことに加えて政府のリーダーシップが欠如していること、さらには、司法も現状の差別を容認していることが、日本の女性の活躍を阻んできた大きな要因なのではあるまいか。しかも、女性労働の転換期にあたるその時期に、均等法の改正が見送られている。

日本と同じような課題を抱える韓国でいま、アメリカのアファーマティブ・アクションの経験を学び、職場において男女の均等を実現させようとする試みがなされている。以下では、それを紹介しよう。

3 韓国における積極的雇用改善措置の実施

日本以上に少子化が進み、女性活用において日本と同じ悩みを抱える韓国では、１９９０年代からさまざまな男女の雇用平等のための積極的雇用改善措置を導入している。また、２００６年からは、民間部門にもそれを導入している。なぜ、韓国ではアファーマティブ・アクションの導入に踏み切ったのだろうか。

韓国の女性労働の特徴

図4-6は、韓国の年齢階層別の女性の労働力率を描いたものである。韓国も日本同様、20歳代後半から30歳代にかけて比率が落ち込む、いわゆるM字カーブが顕在である。韓国の方が60歳以上を除いたすべての年齢階層で日本よりも労働力率が低く、M字が残っている。その原因としては、多くの女性が結婚と同時に、または結婚初期に出産や育児、そして子供の教育などの理由で労働市場から離れ、一定の期間を経てから労働市場に再参入しているからだといわれている。(16)

図4−6　韓国の年齢階層別の女性労働力率の推移

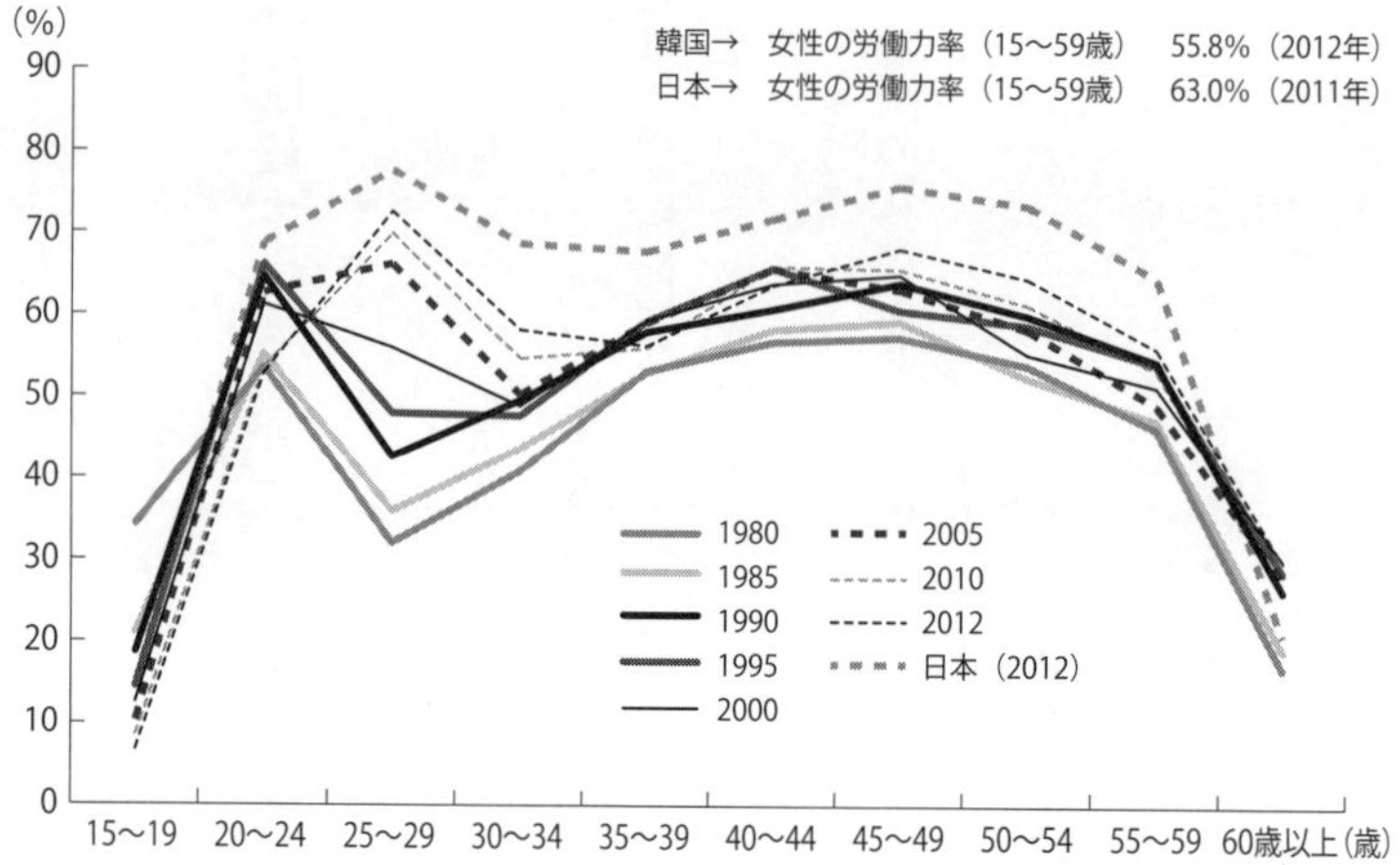

（出所）韓国：統計庁「経済活動人口調査」，日本：総務省統計局「労働力調査」2012年．

韓国企業でも日本企業同様に、入社時では男女格差が少ないが、職位が高くなるにしたがって、女性の比率が低下している。

図4−7は、大学入学時点から入社時点さらには意思決定ボードにいたるまでに女性人材がどのように供給されているのかを日韓比較によってみたものである。日本同様韓国でも人材供給パイプが先細りになっていることがみて取れる。中級〜上級管理職の女性比率は6％と低くなっており、分厚い昇進の天井が存在することがわかる。

このように日本も韓国も共通の課題に直面しているのであるが、今後については日本と韓国で違いがみられる。韓国では女性活用を最優先課題のひとつと考え、加速させていきたいと考えている企業の割合が、突出して高くなっているのに対して、日本では高い優先順位をおいている企業が少ない（図4−8）。

図4-7　女性人材供給パイプラインの日韓比較

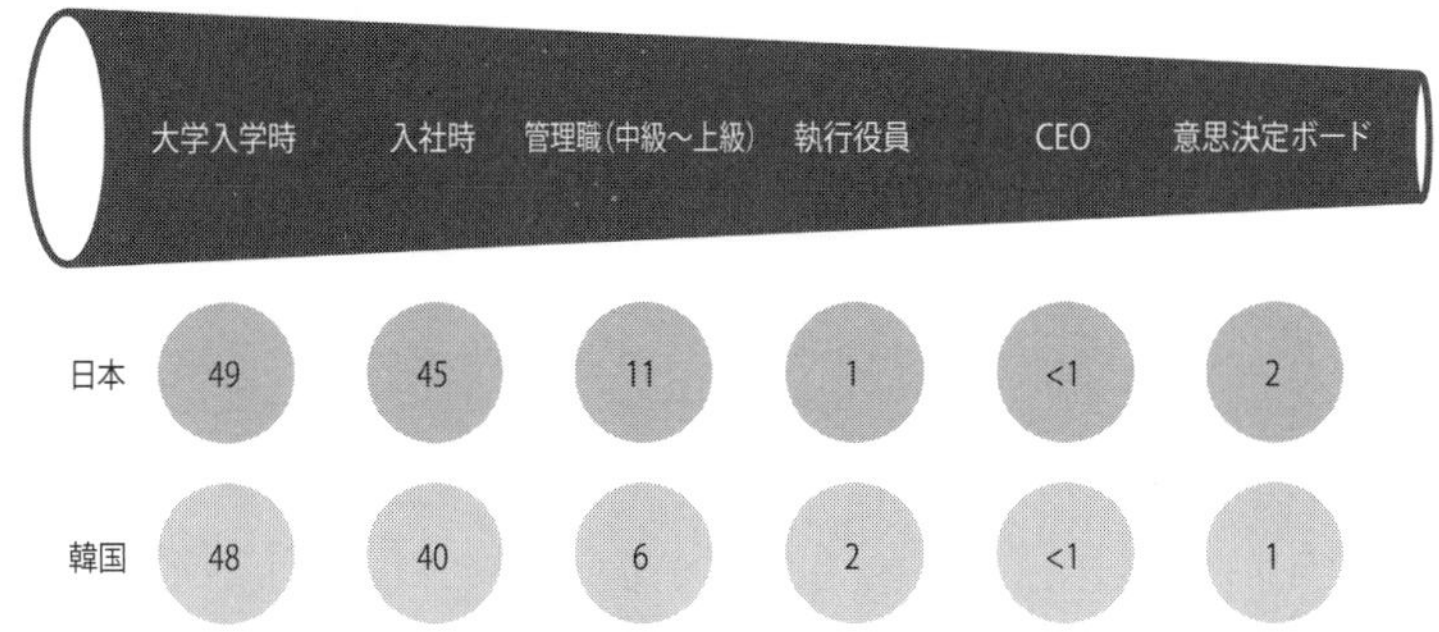

（出所）McKinsey & Company（2012）*Women Matter: An Asian Perspective* より作成.

興味深いのは、韓国では大手企業の方が女性活用に積極的に取り組んでいるのに対して、日本では大手企業よりも中小企業の方が積極的に取り組んでいることである。たとえば韓国で女性の活躍推進を企業の戦略的課題の第1位～第5位に挙げている企業の割合は、大企業では27・1％であるのに対して、中小企業では9・4％と大きな差がある（大沢・金、２０１４）。

韓国の女性労働政策の展開

韓国は伝統的な家父長制社会であり、社会に儒教の影響が色濃く残っているといわれる。しかし、近年若者を中心に大きな変化がみられる。２００４年のサムスン生命が20～30歳代の会社員を対象におこなった調査によると、理想の妻像として仕事と家庭を両立させる「スーパーウーマンタイプ」をあげた女性は70・1％で男性の59・1％を上回った。それに対して、「賢母良妻」が理想と回答したのは女性が7％であったのに対して男性は

図4-8 「あなたの会社は今後よりいっそうジェンダー・ダイバーシティの実現に取り組んでいくとおもいますか（Looking ahead, do you expect your company to accelerate implementation of gender diversity measures?)」という問にイエスと答えた企業の割合

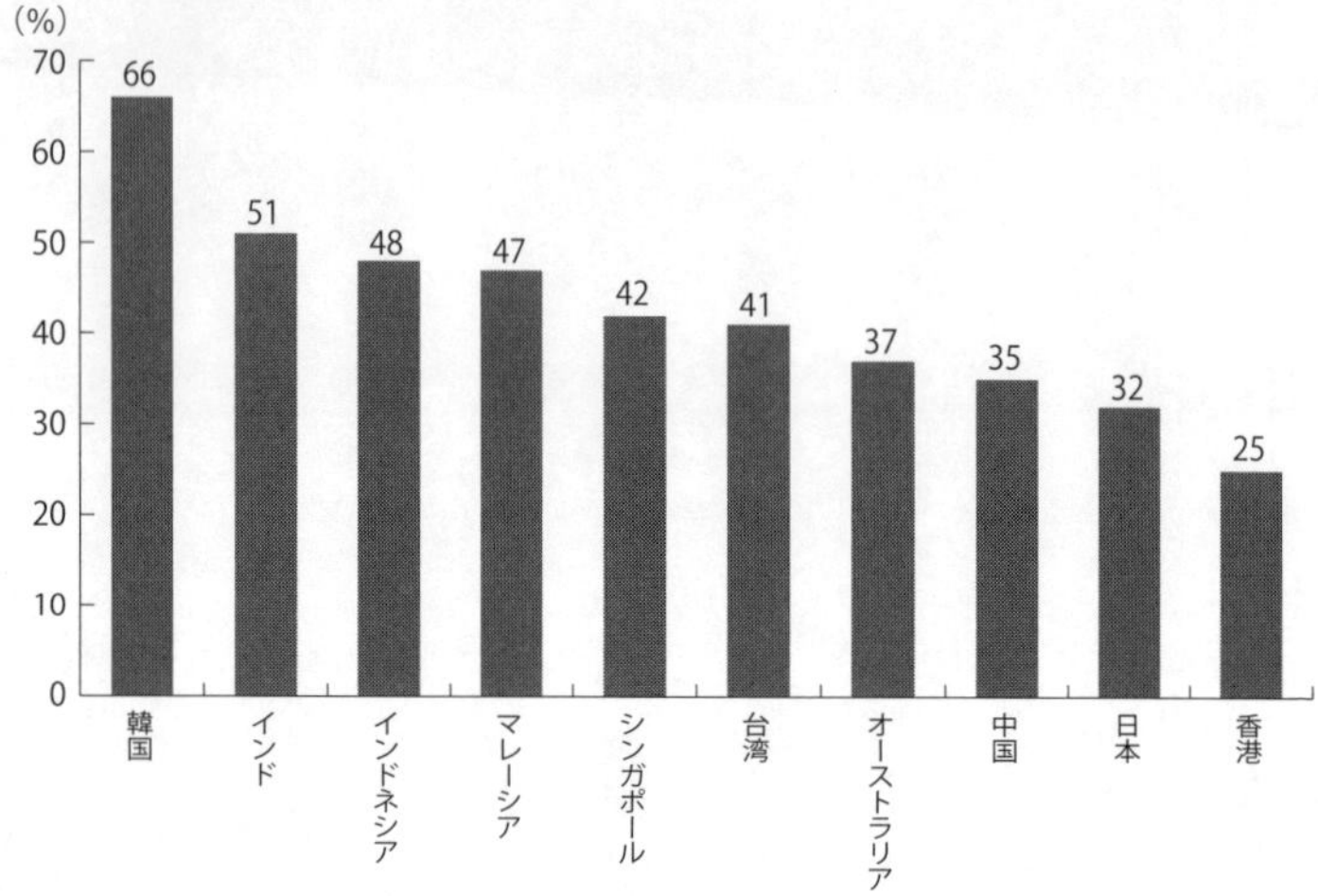

（出所）McKinsey & Company（2012）*Women Matter: An Asian Perspective* より作成．

23%と大きな男女差がある。[17]

筆者は、２０１３年に初の女性大統領が誕生した韓国ソウルで、外資系企業で管理職として働く30代後半の「スーパーウーマン」に話を聞いた。小学生の息子をもつお母さんでもある。

Aさんは大学卒業後韓国の企業に勤め、経理課に配属され、まず会計のスキルを身につけた。それから、独自に国際会計基準について学び、資格をとって、外資に転職した。英語は、働きながら身につけた。足りない分は、自らの給与からレッスン代を捻出し、ネイティブの先生から個人レッスンを受けて補った。インタビューは英語でおこなったのだが、流暢な英語を話し、国際的なビジネ

スの舞台でキャリアを積み上げている女性特有の、洗練された雰囲気をもつ。勤めている会社はヨーロッパに本社をもつ日用品を扱っている会社で、Aさんが入社してから、順調に業績を上げている。その立役者がAさんである。中間管理職として部下を指揮する一方、支社長のよき相談相手として経営にも参加している。もちろん、悩みがないわけではない。日本と同様、長い労働時間を要求され、子育てに十分な時間が取れないなど、日本の働くお母さんと同じワークライフバランスの悩みを抱えている。

彼女をハイパフォーマーにしている内的な要因は何なのだろうか。それは、専業主婦の母親の教育である。幼いころから母親にスーパーウーマンになれといわれ続けた。クァッ梨花女子大教授は、女性のキャリアを語るときに、労働者としてのキャリアだけではなく、女性が家庭でおこなう教育の重要性にも目を向けるべきだとのべている（クァッ、２０１３）。

韓国では、１９７０年代の民主化運動や欧米のフェミニズムの影響を受けた女性たちがいま大学や政界で活躍している。白井（２００５）は、１９８０年代の民主化運動とともに進展した女性運動が大きな政治勢力として女性政策を推し進める力になったと指摘する。

１９８４年には、国連の女子差別撤廃条約に批准し、それをきっかけとして男女共同参画社会の形成に向けて、制度的、法的な枠組みを整えていった。87年には男女雇用平等法が制定され、95年には女性の社会進出を促す女性発展基本法が制定される。この流れは時期の違いはあるものの、日本と共通している。

1995年の北京女性会議においては女性の地位向上を促進するために、すべての政策及び計画の中心にジェンダーの視点を据えるジェンダーの主流化が採択され、北京行動綱領に明記された[18]。

これを受けて、韓国政府は国内のジェンダーの主流化にむけて動きだす。その過程で、いまのべた女性たちの草の根の運動が大きな影響力をもつ。とくに金大中《キムデジュン》政権（1998〜2003）と盧武鉉《ノムヒョン》政権（2003〜2008）のもとで、女性政策は飛躍的な発展をとげる。金大中大統領夫人が女性運動家であったことや、盧武鉉政権の側近のひとりがフェミニストで女性政策立案に大きな影響力をもっていたことも大きいといわれている。

2001年には女性部（現女性家族部）が大統領の特別委員会から昇格し、省として発足する。さらに、2005年6月には組織再編によって、女性省は女性家族省と名称が改められ、ジェンダーの視点を据えた少子化対策や家族政策が展開されるようになる。

クォータ制の導入

ジェンダーの主流化のひとつとして、女性の議員をふやすためのこころみがなされている。2000年には金大中政権下で、国会議員の比例代表選挙候補者名簿の30％を女性にするためのクォータ制度が導入された。また、2002年には地方議会議員選挙の候補者名簿の50％を女性にするクォータ制が導入される。2005年には、国会議員・地方議会議員候補ともに50％以上を女性にすることが法律によって定められた。また、このクォータ制は、自治区・市、郡等の基礎自治体議会など、国内に存在するすべての議会の選挙においても導入され、２０１１年には女性議員比率は13・9％となり、政治分野におけるジェンダー格差指数の順位を１８７カ国中１００位に上げている（辻村、２０１１）[19]。

アファーマティブ・アクションの規定

韓国は１９９５年の北京女性会議を契機に女性発展基本法を制定した。これは後述の男女共同参画基本法に相当するもので、この第６条に「国及び地方自治体は、女性の参加が著しく不振な分野について、合理的な範囲で女性の参加を促進することにより、実質的な男女平等がなされるように、関連法令が定めるところにしたがって積極的是正措置（アファーマティブ・アクション）をとることができる」とある。これが、韓国政府が積極的雇用改善措置を実施する法的根拠となっている。

２００５年の改正では、上記の第６条に「女性省長官は国家機関または地方自治体の長に対し、積極的改善措置をとるよう勧告し、その結果を点検しなければならない」という第２項を新設している。また、第10条では、国や地方自治体が政策を策定・施行する際には、政策が女性の権利・利益及び社会参加等に及ぼす影響についてあらかじめ分析・評価する義務があることを定めている。

公共部門

公務員の採用試験においても96年に「女性公務員採用目標制」が導入されている。盧武鉉政権（2003〜2008）では、公務員の任用にあたって一方の性が30％未満であった場合には30％になるまで追加的に合格させる制度を導入した。

2001年には公務員の管理職の女性比率を5年間で10％に増加させるための積極的是正措置が取られ、2006年には女性比率が8・6％に、さらに2011年には9・6％に上昇している（Moon, 2013）。

しかしこのような積極的差別是正措置に対しては、バックラッシュがおきている。男性に対する逆差別であるという批判や女性が実力以上に評価されており、人的資源の活用にマイナスの影響があるといった批判である。また、登用された女性たちに対しては、クォータ制度によってゲタをはかされて登用されたといった汚名（スティグマ）が着せられたりもしている（Moon, 2013）。Moonは、このスティグマの克服が重要な課題になっているとのべている。

教育部門

理工系離れによる国際競争力の低下を防ぐために、2002年に科学技術基本法に採用目標制を定め、2010年までに科学人材の採用の30％を女性にするという目標を設定している。

2003年には教育公務員法が改正され、国立大学への女性教員の任用を拡大するために大学の人事委員会に一定比率の女性委員が入ることを義務づける積極的是正措置の法的根拠が定められた。

この法律によれば、国及び地方自治体は大学が実施した積極的是正措置の実績を評価し、財政的支援をおこなうことができるとしている。大学の学長においても、一方の性に偏らないように3年ごとの任用目標比率を明示した任用計画等の策定が大学に義務づけられている。

民間部門

盧武鉉政権下で、アメリカの制度を参考にしながら、韓国の実情にあうように修正されたアファーマティブ・アクションが2006年から実施された。

その内容は、産業別・企業規模別に男女労働者や管理職に占める女性の割合が各部門別の平均値の60％に達していない企業に対して、改善計画を提出し是正するように勧告するというもので

図4-9　積極的雇用改善措置制度の進行手順

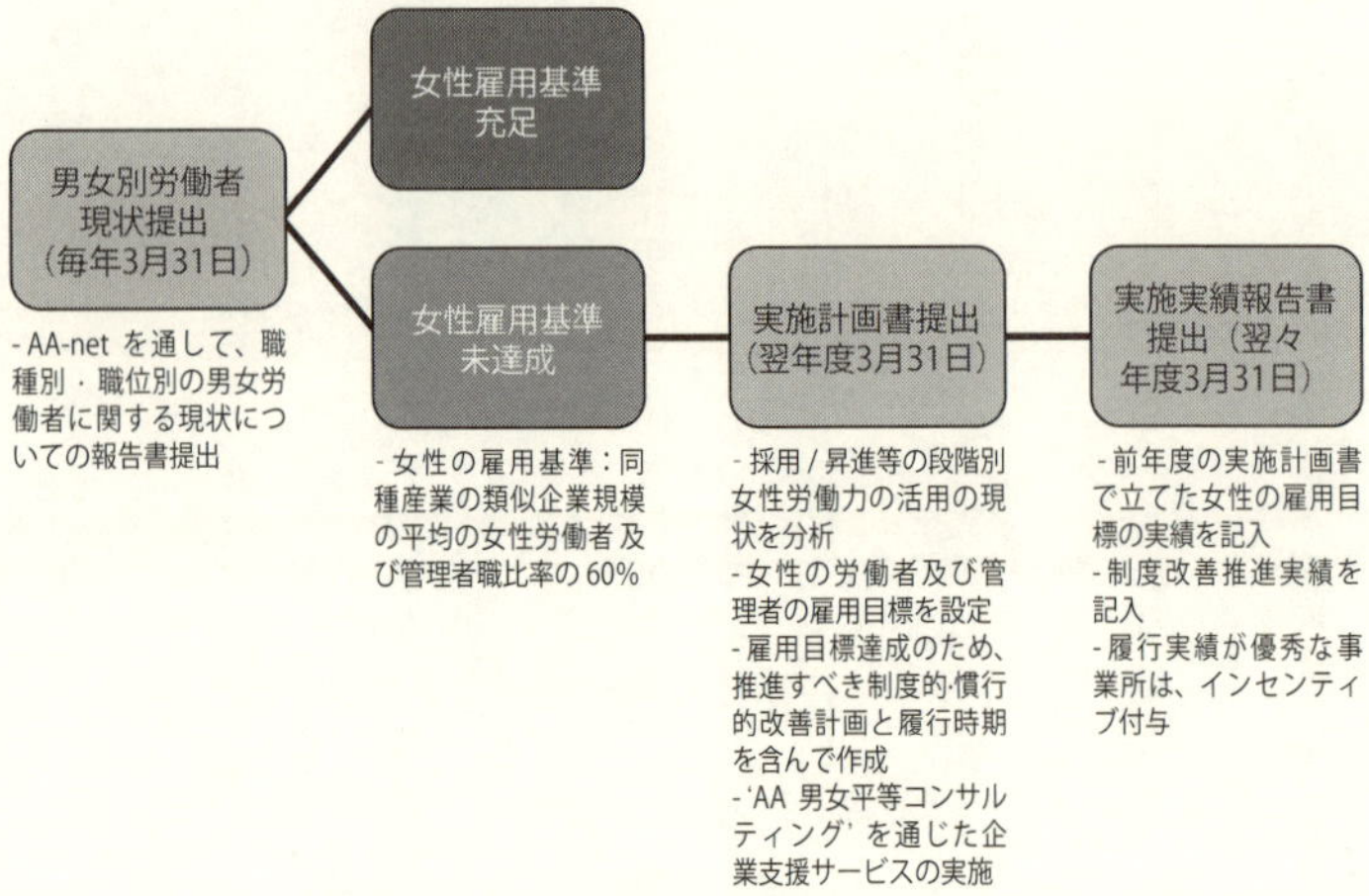

（出所）大沢真知子・金明中「韓国の積極的雇用改善措置制度の導入とその効果および日本へのインプリケーション」RIETI Discussion Paper Series 14-J-030, 2014年5月.

ある（図4-9）。

対象となった企業は、毎年3月末に雇用改善の目標値や実績、そして雇用の変動状況などを雇用労働部に報告することが義務づけられている。企業から提出された報告書は雇用平等委員会[20]によって検討され、女性の雇用実績において優れている企業は「男女雇用平等優秀企業」として表彰されると同時に、認証マークの使用が認められ公共調達においても加点され、有利になるしくみが作られている[21]。

積極的雇用改善措置制度の実施後の効果

図4-10は、韓国でアファーマティブ・アクションが導入された時期の女性の雇用就業率と管理職の女性比率を日韓

図4-10　女性雇用就業率及び管理職に占める女性比率の日韓比較

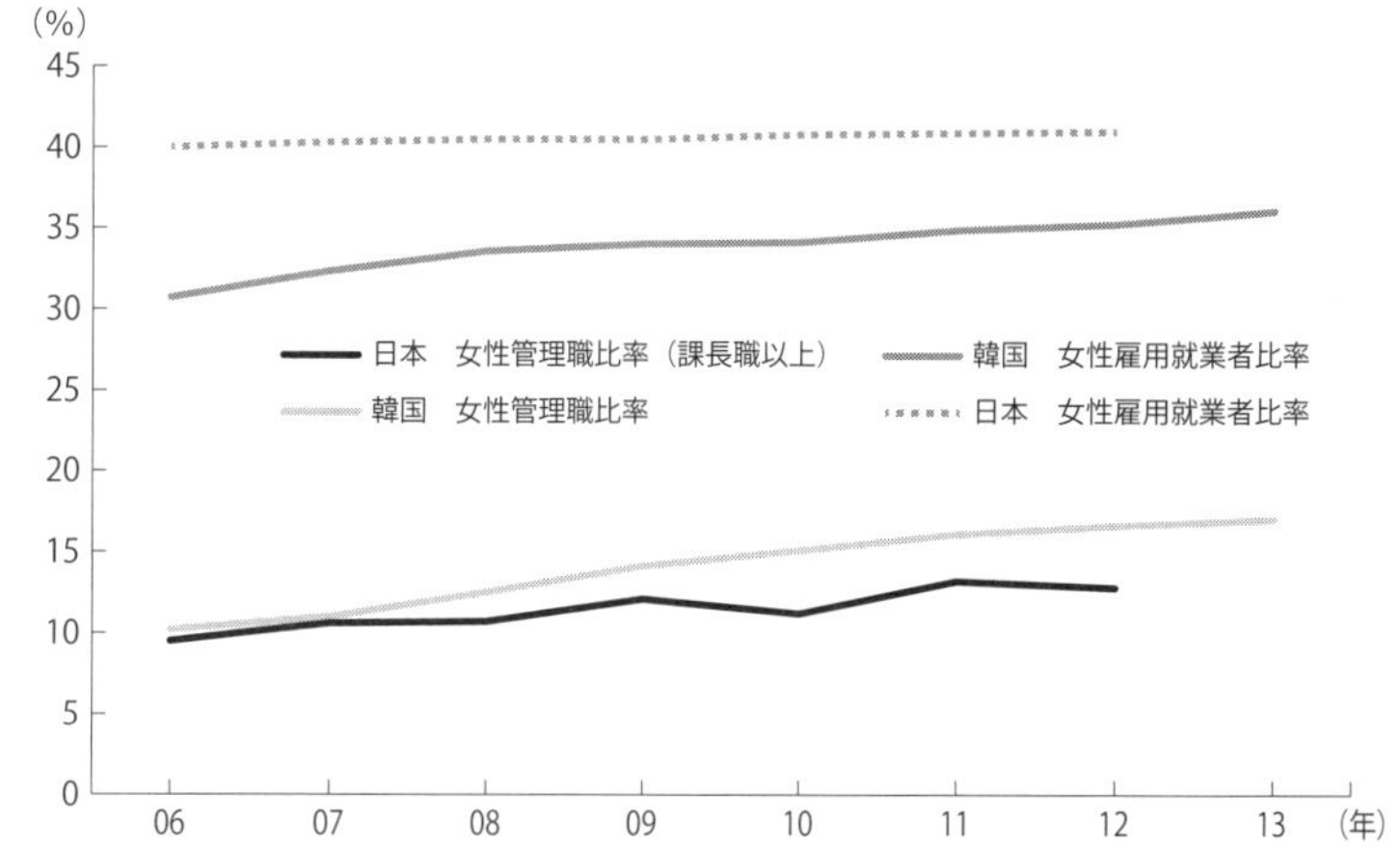

（出所）韓国：韓国雇用労働部「積極的雇用改善措置制度の男女労働者現状分析結果」2012年，雇用労働部「事業所1778ヶ所，男女労働者雇用現況」2013年9月23日公表資料．日本：厚生労働省「賃金構造基本統計調査」各年，総務省「労働力調査」各年．

で比較したものである。これをみると、韓国の方が日本よりも女性の雇用就業率は低いものの、増加率は韓国の方が大きいことがわかる。

また、管理職に占める女性比率を比較すると、日本の管理職（課長職以上）に占める女性比率は２００６年の９・５％から２０１２年は12・8％と３・３％ポイント上昇しているのに対して、韓国では６・４％ポイント上昇しており、韓国の方が、上昇率が大きい。ここから、韓国のアファーマティブ・アクション導入の効果がみてとれる。

女性役員の登用は、大企業を中心に少しずつ増加しており、今後さらなる増加が予想されている。韓国における30大グループや金融会社における女性役員について調べた調査結果によると、２０１２

年現在の30大グループや金融会社の女性役員数は182名で1年前と比べて34人も増加している。人数別にはサムスンが44人でもっとも多く、次はKT（韓国最大の通信事業会社）（27名）、LG（16名）の順になっている[22]。

また、KTでは、在宅勤務制度など仕事と育児が両立しやすい環境を整えるとともに、「女性メンタリング」制度を設けて女性の人材育成に力を入れている（『週刊東洋経済』、2011年10月15日号）。

アファーマティブ・アクションの効果

それではアファーマティブ・アクションの導入にはどのような効果があったのだろうか。大沢・金（2014）は、積極的雇用改善措置が従業員500人以上の企業に拡大される以前の2007年と拡大されて3年が過ぎた2011年における当期純利益の増減率を比較した結果、積極的雇用改善措置の適用を受けた企業の当期純利益の増減率が高いことがわかった。

背後にはどのようなメカニズムがあるのだろうか。それは、改善を勧告された企業が自社の人材活用についてもう一度見直し改善をはかることで、組織全体の生産性が向上するプロセス・イノベーションがおきるからではないかと考えられる。さらには、ダイバーシティの醸成が組織全体の風土を変え、従業員一人ひとりの仕事への意欲が高まる。アメリカの例をみてもわかるように、アファーマティブ・アクションがもたらす直接的な効果もさることながら、そのことによってもたらされる社会全体の意識変革の方がはるかに大きなインパクトがあるのである。

韓国では2013年に初の女性大統領が誕生したことを契機に、2014年度の女性労働及び福祉関連の予算が前年度比68・6％も増加している。多くの識者が、今後韓国において女性活用が一層進むのではないかと予測している。

4 男女共同参画基本法とポジティブ・アクション

ジュネーブに本部をおく非営利財団、世界経済フォーラムが2013年に発表したジェンダーギャップ指数の日本の順位は、136カ国中105位である。ちなみに2011年が98位、12年が101位であり、年々その順位が後退している。ただし2014年には104位と1位順位を上げている。

この指数は（1）経済活動の参加と機会、（2）教育、（3）健康と生存、（4）政治への関与の4つの分野において、男女格差を指数化し、順位づけしたものである。

図4−11をみるとあきらかなように、日本のジェンダー格差を大きくしているのは、経済分野と政治の分野における格差が大きいことにある。2013年の経済分野での順位は136カ国中

図4-11　各分野別のジェンダー・ギャップ指数（2013）

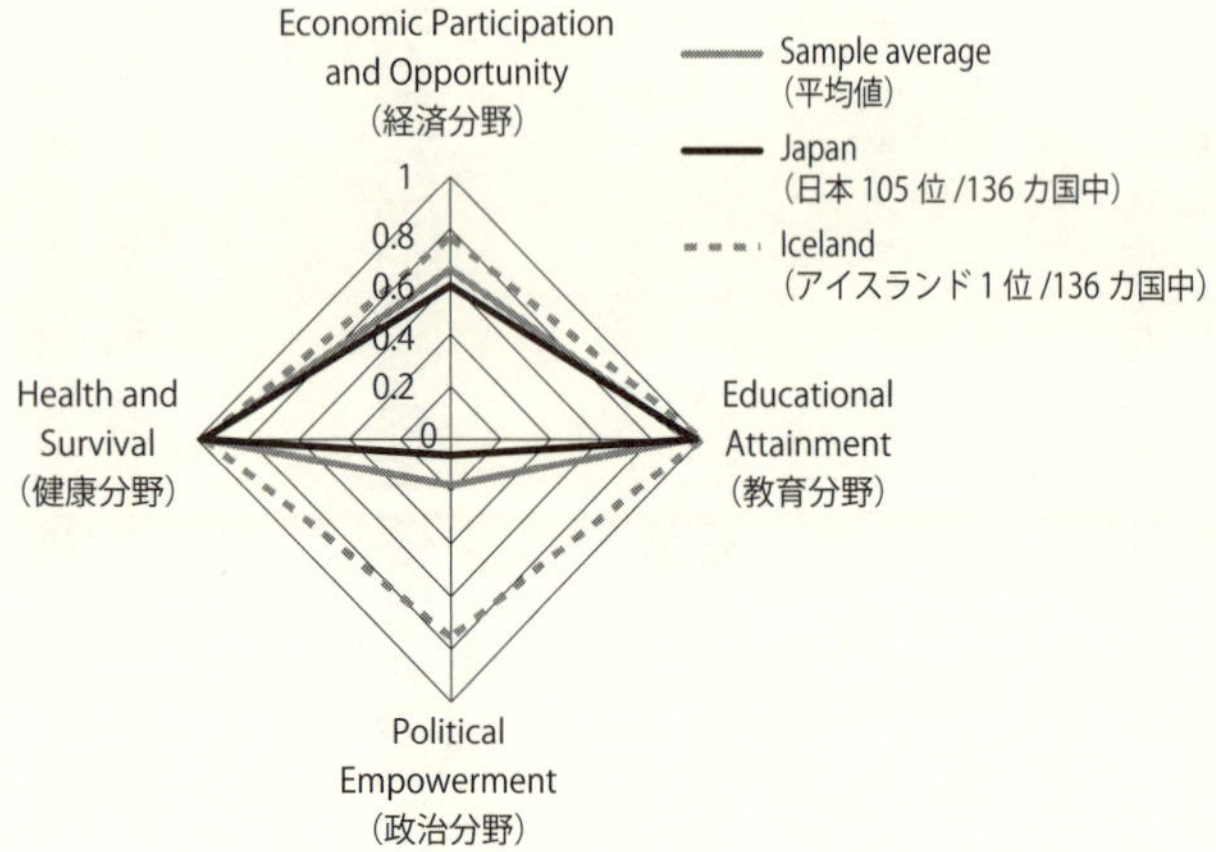

（出所）世界経済フォーラム「The Global Gender Gap Report」2013年より作成.

104位、政治分野では118位であり、経済や政治の分野で女性の進出が遅れていることがわかる。

男女共同参画社会基本法の制定

1999年に日本では男女共同参画社会基本法が制定された。男女共同参画社会とは、社会制度・慣行上での男女の固定的役割分業を見直すために作られた法律であり、「男女が、社会の対等な構成員として、自らの意思によって社会のあらゆる分野における活動に参画する機会が確保され、もって男女が均等に政治的、経済的、社会的、及び文化的利益を享受することができ、かつ、共に責任を担うべき社会」と定義されている（第2条）。

日本政府は、男女共同参画社会の形成を21世紀の最重要課題と位置づけており、基本法の成立を受け、男女共同参画社会を実現するための国の行政機関（national machinery）として内閣府に男女共同参画局と男女共同参画会議を設置した。この下に専門委員会が置かれ、そこでの検討を経て、「配偶者からの暴力の防止及び被害者の保護に関する法律」（DV法）（04年成立、07年に改正）や、育児・介護休業法の改正などがおこなわれている。

また、男女共同参画社会の形成を促進するために、内閣に設置された男女共同参画推進本部では、2003年に「2020年までに指導的地位に女性が占める割合が少なくとも30％になるようにする」という目標を掲げ、「ポジティブ・アクション研究会」を設置し、05年には報告書が出され、その目標が盛り込まれた第2次男女共同参画基本計画が同年12月に閣議決定されている。

ここでいうポジティブ・アクションとは、アメリカのアファーマティブ・アクションにあたるものであり「固定的な性別による役割分担意識や過去の経緯から、男女労働者の間に事実上生じている差があるとき、それを解消しようと、企業が行う自主的かつ積極的な取組」のことである。

図4-12は、現在の各分野の「指導的地位」に占める女性の割合をみたものである。30％を超えているのは薬剤師（66・8％）と国の審議会等委員（32・9％）のみであって、それ以外の分野では、30％にはるかに及ばない数字になっている。

とくに低い政治分野では、参議院で18・2％、衆議院では7・9％にすぎない。2011年では、全世界の議会の女性議員比率は19・3％（両院）であり、アジア諸国の平均は18・3％である。これに対して日本の両院の女性議員比率は13・6％とその割合が低くなっている（2011年の

図4–12　各分野の指導的地位に占める女性の割合

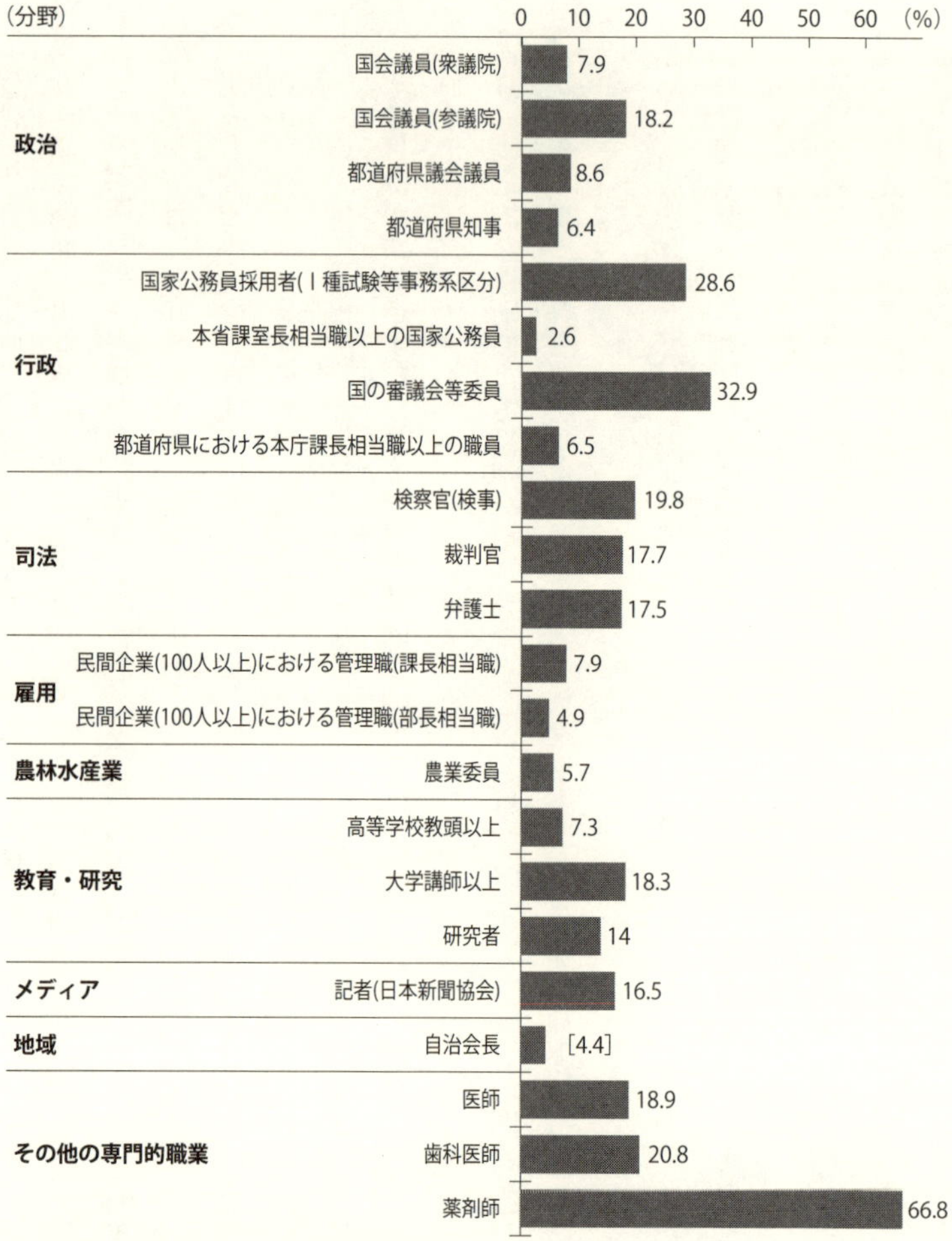

（注）「自治会長」については，東日本大震災の影響により，福島県川内村，葛尾村，飯舘村は，平成24年度調査を行わなかったため集計から除外している．
（出所）内閣府『男女共同参画白書』平成25年版．

IPU（列国議会同盟）の調査結果（辻村、2011）[23]。

辻村は、これは日本の議会政治の後進性のあらわれで「熟議によって世論を形成し、民主的な意思決定を積み重ねてゆく熟議民主主義ではなく、地盤を引き継いだ2世・3世らによって利益誘導型の金権政治がいまだに行われる傾向があることがその根源にある」とのべている（辻村、2011）[24]。さらに、諸外国と比較して、日本の主要政党がポジティブ・アクションという新しい手法に対して無関心であることも、女性議員の少なさの要因であると述べている。

経済分野における女性の管理職比率も低い。民間企業の課長職以上の管理職に占める女性の割合はわずか7・9％。帝国データバンクが2014年7月に発表した割合では6・2％と、低い水準にとどまっている。さらに、今後ふえるだろうと予想している企業は20・9％、と5社に1社にすぎず、50・7％の企業が女性の管理職はひとりもいないと回答している。

加えて、学術の分野においても、女性の（講師以上の）大学教員比率は18・3％と低いレベルにとどまっているだけでなく、多くが任期つきの職についている。

ジェンダーバッシング

女性都議へのやじが社会問題として大きく取り上げられているが、このたぐいの日本の政治家の女性に対する失言はあとをたたない。2000年代中頃にはジェンダーバッシングがおきて、日本の男女共同参画社会の形成に向けての動きは頓挫する。そのきっかけになったのが、ジェンダーフリー論争である。

日本では、ジェンダーを、「生物学的性差と区別した、社会的文化的に作られる性別、性差のことをいう」と定義している（知恵蔵、２０１３）。また、ジェンダーフリーとは「従来の固定的な性別による役割分担にとらわれず、男女が平等に、自らの能力を生かして自由に行動・生活できること」（三省堂『デイリー新語辞典』）という意味の和製英語として使われている。

だがジェンダーフリーがジェンダーレスと解釈されて、「男らしさ、女らしさ」を否定しているとして、これに対するバッシングがおきる。２００５年夏の衆議院総選挙まで自民党が組織していた「過激な性教育・ジェンダーフリー教育実態調査プロジェクトチーム」は「ジェンダーフリー」という言葉の使用をやめるだけでなく、「ジェンダー」という言葉そのものについても「語の定義が曖昧である」ことを理由に正式な文書での使用を控えるように政府に求めている。

その結果、福岡市で「男女共同参画は性犯罪助長」というポスターが作成されたり、大阪府、滋賀県、千葉県、静岡県等における男女共同参画条例制定に対するバッシングがおきたり、２００８年長岡市におけるドメスティック・バイオレンスに関する講演会には抗議の声が届けられ、松山市のジェンダー関連書籍が撤去されるなど、ジェンダーバッシングは自治体から国の広範囲に広がっていった（釜野、２０１３）。

また、男女共同参画に関する講演会では、ジェンダーフリーとは、小学校の更衣室で男子と女子が一緒に着替えることをいうのか、といった質問が出たりするようになる。

釜野（２０１３）は、このようなジェンダー・バッシングによって「１９９０年代後半以降の主流社会における教育、メディア、政策などの領域では、性別二元論や固定的な家族・結婚観が肯定される風潮」が出てきたとのべている。(25)

イデオロギーから経済への転換

しかし、このようなバッシングも2000年代後半になると、かなり沈静化される。少子高齢化の進展のなかで、労働力人口が減少し、女性問題が経済問題と結びつけられて議論され、人口減少社会に対応していくためには、男女共同参画社会の形成が必要であるという認識が社会に浸透してくるからである。

2010年12月に閣議決定された第3次基本計画では、「少子高齢化による労働力人口の減少が進む中で、女性を始めとする多様な人材を活用することは、我が国の経済社会の活性化にとって必要不可欠である」とのべられており、また、「女性がその能力を十分に発揮して経済社会に参画する機会を確保することは、労働供給の量的拡大という観点に加えて、グローバル化や消費者ニーズが多様化する中で持続的に新たな価値を創造するために不可欠である」と記述されている。

このように女性問題を経済の視点からとらえるアプローチは、安倍政権になってより明確な形となってあらわれてくる。それを象徴するのが、安倍総理が2013年4月におこなった成長戦略スピーチである。そのなかで総理は、女性の活躍を「成長戦略」の中核をなすものと位置付けた。そして、「女性の中に眠る高い能力を、十二分に開花させていただくことが、閉塞感の漂う日本を、再び成長軌道に乗せる原動力だ、と確信しています」とのべたのである。[26]

ここにおいて、日本の女性問題は、ジェンダーフリーをめぐるイデオロギーの対立を超えて経済の問題へと転換したのである。その背後には、アメリカに静かな革命をもたらしたのと共通の経済構造の変化が日本に存在する。このことは、第1章ですでに確認した。

日本版静かな革命はおこせるのだろうか。

静かな革命とは、ただ単に働く女性の数がふえたり、管理職の女性がふえたりすることではない。固定的役割分担意識からの脱却が必要なのである。それを実現するための手法として用いられているのが、雇用機会の均等を保障する法律と、政府のリーダーシップのもとで実施されるポジティブ・アクション（アファーマティブ・アクション）である。

ポジティブ・アクションの可能性

2009年8月には、日本が提出した第6次政府レポートに対して国連の差別撤廃委員会からは、あらゆるレベルの意思決定過程に女性の参画をすすめるために数値目標を掲げ、それを期限内に実現させるために、暫定的特別措置（ポジティブ・アクション）を実施するようにという要請があった。これによって、政府は、ポジティブ・アクションを推進し、その進捗状況を国際社会に説明する義務を負うことになったのである。

このため第3次計画のなかには、「それぞれの分野や実施機関・団体等の特性に応じて具体的な数値目標と期限を設定することによって実効性のある積極的改善措置（ポジティブ・アクション）を推進するなど取組を強化して加速するとともに、政治分野や経済分野に関しても、理解を求めつつ、積極的な取組を促すなど働きかけを行う」という文言が入れられた。そして、「2020年30％」の目標を社会全体で共有するとともに、その達成のために官民を挙げて真剣に取り組んでいかなければならないことになったのである。

具体的な方法

ポジティブ・アクションの具体的な方法としては、つぎのような方法がある（辻村、2011）[27]。

1．厳格な格差是正措置――「候補者数や議席数の割当制」によるクォータ制や男女同数にするフランスの「パリテ」、候補者名簿の順番を男女交互にする「交互名簿方式」など

2．（性差を考慮に入れるなどの）中庸な格差是正措置――「タイム・ゴール方式またはゴール・アンド・タイムテーブル方式（目標値設定方式）」二者の条件が同等なときに一方にプラス・ファクターとして属性等を考慮する「プラス要素方式（プラス・ファクター方式）」など

3．格差是正のための両立支援・環境整備や研修制度の導入など、一般的な施策を含めた穏やかな支援策

などである。

根拠法

それでは、それを導入するにあたっては、どのような根拠法が存在するのだろうか。

日本の憲法13条では、個人としての幸福追求権の実現が保障されており、14条では、法のもとでの平等原則と性差別の禁止が定められている。辻村（2011）は、ポジティブ・アクションは形式的な平等には反するが、過去に構造的差別を受けた女性がそのハンディを乗り越えるために、女性差別撤廃条約4条1項に基づいて暫定的な特別措置として実施する場合には、法に違反しないとしている。

また、男女共同参画基本法2条及び3条に加えて、2010年12月17日に閣議決定された第3次男女共同参画基本計画においてポジティブ・アクションを実施することがすでに明記されている。

均等法の8条において、女性のみを対象とした取り組みをおこなうことができること、また、14条において、ポジティブ・アクションを実施している事業主を国が援助することができると定めている。

以上のべたように、根拠法が存在すること、日本政府がすでに閣議決定をしていること、さらには国際社会に対しても実施する義務を負っていること、そして、何よりも日本経済のさらなる発展において女性活用が喫緊の課題になっていることなどを考えると、ポジティブ・アクション

ことに資するという意味で重要になっているのである。

近年の政治家の女性の人権を損なうあいつぐ失言を聞くにつけ、とくに政治の分野で女性議員をふやしていくことは、再発を防止するだけでなく、女性の問題を政治の現場で主流化していくことに資するという意味で重要になっているのである。

この章では、アメリカで女性の就労パターンをM字から台形に変化させたといわれる静かな革命に焦点を当てた。背後には雇用平等法の制定やアファーマティブ・アクションの実施といった政府のリーダーシップがあった。同じような経済の構造変化のさなかにある韓国においても、静かな革命を推進するための雇用改善措置が実施されている。

他方、日本では、女性の就労パターンをM字から台形に変化させる手段として、企業の両立支援に力を入れてきた。しかし、アメリカの事例や日本の企業の実証分析の結果から、雇用平等政策を実現させることなしにワークライフバランス施策を実施してもその効果があまり期待できないことが示されている。

「正義」「活用」「福祉」という3つの視点から戦後に展開された日本の女性労働政策を分析した伊岐（2011）は、日本の女性労働政策においては、「正義」「福祉」にくらべて「活用」の視点が弱いことを指摘している。そして、均等法にポジティブ・アクションの規定があるにもかかわらず、国の支援は、それを企業の自主性にゆだねており、それを広げる働きかけを一切していないことを批判している。「国がポジティブ・アクションとして女性を支援する姿勢を十分アピールしない中で、企業が自主的にポジティブ・アクションに取り組むことを期待できるのでしょうか?」として、今後の日本の女性労働政策は、活用の視点をもっと前面に出していくべきだとのべている。また、両立支援についても、福祉の視点からではなく、「活用」の視点を入れることで、男性の参加を促進することが必要だとのべている。

日本はいま、「活用」という視点から、いままでの女性労働政策を見直す時期にきている。これからの女性労働政策においては、均等法の実効性を高め労働市場における実質的な男女の平等を実現させる施策とともに、家事や育児や介護といった無償労働の分野への男性の参加を進め、政治や経済の分野での女性リーダーをふやすためのポジティブ・アクションの実施が必要になっている。

[注]

(1) アメリカのアファーマティブ・アクションの起源は、1961年3月6日にさかのぼる。ケネディー大統領が行政命令を発令し、公共事業の受注業者に対して、人種・信条・皮膚の色・出身国にかかわりなく、応募者が雇用され、被傭者が雇用期間中処遇されるための積極的格差是正措置(アファーマティブ・アクション)を取るように求めた。さらに、1965年のジョンソン大統領の行政命令11246号では、雇用平等確保のための積極的なプログラムの策定を省庁に義務づけるとともに連邦政府と年間5万ドル以上の契約を締結し50人以上の従業員を擁する受注業者に対して、AAに関する年次計画を書面で提出することを義務づけた。また、AAが適用される対象として性による差別が付け加えられたのはジョンソン大統領の行政命令

1375号においてである。

(2) Hoffman, 1986、242〜243ページ。
(3) エステベス－アベ、2011、59ページ。
(4) 辻村、2011、91〜92ページに詳しい。
(5) 辻村、前掲書、94ページ。
(6) Jacobsen, 2013、54ページ。
(7) エステベス－アベ、2011、59ページ。
(8) 黒澤、2012、185ページ。
(9)「男子が女子と均等な取り扱いを受けていない状態については直接触れるところではなく、女子のみの募集、女子のみに対する追加的訓練等女子により多くの機会が与えられていることや女子が有利に取り扱われていることは均等法の関与するところではない」とされた。
(10) 山田、2011、8ページ。
(11) 7つの事例とは①募集・採用にあたって、労働者の身長、体重、または、体力を要件とすること
②コース別雇用管理における「総合職」の募集・採用に当たり、全国転勤を要件とすること
③昇進にあたり転勤の経験があることを条件とすること。ただし、職務等と関係があることなどの理由があれば、間接差別とは認定されない
④募集・採用にあたって、一定の学歴・学部を要件とすること
⑤福利厚生の適用や家族手当等の支給にあたって住民票上の世帯主を要件とすること
⑥処遇の決定にあたって正社員を有利に扱うこと
⑦福利厚生の適用や家族手当等の支給にあたってパート労働者を除外すること
である。
(12) 中島、2013、14ページ。

(13) 婚姻・妊娠・出産を理由とした不利益取り扱いの禁止は、均等法によって規定されているが、実際には妊娠・出産と仕事が困難な状況が続いている。これについては、労働者、職場・企業に対する法令と雇用均等室の周知を強化することとなった。また、セクシュアルハラスメントの予防の徹底と事後対応の明確化とポジティブ・アクションの一層の普及促進のために事業主に対する援助を強化することが指針に盛り込まれたが、具体的な方策については今後の検討課題とされている。

(14) 2014年6月20日に、日本女子大学現代女性キャリア研究所が主催した『女性の活躍推進と司法の課題――中国電力男女賃金差別事件・控訴審判決から見えてくるもの』における宮地光子弁護士による基調講演より引用。

(15) 意見書では、①ごく少数の女性を除く大多数の女性は男性と同等の昇給機会を与えられていなかった。男性と同等の機会を与えられた女性の数は、平成13年で1人、17年で0人であり、18年で1人、19年で2人であった。②平成13年から17年にかけては女性の待遇はむしろ悪化しているのである。これは、中国電力が女性一般に男性と同じ機会を開こうと努力するのではなく、ごく限られた女性を例外的に大幅昇給させることで女性にも公平に機会を与えているという印象を与えるために取った措置である可能性が高い。

この結果から、裁判所の判決では公正な人事考課の結果おきた男女差であるとしているのに対して、もしそうだとしたら昇進した女性の数はもっと多くなるはずであり、人事考課において女性差別があったこと以外の理由で、この男女差を説明することはできない、とのべている。

(16) 韓国における女性の年齢階層別労働力率の動向は、高学歴化などの影響により就学年齢層の女性の労働力率が大きく減少している。15～19歳の年齢階層の労働力率は1980年の34・3%から2012年には6・7%まで大きく低下した。また、20～24歳の労働力率は1995年に66・1%まで上昇したが、その後は下がり続け、2012年には52・8%と最も低い水準になっている。他方、25歳以上の女性の労働力率は全体的に上昇しており、特に25～29歳や30～34歳の上昇が目立つ。25～29歳や30～34歳の労働力率は1980年の32・0%と40・8%から、2012年には72・5%と58・1%にまでそれぞれ上昇した。この結果は女性の大学進学率が上昇することにより、最初に就職する年齢が20代前半から20代後半に変わったからであり、その影響でM字カーブの底は25～29歳から35～39歳にシフトした。

(17) 森田、2011、9ページ。

(18) 北京行動綱領では、「女性の地位向上を促進するための機構の問題に対処するに当たり、政府その他の行為者は、決定がなされる前に、それが女性及び男性それぞれに与える影響の分析が行われるように、すべての政策及び計画の中心にジェンダーの視点を据える、積極的で目に見える政策を促進すべきである」とジェンダー主流化を明記した。

(19) 韓国では50％クォータ制が適用される「比例代表選挙」の定数が少なく（約18％）また、それに満たなくても名簿不受理という制裁がないために効果がそれほど大きくない（辻村、2011、59ページ）。

(20) 日本では厚生労働省雇用均等・児童家庭局雇用均等政策課にあたる韓国の行政組織。

(21) 具体的な優遇措置は以下のとおりである（大沢・金、2014、17～18ページ）。

――3年間「男女雇用平等優秀企業」の認証マークの使用を許可。

――地方労働局で実施する労働関連法違反に対する随時点検の免除。

――政府主催の入札に参加した時に加点（0・5点）を付与。

――中小企業庁主催の入札に参加した時に加点（0・5点）を付与。

――従業員の職業能力開発を支援する能力開発費用の貸出制度を優秀企業の従業員に優先的に提供。

――女性の雇用環境改善のための資金融資事業、勤労福祉公団の勤労奨学事業、中小企業福祉施設融資事業を優秀企業に優先的に適用。

――優秀企業を紹介する冊子を制作し全国に配布。マスコミやインターネットを通じて優秀企業に対する広報を実施。

(22) 韓国経済マガジン『韓経ビジネス』第896号、2013年1月30日。

(23) 辻村、2011、5ページ。

(24) 辻村、2011、9ページ。
(25) 釜野、2013、5ページ。
(26) 2013年4月19日に安倍総理がおこなった第1弾の成長戦略でのスピーチ。
(27) 辻村、2011、81～82ページ。

[参考文献]

浅倉むつ子「男女の雇用機会均等と法」大沢真知子・原田順子編著『21世紀の女性と仕事』放送大学教育振興会、2006年。

安部由起子「男女雇用機会均等法の長期的効果」『日本労働研究雑誌』第53巻10号、12～24ページ、2011年。

伊岐典子「女性労働政策の展開――『正義』『活用』『福祉』の視点から」『労働政策レポート』第9号、労働政策研究・研修機構、2011年10月。

エステベス-アベ、マルガリータ「男女雇用均等の制度的要件の国際比較――日本の男女間格差はなぜ根強いのか」『日本労働研究雑誌』第53巻10号、2011年10月号。

大沢真知子『経済変化と女子労働――日米の比較研究』日本経済評論社、1993年。

――「コミュニティビジネスの経済効果」本間正明他編著『コミュニティビジネスの時代――NPOが変える産業・社会そして個人』岩波書店、2003年。

――『ワークライフバランス社会へ――個人が主役の働き方』岩波書店、2006年。

――・金明中「韓国の積極的雇用改善措置制度の導入とその効果および日本へのインプリケーション」RIETI Discussion Paper Series 14-J-030、2014年。

釜野さおり「1990年代以降の結婚・家族・ジェンダーに関する女性の意識の変遷――何が変わって何が変わらないのか」『人口問題研究』第69巻第1号、3～41ページ、2013年3月。

黒澤昌子「アメリカにおけるワーク・ライフ・バランス」武石恵美子編著『国際比較の視点から日本のワーク・

ライフ・バランスを考える』ミネルヴァ書房、２０１２年。

クァッ・サングン「女性のキャリア・トランジションと韓国における大学の役割」『現代女性とキャリア』第5号、18～23ページ、２０１３年。

白井京「韓国の女性関連法制——男女平等の実現に向けて」国立国会図書館『外国の立法』２２６、１０３～１３２ページ、２００５年。

辻村みよ子『ポジティヴ・アクション——「法による平等」の技法』岩波新書、２０１１年。

中島圭子「雇用均等分科会における審議状況と均等法見直しの課題」『労働法律旬報』第１８０４号、12～17ページ、２０１３年。

南部美智代「男女雇用機会均等法制定から今日」『生活経済政策』第２０７号、25～30ページ、２０１４年。

パク・ジョアン・スックチャ『会社人間が会社をつぶす——ワーク・ライフ・バランスの提案』朝日新聞社、２００２年。

森田園子『キャリア・パスの壁を破る——韓国の働く女性をめぐって』八千代出版、２０１１年。

山口一男「ホワイトカラー正社員の管理職割合の男女格差の決定要因——女性であることの不当な社会的不利益と、その解消施策について」RIETI Discussion Paper Series 13-J-069、２０１３年
——「ダイバーシティと女性の活躍推進に、いま何が求められているのか」『現代女性とキャリア』第6号、６～26ページ、２０１４年。

山田省三「四半世紀を迎えた男女雇用機会均等」『日本労働研究雑誌』第53巻、10号、４～11ページ、２０１１年10月。

Blau, Francine D., Marianne A. Ferber, and Anne E. Winkler, *The Economics of Women, Men, and Work*, Prentice Hall, 1998.

Goldin, Claudia, *Understanding the Gender Gap: An Economic History of American Women*, Oxford University Press, 1992.

Hakim, Catherine, *Work-Lifestyle Choices in the 21st Century*, Oxford University Press, 2000.

Hoffman, Saul D., *Labor Market Economics*, Prentice Hall, 1986.

Jacobsen, Joyce P., "The Current Situation and Future Development of Affirmative Action in the United States," a paper presented at the international conference entitled Global Trends on Affirmative Action at the 30th Anniversary of Korean Women's Development Institute, (Seoul) July 3rd, 2013.

Moon, Mi-Kyung, "Study on Acceptability of Affirmative Action in Korea—Focus on Female Manager Quota," a paper presented at the international symposium entitled Global trends on Affirmative Action for the 30th Anniversary of Korean Women's Development Institute, (Seoul) July 3rd, 2013.

McKinsey & Company, *Women Matter: An Asian Perspective*, 2012.

Mincer, Jacob, "Labor Force Participation of Married Women: A Study of Labor Supply," in H. Gregory Lewis ed., *Aspects of Labor Economics*, New Jersey: Princeton University Press, 1962.

Niederle, Muriel, Carmit Segal, and Lise Vesterlund, "How Costly is Diversity? Affirmative Action in Light of Gender Differences in Competitiveness," *Management Science*, Vol.59, No.1, pp.1–16, 2013.

第5章

高まる経済リスクと将来不安の増大

かつて日本では、男性は正社員の仕事につき、女性はその男性と結婚することで、男女ともに生活の安心をえていた。それをもとに、社会制度も、夫が稼ぎ主であり、妻が家事や育児などの無償労働をおこない、大多数が結婚し子供をもつという前提で、デザインされてきた。また、正社員は一家の稼ぎ手である男性（夫）であり、非正社員は育児や家事のかたわらに家計を補助する目的で働く女性（妻）であるという前提で、正社員を中心に雇用保障がなされ、雇用保険制度や社会保障制度が作られてきたのである。

ところが90年代になると非正規雇用が世帯主に扶養されている既婚女性や学生だけでなく、すべての年齢層の男女に広がり始める。また、生涯未婚であるひとや子供がいない夫婦、配偶者に先立たれてひとり暮らしをしているひとなど、家族の形が変化し、かつ多様化してくる。

その結果従来の社会保障の枠組みからはずれるひとびとがふえている。また、社会のセーフティーネットが十分に機能していないなかで、貧困リスクが高まっている。さらに、将来生活保護に頼らざるをえないとおもわれる潜在的な生活保護受給者は70万人にものぼるといわれている。

雇用の非正規化はなぜおきたのか。家族の形はどう変化したのか。どのようなひとたちの貧困リスクが高くなっているのか。さらには、この問題を放置しておいた場合の社会的コストについて考えてみたい。

1 非正規労働の増大はなぜおきたのか

1980年代、非正規の仕事の多くは学生や主婦が従事しており、ほとんどの若者は卒業後正社員の仕事についていた。ところが2012年には、3人に1人の男性が、また、2人に1人の女性が、初職で非正規職についている。

バブル崩壊後、日本経済は、コスト競争が激化し、人件費を抑えるために非正規雇用に大きく依存した経済に変質していく。その結果家計所得が減少し、消費が落ち込み、それがさらに景気を悪化させるというデフレスパイラルに突入する。

正社員の減少と非正社員の増加

図5-1は、84年から2014年にかけての正規労働者比率と非正規労働者比率の推移をみたものである。

2013年で非正規労働者は1906万人。役員を除く雇用者に占める割合は36・7%と、労

図5-1　日本における正規労働者と非正規労働者の動向

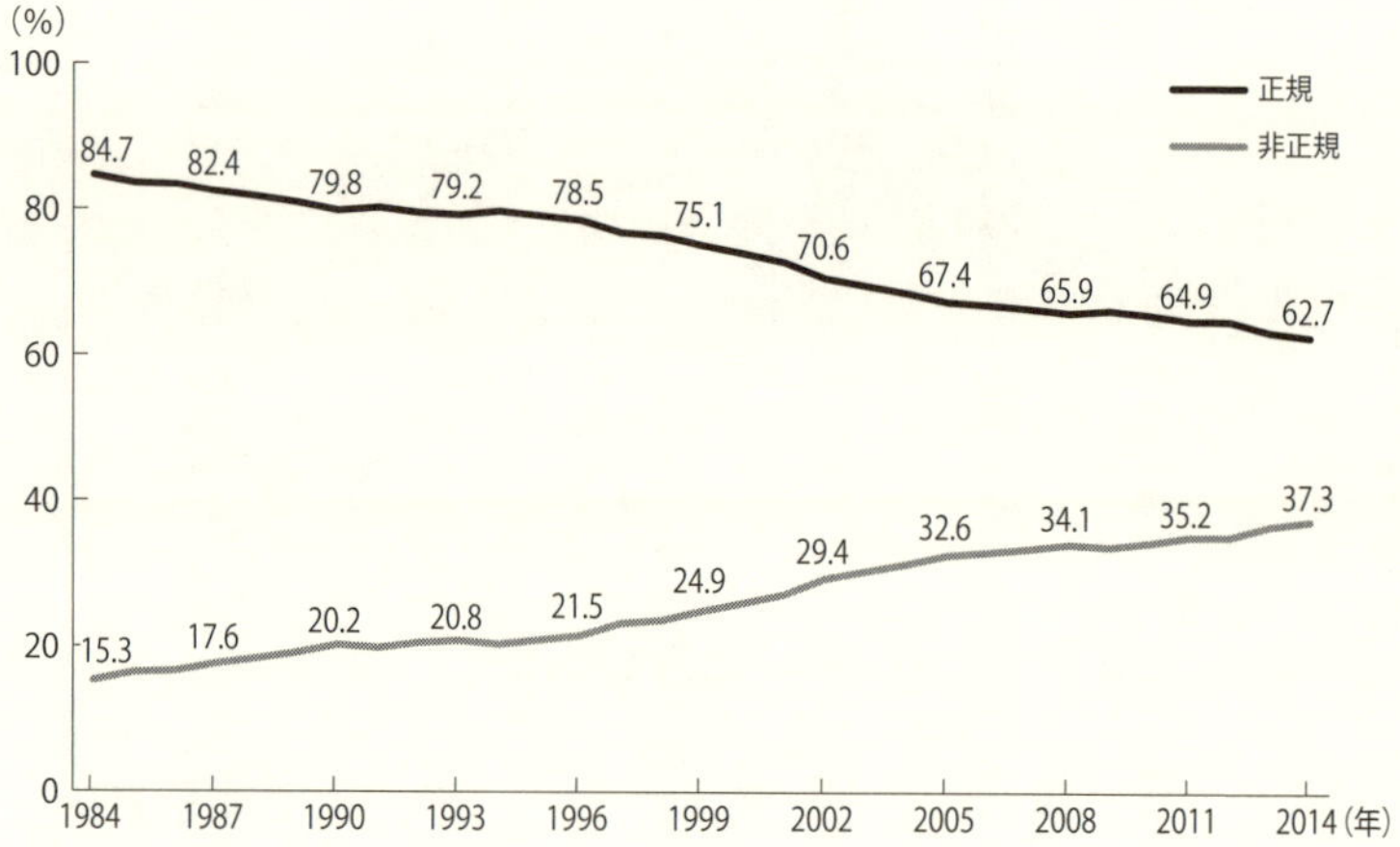

(出所) 2001年までは総務庁統計局「労働力調査特別調査」, それ以降は総務省統計局「労働力調査 (詳細集計)」各年.

働者の3人に1人が非正規労働者である。さらに、正規労働者数は2002年から2013年にかけて195万人減少している。他方、非正規労働者は455万人増加しているのである（総務省「労働力調査」[1]）。

非正規労働者がふえているのは日本だけではない。多くの国で非正規労働者がふえ、正規労働者と非正規労働者の経済格差の拡大が大きな社会問題になっている。

非正規労働者の増加の理由

非正規労働者の増加は、長期にわたる景気の低迷、経済のグローバル化によるコスト競争の激化や、商品サイクルの短期化によって需要の不確実性が高まったことなどによって企業の人事戦略が変化し、それが採用方針に大きな影響を与えたことによっておきている（小杉・原、２０１１）。

また、職場におけるＩＴの導入によって、定型的な仕事は非正規労働者にまかせ、正社員の仕事はより高度な判断を要する仕事へと変化したことも大きい。さらに、学生や既婚女性など、柔軟な働き方を希望する労働者が増加したことも非正規労働者の増加につながっている。

１９９２年から２００７年にかけて、非正規労働者の増加が、このような働き方を希望する労働者の増加によってもたらされたのか、それとも、企業の採用方針の変化といった求人側の変化によってもたらされたのかをみてみると、アルバイトや派遣や契約労働者などの増加のほとんどが、企業の採用方針の変化によって、正社員のポストが少なくなったことによって起きている。他方、パートの増加の6割は需要要因（企業側の要因）によって、4割は供給要因（働く側の希望）によって生じている（大沢、２０１０）[2]。

非正規労働者の増加が、もともと非正規の働き方を選択しやすい学生や既婚女性だけでなく、若者や男性などにもひろがっている。総務省「就業構造基本調査」（２０１２）より、学校卒業後、初めて就いた仕事（初職）の雇用形態をみると、「非正規の職員・従業員」として初職に就いたひとの割合は１９８７年には、男性は6・2％、女性は16・2％だったが、２０１２年には男性33・6％、女性51・6％にまで上昇している。とくに女性は過半数を超えている。

背後には「１９９０年代以降、企業は中核をなす人材として、正社員の採用の絞り込みを進める一方、従来であれば、正社員がキャリアの初期の段階に担当していたような仕事を非正社員に担当させるようになっている」という事情がある（大嶋、２０１１）[3]。

その結果、非正社員が増加するだけでなく、非正社員が正社員になることがむずかしくなり、若い正社員の仕事量も増加している。

企業の採用の変化によって、非正規労働者の増加がおきていることは、若者の入社時や既婚女性の再就職時、または、定年を迎える年齢層において非正規の増加が著しいことからも推察できる。

非正規労働者の増加が著しい年齢層とその増加の幅をみると、男性20〜24歳で15・7%から30・3%へ、25〜29歳で3・1%から7・6%へ、65歳以上では15・7%から21・5%へと増加している。また、女性の15〜19歳では36・9%から75・4%へ、40〜49歳層では17・8%から46・2%へと増加している。つまり、雇用の入り口で非正規化が顕著におきている。

正社員を希望しながら不本意に非正社員として働いているひともふえている。このような不本意型非正社員は、20歳代後半の男性で8割、30歳代の男性で4割強にものぼると推計されている。同様に女性の場合も、20歳代前半で53%、子育てが一段落して就業をはじめる30歳代後半では39%が不本意型であると推計されている（大嶋、2011）(4)。さらに、「希望して非正社員を選択しているとみられがちな、子育て期の女性の中にも、本来は正社員を希望する人が少なくない」といわれている(5)。

非正規労働がもたらす社会的コスト

大嶋（2011）は、非正規労働の問題は、賃金と雇用の安定の低さ、キャリア形成の可能性の低さの3つに集約されるとのべている。[6]　また、小杉・原（2011）は、労働市場全体でみた場合、非正規労働問題を放置しておけば、一国の人的資本の蓄積が少なくなるだけでなく、稀少な人的資源が十分に活用されず、将来の経済成長にマイナスの影響を与えると指摘する。この問題を放置すると、将来大きな社会的コストが生じるのである。

日本の非正規労働者の特徴

非正規労働者の増加は、世界的な現象である。背後には経済のグローバル化によってコスト競争が激化したことがある。

国際比較によって、日本の非正規労働者の特徴をみると、以下のようになる。

①非正規労働者に占める女性の割合が高く、7割は女性である。

②非正規労働者の中の雇用形態の内訳をみると、約7割がパート・アルバイトによって占められている。

③非正規から正規への移動が少ない。

つぎにこれらの特徴についてみてみよう。

①非正規労働者に占める女性の割合が大きい

90年代のはじめまでは、パート職は既婚女性が家事や育児の傍らにおこなう家計補助的な仕事であった。そのため、非正規労働者に占める女性の比率は高い。女性労働者全体の約6割弱が非正規労働者であるだけでなく、非正規労働者の7割は女性である。

日本において非正規労働者に占める女性の割合が高いのは、国際比較からもいえる。図5−2は、日本と韓国の労働者全体に占める非正規労働者の割合の推移を男女別にみたものである。どちらの国でも、非正規職につくのは女性の方が多いが、日本の方がその傾向が顕著である。

さらに、2007年から12年にかけて、女性の正社員数は224万2000人減少しているのに対して、女性の非正社員は、744万4000人増加している。配偶者のいる女性だけではなく、配偶者のいない女性においても非正社員の増加が著しい。

②非正規に占めるパートタイムの割合が高い

日本の非正規労働者の特徴は、非正規に占めるパートタイマーの割合が高いことである。ちなみに、2014年（4〜6月）の労働力調査をみると、パート・アルバイト（68・6%）、派遣社員（6%）、契約社員（15%）、嘱託社員（6%）、その他の非正規社員（4・4%）となっている。

図5-2 男女別にみた労働力に占める非正規労働者の比率の日韓比較

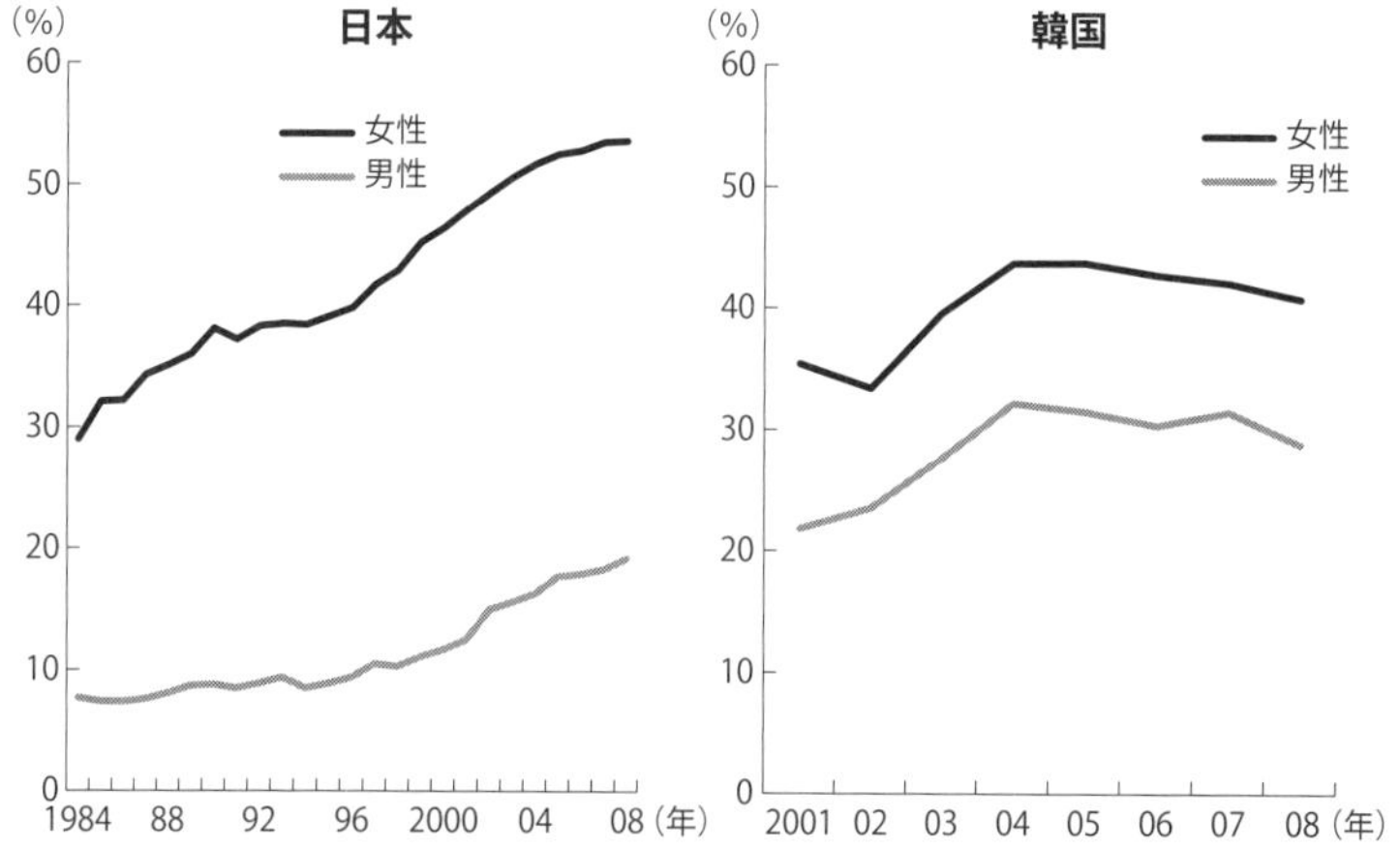

（出所）大沢真知子・金明中「経済のグローバル化にともなう労働力の非正規化の要因と政府の対応の日韓比較」『日本労働研究雑誌』No.595, 2010年.

日本では、非正規労働者というとパート労働者が主流とおもいがちであるが、日本と同様に非正規労働者の増加が社会問題になっている韓国では、雇用契約の期間に定めのある（臨時）労働者の増加が顕著であって、パートタイム労働者の比率は低く、非正規労働者の約１割を占めるにすぎない（大沢、２０１０）[7]。

多くの国で非正規労働者が増加しているのは共通なのだが、その中のどのような雇用形態がふえているのかは、国によって異なる。各国で非正規労働者に関する規制が異なっているからである。日本の場合には、後述のように、税や社会保障制度において、（既婚女性の）パートタイマーの賃金の上昇を抑えるメカニズムが内包されているので、事業主にとって、安上がりで、使い勝手のよい雇用形態の労働者になっている。

それが、日本では非正規労働者のなかのパート労働の割合が高い理由である。

③非正規から正規への移動が少ない

日本の非正規労働者のもうひとつの特徴は、非正規から正規への移動が少ないことである。非正規労働者の増加が著しいスペイン、イタリア、ドイツと日本を比較した実証研究によると、これらの4カ国のうちで日本が一番、正規と非正規労働者との移動が少なく、ふたつの労働市場が分離されていることがあきらかにされている (Berton, et al., 2012)。

2012年度に実施された「就業構造基本調査」によると、5年前に非正規労働者だったひとで現在は正社員であるひとの割合は、18%にすぎない。つまり、82%のひとは、いったん非正規の仕事についたら、その後も継続して非正規の仕事についているということである。

また、2011~2012年に実施された「働くことと学ぶことについての調査」によると、25歳から44歳の就業者のうち現在正社員であって過去に非正規雇用から正社員への移行を経験したひとは13・9%と低い割合になっている。そのうちの2割は同一企業で非正規社員から正社員になっている(8)。

それではどのようなひとが正社員に移行しやすいのであろうか。小杉と原の研究では、男性で、また年齢が若いほど、高学歴のひとほど、正社員への移行確率が高いことが示されている。また、「医療・福祉・学術」などの人手不足感の強い職場では、非正規を正規として受け入れるところが多い (小杉・原、2011)。

さらに、非正社員への訓練の実施は仕事の能力を引き上げ、生産性の向上に役立っていると考えられるにもかかわらず、賃金の上昇にはつながっていない。

日本のパートタイマーの特徴

非正規労働の国際比較がむずかしいのは、各国によって非正規労働者の定義が異なるからである。さらに、国内でも統一されているとはいえない。韓国では、政府と労働組合で非正規労働者の計測の方法が異なり、その結果実際の割合にも大きな差が生じている。

日本のパートタイマーは、労働時間が短い労働者であるにもかかわらず、正社員と労働時間が同じパートタイマーが3割いる。また、職務や責任まで同じというパートタイマーもいる。

加えて、正社員とパートタイマーでは賃金の決定方式が異なる。正社員は職能給といって、仕事そのものではなく、長期のキャリアパスを想定し、年齢、勤続年数、人事査定制度に基づく職務遂行能力の評価や職務における責任などが加味されて賃金が決定する。このように仕事と賃金が直接結びつかないので、技術の変化に既存の従業員の配置転換で柔軟に対応できるといったメリットや、長期にわたって雇用が保障されているので、企業が従業員のキャリア形成に取り組みやすいといったメリットがある反面、仕事の範囲が明確ではないので、長時間労働になりやすい。

他方、パートタイマーはいまおこなっている職務に対して賃金が支払われる。仕事が変わらない限り賃金も変化しない。派遣労働者もふくめた非正規労働者に「今後3年くらいの間に仕事が

どうなると思うか」と聞いたところ、4割がいまと変わらないと考えていたことがわかった。(9)

事実、パートタイマーの賃金は勤続年数が長くなってもほとんど変化しないのに対して、正社員の賃金は勤続とともに変化する。いまのべた賃金決定方式の違いが勤続にともなう賃金上昇度の違いとなって、勤続年数が長くなるほど賃金格差が拡大するのである。そして、パートタイマーの賃金に対する不満も、勤続年数が長くなるほどふえている。

なぜ日本では賃金の決定方式が異なるのだろうか。それは、正社員と非正社員で想定されている働き方に違いがあるからである。

正社員は、会社の将来を担う中核労働者として、長期的な視野から人材育成がなされる労働者で、家族を養える賃金が支給される代わりに、残業や転勤や配置転換などの会社の命令にしたがう義務を負っている。

他方、パートタイマーは拘束性がなく、個人や家族の生活を優先させた働き方ができるが、その反面、賃金は低く、雇用の保障もない（大沢、2010）。

2008年4月に施行された改正パート労働法では、業務内容や責任の範囲が同じでかつ期間の定めのない労働契約を結んでいるパートタイマーに関しては、処遇体系を正社員と同じにしなければいけない（均等待遇）ことが法律で定められた。しかし、これらの労働者はパートタイマー全体の4～5%にすぎず、法の改正による影響はほとんどないと考えられている。

いまみたように、日本では、正社員の短時間勤務者と非正社員のパートタイマーとは異なる処遇が適用されているのに対して、海外では、法律により、同一労働同一賃金の原則が定められているので、両者の賃金決定方式は同じでなければならず、時間あたりに直せば、賃金はフルタイマー（正社員）とパートタイマーで同じになる。

それでは、海外では正社員と非正社員はどのように異なるのかというと、それは契約期間の違いである。雇用契約期間に定めがない場合は正社員、定めがある場合が非正社員となる。そして経済のグローバル化が進むなかで、契約期間に定めのある有期雇用契約の労働者が増加しているのである。それが雇用不安となってひとびとの生活にかげを落としている。

限定正社員制度の導入

いまのべた働き方の二極化を見直そうと、「限定正社員」という働き方を導入して正社員のなかに多様な働き方を生み出そうとする動きが２０１３年からはじまっている。

すでにのべたように、正社員には雇用の安定はあるが、勤務地、職務の内容、労働時間などについては、会社の命令にしたがうことが暗黙のうちに想定されている。そのような特徴が、第2章でのべたように、長時間労働の温床にもなり、また、長時間労働がむずかしい女性が管理職になりづらい状況を作っている。

他方、（拘束的でない）働き方を選べば、処遇も低くなり、能力開発の機会もない。この問題を解消し、正社員のなかに多様な働き方ができるようにするために導入されたのが限定正社員制度である。

限定正社員とは正社員と非正社員の中間に位置し、職務や勤務地が限定されているので、転勤や職務の変更が求められることはないが、雇用されている事業所が閉鎖されれば、契約も打ち切られてしまう。その意味で、無限定正社員よりも雇用保障がうすく、また、勤務地が限定されているので、給与も1〜2割程度下がる。

日本ではいま半数の企業がこの制度を導入しているといわれる。その理由は、2012年の労働契約法の改正にともなって、2013年4月1日以降に採用された有期契約の労働者は、雇用期間の通算が5年を超え、かつ社員が無期の労働契約への転換を希望する場合には、有期の労働契約が無期に転換されることになったからだ。この改正にともなって、企業は、5年後の無期雇用への転換を希望する非正社員への受け皿を用意しているといわれている。たとえば、2014年には、ファーストリテイリングがパートやアルバイトの半数以上にあたる1万6000人を地域限定で働く正社員にする方針を打ち出した。フルタイムで働かなくてもパートやアルバイトに正社員への道が開かれた。このような正社員化の動きは、ワタミ、スターバックスなどの企業にも広がっている。

ただし、処遇面では、非正規のときとそれほどかわらず、残業がふえたなど、名ばかり正社員がふえただけといった声が聞かれる。

また、法政大学の武石恵美子教授は、無限定社員は男性、限定正社員は女性という新たな階層化が生み出される危険性があると警鐘をならしている。

さらに、日本総研の山田久氏は、限定正社員と無限定正社員のあいだに処遇差があることから、非正社員の正社員化が進められると同時に、それによって上昇する人件費を、限定正社員をふやすことで相殺する企業がふえるのではないかと論じている（ダイヤモンド・オンライン、2014年8月18日[10]）。

政府は正社員の雇用改革をすることで賃金デフレからの脱却を図りたいと考えているが、正社員がますます減少し、正社員と比べて賃金も低く雇用保障の程度も正社員ほどではない「限定正社員」が増加してしまう可能性がある。

ちなみに、人手不足で2014年4月の有効求人倍率は1・08倍と改善されているが、同じ月の正社員の求人倍率は0・61であり、改善はされているものの、新規に生み出されている仕事のほとんどが非正規の仕事であることがわかる（数字は厚生労働省「一般職業紹介状況」による。ハローワークの求人、求職、就職の状況が反映されたもの）。

限定（ジョブ型）正社員の問題とセーフティーネットの欠如

西谷（2014）は、限定（ジョブ型）正社員導入の問題点を以下のように要約している。

①法的にジョブ型正社員は解雇が容易であるとはいえないが、「現実には、ジョブ型正社員＝解雇しやすい労働者というイデオロギーが流布され、そのような位置づけが次第に判例にも影響を及ぼしていく可能性はある。

②「無限定正社員」という働き方に問題があるからこそ「限定正社員」という制度が提案されているにもかかわらず、同時に「無限定正社員」を法的に容認し、それを標準の働き方としてしまっている。そのことで、長時間労働の是正がむずかしくなるとともに、女性労働者の参入や昇進をさらに困難にし、新たなジェンダー差別を生み出す温床となる。

③正社員と非正社員という働き方の二重格差に加えて、その中間的なジョブ型正社員という働き方がそこに加わることで、企業内の格差が二重構造から三重構造になってかえって格差を固定化するおそれがある。

90年代の非正規労働者の増加をみても、もともとは既婚女性の仕事であると考えられてきた非正規労働という就業形態が男性にも広がった。コスト競争が激化している現代の社会において、事業主は、より人件費が削減できる雇用形態の労働者をふやすインセンティブを強くもつ。もし限定正社員という働き方を容認すれば、雇用の保障や賃金の低い働き方は、女性だけではなく、男性にも広がっていくだろう。それは、消費の低迷という形をとって景気回復をさらに遅らせる要因となる。

同一労働同一賃金

正規が非正規に代替されないためには、どのような条件が必要なのだろうか。それは、働き方や雇用保障の程度によって、処遇が決定されるのではなく、同じ仕事をしていれば同じ賃金が支払われる「同一労働同一賃金」の原則が適用されることである。そのような原則が適用されるためには職務範囲が明確である必要があり、そうであれば、労働時間が自分で管理できる働き方ができ、時間制約をもった社員が活躍しやすい。

また、社会保険や雇用保険制度の適用を、総人件費に対して企業に支払うように求めれば、生産性が同じであれば、社会保険費用の企業主負担に（正規／非正規間の）差がなくなる。企業が正規よりも非正規労働者を雇うインセンティブがなくなるのである。

さらに、経済のグローバル化とともに必要になった柔軟性に対応するために有期雇用や派遣労働という雇用形態は必要だとしても、それらの労働者がいつまでも非正規職に留まらないように、臨時から正規への移動を進めていくことによって、そのマイナスの影響を緩和するだけでなく、非正規労働者の働く意欲を向上させることにもつながる。

柔軟性と安定に配慮した労働政策の必要性

そうすれば、経済のグローバル化にともなう柔軟性（雇用の不安定化）の要請に対して、労働者がその犠牲になり雇用不安や所得のロスというリスクを最小限に抑えることができる。つまり、臨時雇用（非正規雇用）を認めながらも、そこからの移動を促進するとともに、労働者の雇用の安定が失われないように労働者の雇用を守る規制の強化をすることによって、安定と柔軟性をあわせもつ労働市場を作っていくことが労働行政に求められているのである。

2 日本の社会制度と格差社会の出現

大沢真理(2007)は、日本の社会システムを「男性稼ぎ主」型の生活保障システムと名付けている。日本の男性には妻子が扶養できる所得が保障され、稼得力を喪失した場合には社会保障によって所得が保障される。また、妻は世帯主の保障によって付随的に生活保障をえる。他方、家庭責任は妻がフルタイムで担うものとし、国の保育や介護サービスの提供は低所得層や「保育に欠ける」いわば例外的なケースに限って提供される、というものである。[11]

これを別の言葉で表現すれば、日本の社会制度は、夫が一家の所得を保障し、妻が育児や家事などの(無償)労働をするという固定的な性別役割分業が前提とされている制度であるといえる。また、妻は夫の失業や所得の減少といった事態に対して家計補助的に働く労働者と考えられてきた。つまり、所得が低い世帯ほど妻の就業率が高かったために、妻が働いている世帯に対して税負担を軽くしたり、社会保険料負担を軽くしたりする制度が導入されている。

女性の働き方と日本の税・社会保険制度

専業主婦がいる世帯の負担を軽くするために導入された所得税制度における配偶者控除制度や主婦の年金権をみとめた国民年金制度における第3号被保険者制度が、女性の就労を阻害する要因となっているとして、政府内で見直しが検討されている。

配偶者控除制度や年金制度における第3号被保険者制度とはいったいどのような制度で、なぜそれが女性の働き方に影響を及ぼしている（中立ではない）といわれるのだろうか。

所得税制度

日本の所得税は、世帯単位で設計されていると誤解されることがあるのだが、基本的には個人が稼いだ所得をもとに課税される個人単位の制度である。ただ、妻の所得が非課税限度額（現在は103万円）を超えない場合、夫の所得税の負担を軽くする配偶者控除という制度があるのでそう誤解されやすい。

配偶者控除は、1961年度に従来の扶養控除から独立した形で創設された。その背景には、配偶者は夫婦の相互扶助の関係のなかで子供を扶養するように、一方的に扶養される対象ではなく、専業主婦による「内助の功」（無償労働）の評価を税制上反映させるべきであるという考え方があったといわれている。

夫が世帯主の場合、妻の所得が非課税限度額の103万円までは、38万円が夫の課税対象所得から控除される。他方、103万円を超えると、夫は配偶者控除の適用がなくなり、妻も所得税を支払う義務が生じる。加えて、多くの企業が、配偶者手当を支給しているが、妻の所得が非課税限度額内であることを受給の要件としている。

そのようなことから、所得が103万円を超えると、夫が配偶者控除を失い、配偶者手当も支給されなくなることから、年収103万円を意識して働いている既婚女性が多いといわれている。

2010年に実施された労働政策研究・研修機構の「短時間労働者実態調査」によると、非課税限度額である103万円を超えそうになった場合に就労調整を考慮すると回答しているひとは25%にのぼる。4人に1人が就労調整をして労働時間を調整している。また、約4割は、調整が必要な年収額に達していないと回答している。つまり、65%が非課税限度額内で働いているということである。[12]そうであれば、雇い主は賃金を上げるインセンティブをもたない。そのために、パートタイマーの就労調整によって、パート全体の賃金が9%押し下げられていると推計されている（厚生労働省、2002）。

賃金が安ければ、労働需要は高まる。本来ならば賃金が上がるはずだが、賃金の上昇を抑えるメカニズムが市場にあれば、人手不足が生じる。現在おきている、パートやアルバイトを中心とした人手不足は、生産年齢人口の減少といった変化だけでなく、過度に非正規労働者に依存した職場のなかで、賃金の調整メカニズムがうまく働かないことによっておきている可能性がある。

配偶者控除のもう一つの問題点として指摘されているのは、逆進性の問題である。所得の高いひとのほうが、この制度によってより多くのメリットをえるということである。たとえば、年収300万円以下では9・8％が控除の適用を受けているのに対して1500万円以上では61・2％と6割が配偶者控除の適用を受けて所得税が軽減されている。また、所得が高くなるほど、税率が高くなるので、控除を受けることによる恩恵は高所得層ほど大きくなるのである（内閣府『女性の活躍による経済社会の活性化～最終報告～』2012年1月）。

ちなみに、2009年には、給与所得者（1年を通じて勤務した給与所得者）4506万人のうちの4人に1人が配偶者控除の適用を受けている。

重くなる子育て世帯の負担

現在配偶者控除制度の見直しが議論されている。しかし、政府が配偶者控除の廃止を検討するのは今回が初めてではない。民主党政権下では、その廃止がマニフェストに掲げられた。この制度と子供を養育している世帯に適用される扶養控除を廃止し、代わりに、当時の児童手当を改めて、新たにこども手当を新設することにしたのだ。新制度により、15歳以下の子供のいるすべての家庭に子ども手当が支給されることになった。

ところがどうしたことか、財源確保のために扶養控除の方は廃止されたのだが、配偶者控除の廃止は見送られてしまった。さらに、そのさなかに、東日本大震災がおきて復興支援に財源を優先的に確保する必要が出たために、結局、こども手当の支給額は大幅に縮減されて実施されることになってしまった。結果として、高所得層に恩恵が大きい配偶者控除制度は残り、子育て世帯の経済的負担を軽くするはずの扶養控除だけが廃止されてしまった。ちなみに現在こども手当は児童手当と名称を元に戻して、所得制限を設けて支給されている。

さらに、第1章でのべたように、デフレ経済によって、子育て中のお父さんの所得は伸びていない。賃金の上昇が据え置かれてしまったために第2の稼ぎ手であるお母さんの就労が必要になったのだが、保育環境が十分に整えられていないので、就労をあきらめざるをえないお母さんが多い。結局のところ政府の不作為によって、子育て世帯の経済状態はさらに苦しいものになっている。

こうみてくると、配偶者控除の廃止の議論とともに、子育て世帯をどう支援するかという議論が必要であることがわかる。配偶者控除の廃止によって6000億円の税収が確保されるといわれるが、その財源を使って子育て世帯をどう具体的に支援するのかを政府は明確に示すべきである。

加えて、後述のように、日本は子供の貧困率が先進国のなかでもっとも高い。扶養控除の廃止にともなう子育て世帯への税負担を軽減するとともに、たとえば他の先進国にすでに導入されている低所得層に対する給付もふくめた税額控除制度などの導入を検討すべきである。

社会保障制度における130万円の壁

既婚女性の働き方に影響を与える制度として、103万円の壁とともにあげられるのが130万円の壁とよばれるものである。妻の年収が130万円までは、第3号被保険者制度が適用される。

第3号被保険者制度とは、1985年の年金改正のときに、専業主婦に年金権を付与したもので、主婦の老後の生活を保障する制度として創設された。それ以前は、妻は夫の年金制度によって老後の生活が保障されていたので、離婚すると年金の受給権を失ってしまっていたのである(ただし、任意に妻が保険料を支払って国民年金に加入することはできた)。

85年の制度改正で、第3号被保険者制度ができたことにより、専業主婦の年金権が確立した。制度発足当時は、年収が90万円未満の妻、及び働いていない妻が対象となっていたが、現在は、年収の上限は130万円にあがっている。

第3号被保険者は健康保険と同様に保険料負担が求められず、年金給付に必要な費用は、被用者年金制度全体で負担されている。年収が130万円を超えた場合は、⑴正社員(一般労働者)の4分の3以上の労働時間働いていれば厚生年金制度へ加入し、それ未満であれば、⑵国民年金制度に自身で加入することになる。

なお、2016年10月からは、短時間労働者の社会保険制度への適用が拡大されるので、

130万円の壁は94万円に下がることになる。また、これによって主婦パートの負担は増加するというものの、基礎年金に厚生年金分が上乗せされるので給付もふえることになる。

税・社会保険制度が女性の労働供給およびパート賃金に与える影響

それでは、103万円と130万円の壁は夫婦の手取りの所得にどのような影響を与えているのだろうか。

図5-3は、2008年の男性の平均給与533万円をもとに、妻が労働時間を増やすと、手取りの世帯所得にどのような変化がみられるのかをみたものである。[13]

ここからわかるように、このグラフは、のこぎりの歯のようになっている。ひとつの歯は103万円。もうひとつの歯は130万円にある。妻の年収が、このふたつの所得水準に達したところで、世帯所得が下がっている。結果として、制度が妻（被扶養者）に、この所得水準を超えないように、就労調整をするインセンティブを与えていることがわかる。

103万円を超えると世帯所得が下がるのは、夫に配偶者控除（38万円）が認められて、夫の税負担が軽くなることと同時に、非課税限度額の103万円を超えたところで配偶者手当の支給を打ち切る企業があるからである。日本の約半数の企業が配偶者手当を支給しているが、そのうちの8割が非課税限度額（103万円）で、支給を打ち切っていると答えている。[14]

130万円のところでみられる世帯所得の減少は、この年収を超えると妻がみずから社会保険

図5-3　税制度と社会保障制度が世帯所得に与える影響のシミュレーション

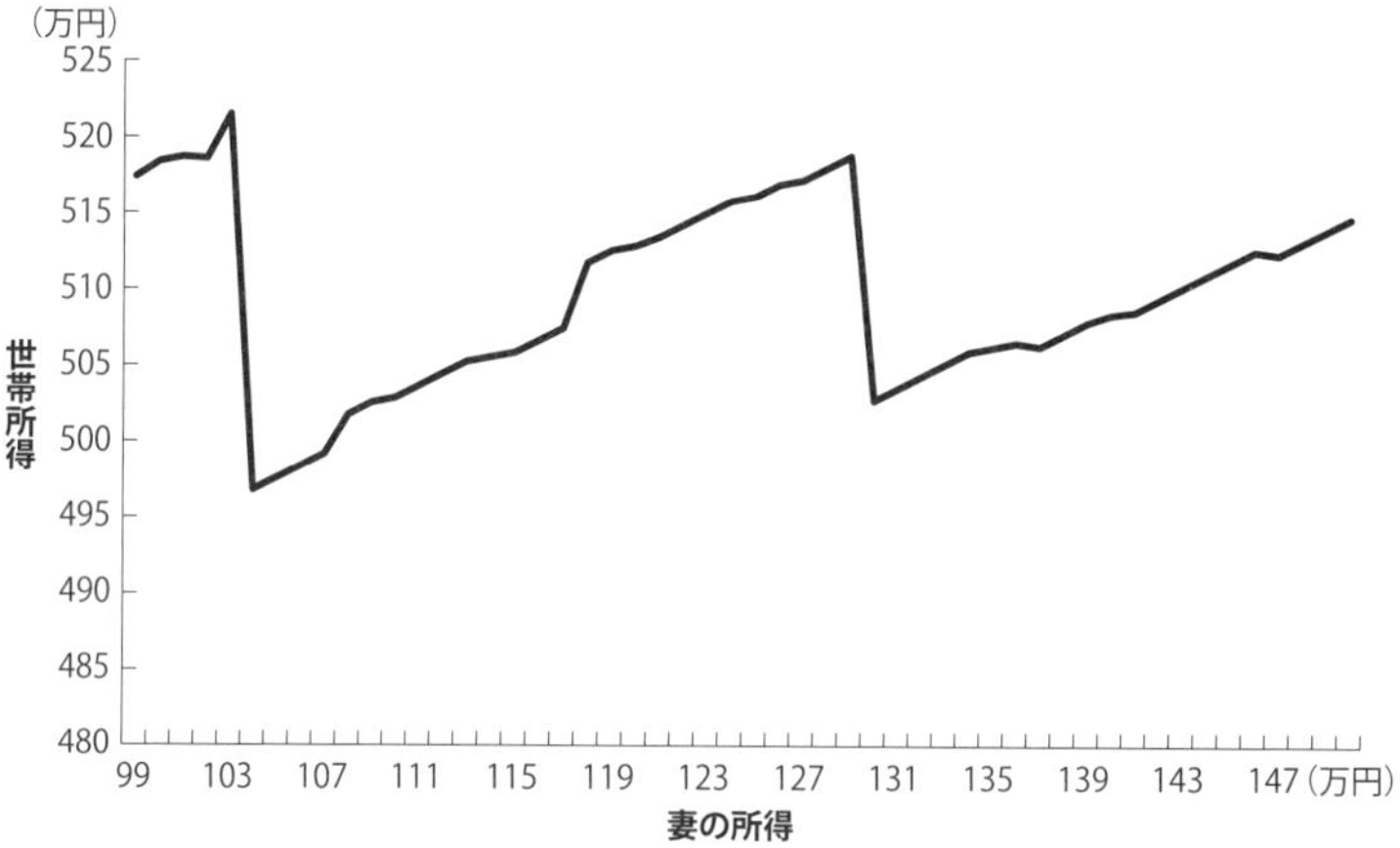

(出所) 国税庁「平成20年民間給与実態統計調査」による男性の平均給与より．筆者推計．

や医療保険に加入し、保険料を支払わなければならないことによって生じている(15)。

ただし、130万円の壁が103万円の壁と異なるのは、130万円を超えると、事業主の保険料負担もふえることである。それによって、この制度は（同じ生産性の労働者ならば）正規労働者としてではなく、非正規労働者として採用するインセンティブを事業主に提供していることになる。

それゆえに第3号被保険者制度を見直すときには、ふたつの視点から見直す必要があるのである。ひとつは、事業主が労働者を採用するときの、就業形態に影響を与えない制度であること。もうひとつは、働いていない女性の老後の最低の生活保障をすること、である。

女性間の所得格差の拡大

86年に均等法が施行され、女性にも総合職の道が開かれる。正社員として働く女性がふえるとともに、働く女性の所得分布に二極化傾向がみられるようになる。

図5-4は、女性雇用者の所得分布を1982年から2012年にかけてみたものである。80年代には、ほとんどの女性が年収200万円までに収まっていた。ところが92年になると200万〜249万円と300万〜399万円のところにあらたなピークが生まれる。女性が稼ぐ所得も上昇するにつれて、働く女性のあいだの所得格差が拡大していることがわかる。

非正規労働者の増加と格差社会の出現

いまみた女性の間にみられる所得格差は、就業形態による所得格差が反映されている。

橋本（2009）が、「かつて非正規雇用は、学生・生徒のアルバイトや中高年の嘱託など、人生のある時期に限定されたケースを除けば、主婦などが家計補助のために働く女性パートが中心だった。また、多くの女性労働者の賃金は、夫が定職をもち生活費の大半を稼いでいることを前提に、低い水準に抑えられてきた。だから女性が夫と死別または離別するなどして自活を始めようとしたとき、最大の障害になるのは、賃金があまりにも低すぎることだった」とのべているよ

図5-4　女性雇用就業者の所得分布の変化

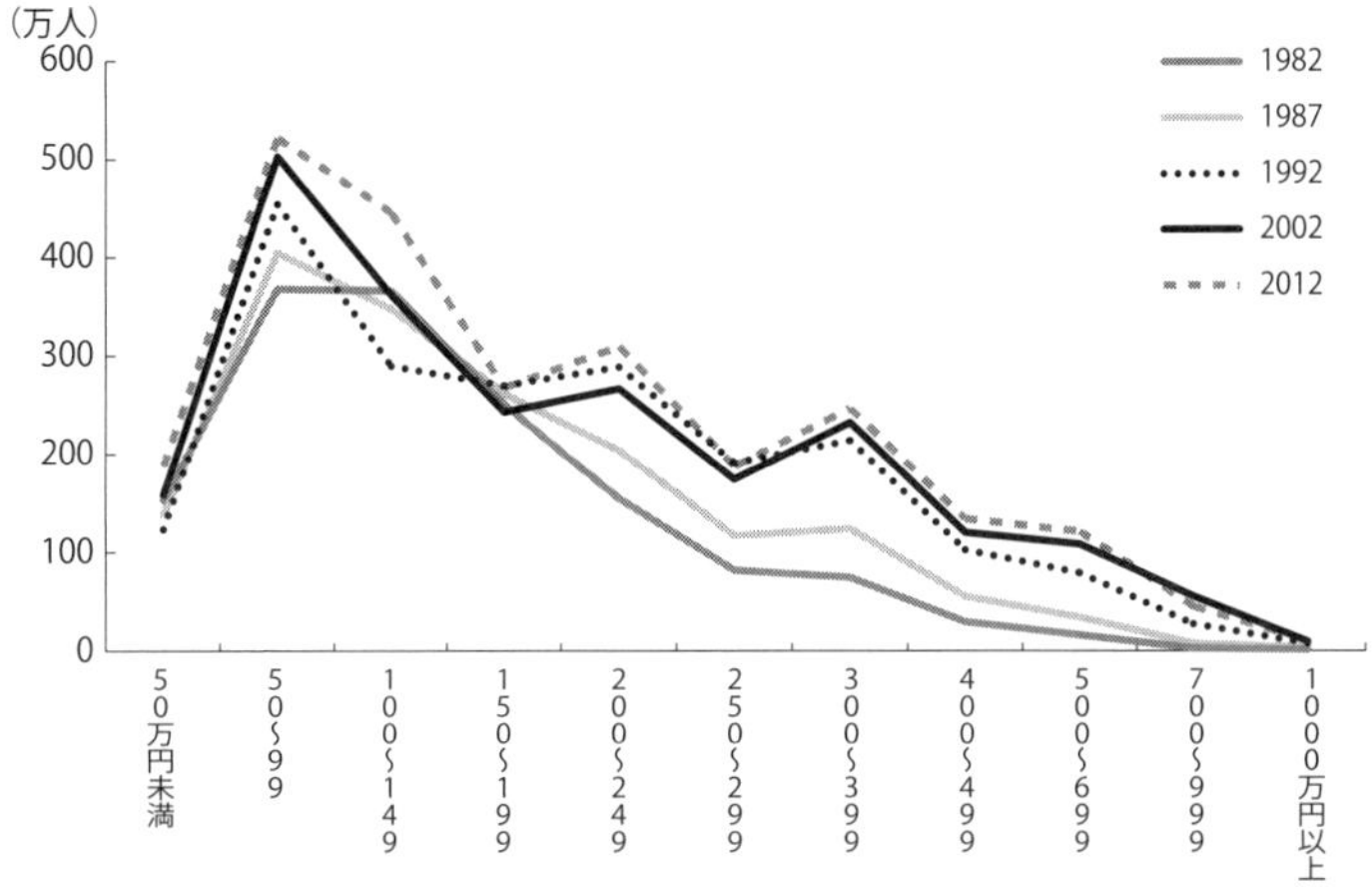

(出所) 総務省「就業構造基本調査」1982, 87, 92, 02, 12より作成.

うに、非正規雇用は、夫に経済的に依存している妻の働き方であり、その前提で賃金が低く抑えられていたのだ。それが、男性にも広がってくる。(16)

それにしたがって、80年代から90年代にかけて女性労働者にみられたのと同じような所得の二極化がみられるようになる。橋本（2009）は、「女性に続いて男性労働者の非正規化が始まるなら、ジニ係数は全体として急上昇するはずだということを示唆していたことになる」とのべている。(17)

ちなみにここでいうジニ係数とは所得分配の不平等度を示す指数で、0ならば完全に平等な社会、1であれば完全に不平等な社会であることを示す。

図5-5は、雇用者の所得格差（ジニ係数）を男女別にみたものである。女性の所得格差は82年から02年までは拡大の一途をたどる。

図5-5 ジニ係数の変化1982～2007年

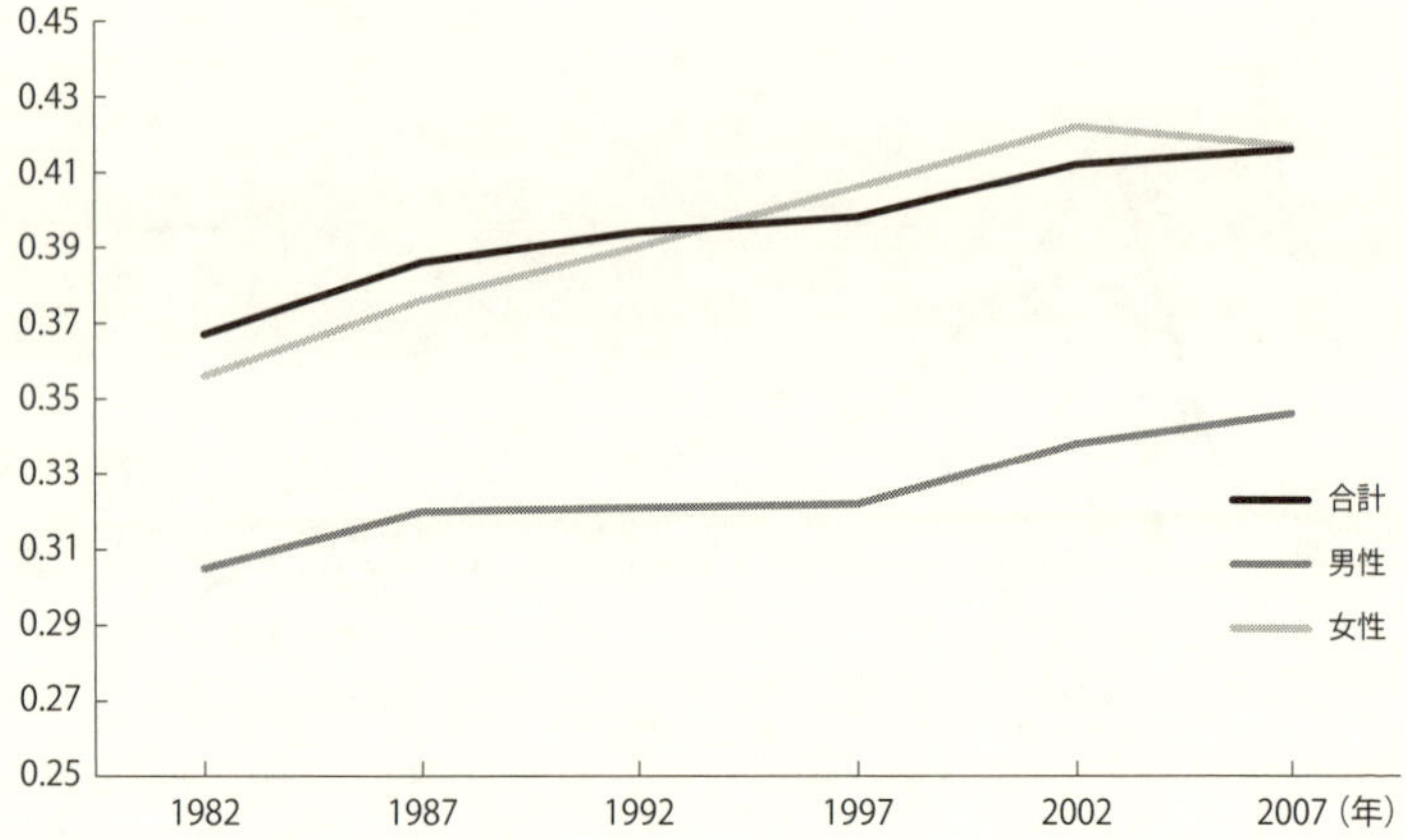

（出所）総務省「就業構造基本調査」より作成．

他方、男性のそれは、87年から97年までは変化していない。しかし、その後、拡大傾向がみられるようになる。

日本では90年代の終わりになって、経済格差が拡大し中流社会崩壊として識者のあいだで活発な議論が交わされた。人口の高齢化の影響や使われているデータの問題点などが指摘されたものの、非正規労働者の増加を結びつけて議論されることはなかった。しかし、振り返ってみると、労働力の非正規化こそが、日本に格差社会をもたらした犯人だったのである。それをもたらしたのは、経済の構造変化だが、本章で論じたように性別役割分業を前提とした社会制度もそれを加速させたという意味では共犯者といえるのである。

さらに、日本の非正規労働者の特徴は、非正規から正規への移動が少ないことであることは第1節ですでに指摘した。それが中間層をへらし、階層の固定化をもたらしてしまっているのである。

3 日本の社会システムと高まる貧困リスク

日本では、ほとんどの男性は正規職につき、結婚し、家族を形成し、妻は育児や介護などのケアワークをおこなうという前提で社会制度が作られてきたことはすでにのべた。国が提供する福祉サービスは最小限であり、その代わりに家族が育児や福祉サービスの担い手となることで国の負担が軽減されてきた。

図5‐6は、政府の社会支出を政策分野別にみたものである。日本の社会支出を他の先進国と比較すると、日本ではその支出の8割が老齢年金と医療保険によって占められており、現役世代のための労働政策や失業・あるいは家族関連の項目での支出の割合が低い。

現役世代への支出が少ないのは、政府の代わりに企業が従業員に手厚い福利厚生のプログラムを用意してきたからである。とはいうものの、企業福祉は正社員を対象としたプログラムである。企業に守られていない非正規労働者がふえるにしたがって、企業福祉の恩恵をうけられない労働者が増加した。何かのときには家族がいる。しかしセーフティーネットの機能を十分に担えない家族もふえる。さらには、家族に頼れない単身世帯も増加している。従来のセーフティーネット

図5-6　政策分野別社会支出の構成割合の国際比較 2013

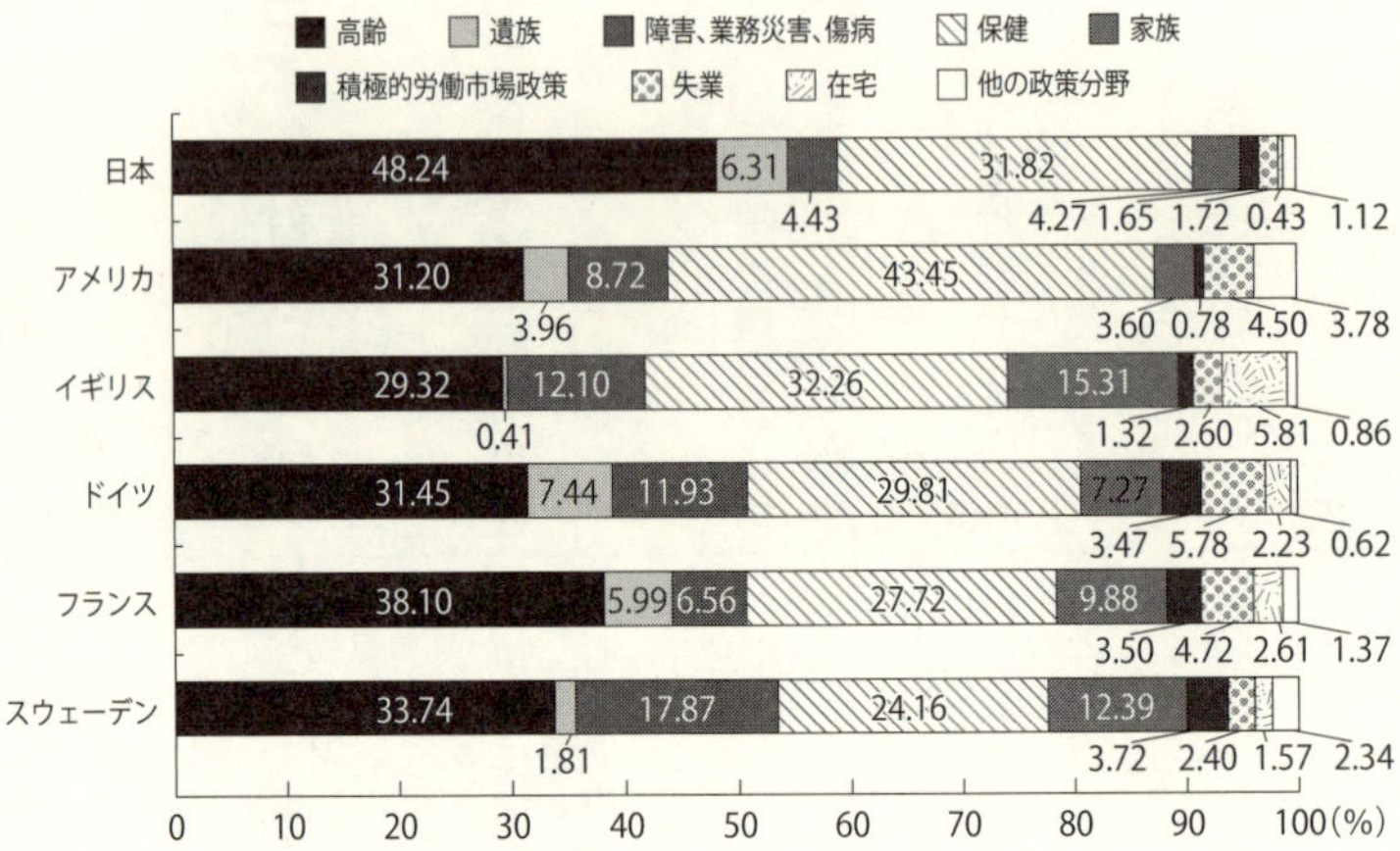

（出所）OECD Social Expenditure Database 2013年版による．

によって守られないひとがふえ、貧困リスクが一気に高まってしまったのである。

雇用保険制度

だれでも仕事を失うリスクはある。病気になって働けなくなるかもしれない。明日のことはだれにもわからない。しかし、貯金を取り崩したり、失業保険から給付を受け取ったり、あるいは家族の助けがあれば、しばらくのあいだは何とかしのげる。

雇用保険は、（1）失業した場合に保険金を給付し生活を保障すること、（2）スキルアップや能力開発の機会の提供、（3）雇用の維持、拡大、創出するような事業主への奨励金の給付、（4）育児休業中に所得を補填したり、継続就労支援のための手当の支給などを目的として作られた社会保険制度である。

2014年度の雇用保険料率は一般の事業で、標準報酬の1・35％である。労働者負担は0・5％、残りの0・85％は事業主が負担する。

日本の雇用保険制度は、景気の下降期や経済の構造変化に対して企業が雇用調整をせずに、従業員の雇用維持をはかるために作られた制度である。1980年代は、男性の失業率は2％台にあり、長期の失業を経験せずに再就職先をみつけることができた。しかし、90年代のバブル崩壊後の労働市場においては、失業率が上昇し、雇用が不安定になっていく。そのために、この制度も、企業の雇用維持のための制度から、労働者が失業した際に給付を受け、新たに教育訓練を受け、ハローワークで求人情報をえて再就職するための制度に変化している。

他方、制度の発足当時は、非正社員の多くが、親に生活を依存している学生や世帯主に生計を依存している主婦であったために、1年未満の雇用継続が見込めない労働者や週の所定労働時間が20時間未満である労働者は、制度の適用を除外されていた。

しかしリーマン・ショック後には、製造業を中心に大量の非正規労働者が解雇される事態がおきた。多くの派遣労働者は、いまのべた雇用保険適用の要件にあてはまらず、失業とともに、生活に行き詰まってしまったのである。

日本の社会制度には、雇用保険制度に加入していないひとが失業した場合の生活を保障する失業扶助の制度が存在していなかった。そのために、貯蓄がなく、頼れる家族もいないひとは、生活保護に頼らざるをえない。ところが、日本では、健康なひとが生活保護を受給するのは容易ではない。大抵は窓口で断られる。さいわいに申請書がもらえたとしても、さまざまな窓口をたらいまわしされることが多く、申請書が受理されてから実際に生活保護を受給するまでに時間がかかる。

いまのべた制度の欠陥に気がついたのは、リーマン・ショックのときであった。一斉に解雇され、路頭に迷っていた派遣労働者のために、貧困問題にかかわるNPOと労働組合が協力して、その年（2008年）の暮れに日比谷公園に年越し派遣村を設営した。そこで、それらのひとびとの生活保護の申請を援助することで、職を失った派遣労働者は、当面の生活ができるようになったのである。

派遣村をきっかけとして、雇用保険制度が見直され、制度の適用拡大が図られた。現在では、引き続き31日以上勤務する見込みがあり、所定労働時間が週20時間以上の労働者を雇っている事業主には、労働者を雇用保険制度に加入させる義務がある。加えて、第2のセーフティーネットとして、求職者支援制度が2011年10月からスタートした。民間の事業受託者のもとで3～6カ月間の職業訓練を受けたのちに就職までの支援を受ける制度である。要件をみたせば、訓練期間中に1カ月10万円の給付が受けられる（ただし、利用条件が厳しいために利用者数は伸び悩んでいるといわれる）。

さらに、2010年から生活困窮者や社会的孤立者に対してパーソナル・サポート・モデル事業が開始された。丁寧な相談事業、社会参加プログラム・就労体験を経て就職につなげる新しいこころみである。

このように、2009年以降、第2のセーフティーネットが作られるとともに、「福祉から就労へ」のスローガンのもとに、生活困窮者が自らの生活基盤を固められるように、就労への支援をおこなう試みがなされている。

とはいえ、雇用保険制度に問題がないわけではない。もともと継続的に長期に雇用されている男性労働者を前提にした制度なので、長期に労働市場を離れたひとは対象にならないからだ。本書ですでにみたように、女性労働者に限ってみると、6割の女性は結婚や出産とともに退職している。その場合の離職期間は1年を超える場合がほとんどである。しかし、1年を超えてしまうと、制度の対象からはずれてしまうのである。

また、育児休業期間中に支払われる給付金は、雇用保険から支出されている。しかし、この制度も、支給の対象となるためには、長期に勤続しており、復帰後1年以上の勤務が見込まれることが要件となっている。そのために有期契約労働者の取得率が低くなる傾向がある。そのために、2005年から09年のあいだに出産し就業を継続している労働者のうち、正社員では約8割が育児休業を取得しているのに対してパートタイマーは2割にすぎない（国立社会保障・人口問題研究所「第14回出生動向基本調査」より）。

年金・医療保険制度

老後の生活を支えるために年金制度が作られている。この老後の生活保障をめぐっても、雇用形態によって負担と給付に差が生じている。

企業に正社員として雇用されている労働者は「第2号被保険者」として、保険料は事業主と雇用者が折半で負担し、給付は給与に比例した報酬比例に基礎年金が加算されて支給される。

正社員の妻は第3号被保険者として、保険料は支払わないが、基礎年金は受給できる。

上記の分類に入らない、自営業主、家族従業者、失業者、学生などの第1号被保険者は、定額の保険料を支払い、40年加入すると基礎年金が満額もらえる。2014年度の国民年金の保険料は、1万5250円である。

労使でともに費用負担をしているのは、第2号の正社員のみである。2014年現在の制度では、厚生年金の保険料率は、標準報酬額の17・474%となっており、これを労使折半で支払う。

2010年で、国民年金加入者全体の56%を占める。14%が第3号被保険者となっている。国庫負担が半分入っており、夫が正社員で妻が専業主婦であれば、それなりの老後保障があり、暮らしの安心がえられる。しかし、国民年金に加入している残りの3割には、事業主による費用負担もなく、また、その配偶者も保険料負担のない第3号被保険者とは認定されない。

さらに、第1号被保険者の場合には、保険料が定額なので、所得が低い人ほど保険料の負担が重くなっている。結果として、日本では課税負担後の所得を用いて計算した所得分布の不平等度の方が負担前よりも、大きくなっている（阿部、2006）。

非正規労働者の厚生年金の適用要件

非正規労働者の年金及び医療保険への加入要件はどのようになっているのだろうか。現在は、以下のとおりである。

2カ月以上雇用される見込みがあり、1日の労働時間と1カ月の労働時間がそれぞれ正社員のおおむね4分の3以上の場合は、厚生年金制度及び医療保険への加入が義務づけられている。

また、前の項ですでにのべたが、世帯主に扶養されている妻の場合は、以上の労働時間の要件に年収の要件が追加されている。すなわち、1日及び1カ月の労働時間が4分の3未満で、年収が130万円に満たなければ国民年金の第3号被保険者になり、夫の医療保険の被扶養者になる。いずれにせよ、保険料の負担なしに、制度への加入が可能なのである。

また、年収が130万円以上で、労働時間が4分の3未満の場合は、自身が国民年金の第1号被保険者として加入し一定の保険料を納めるとともに、医療保険も国民健康保険に加入し、自分で保険料を支払うことになる。

この制度が、妻が年収を130万円に抑えるインセンティブを与えると同時に、事業主も非正規労働者の採用をふやすインセンティブを与えていることはすでにのべたとおりである。

ちなみに2012年の制度改正によって、厚生年金・医療保険制度への適用拡大がなされ、2016年10月からは、週20時間働き、年収が94万円以上の雇用者が厚生年金加入の対象となる。

つまり、130万円の壁が94万円に後退することになる。この制度改革によって、年収94万円未満のパートタイマーがふえるのかどうか、2016年以降の制度改正の影響が注目されるところである。

非正規労働者の年金制度の加入状況

厚生年金制度の加入状況をみると、第2号被保険者として厚生年金に加入しているのは、男性正社員では95%であるのに対して、男性派遣労働者で74%、パート・アルバイトでは26%と低くなっている。女性のパート・アルバイトは46%と低いが、多くは夫の被扶養者として第3号被保険者になっているものと推定される。また、第2号に加入していない男性の半数弱は自身で国民年金制度に加入しているが、未加入で将来無年金になる可能性があるひとも17%いる（厚生労働省「国民生活基礎調査」2009年（永瀬、2013））[18]。

さらに、非正規労働者の増加が進むにつれて、国民年金の未納率も上昇傾向にあり、支え手の減少によって、年金制度が空洞化する懸念がある。2014年で国民年金の未納率は4割にも達しているといわれている（『週刊ポスト』2014年8月8日号）[19]。なかには、保険料を払えるだけの収入をえていないひとも多い。

高齢世帯の経済状況

年金制度における世代格差が指摘されることが多いが、いまの高齢者がみな豊かな老後を送っているわけではない。永瀬（2013）は、厚生労働省年金局の「公的年金基礎調査」（2009）から、高齢者の経済状況をみている。その結果、日本の半数以上の高齢夫婦世帯は年収300万円以上の年金を受給しており、比較的豊かな老後を送っていることがわかった。しかし、単身世帯をみると、就業収入をふくむ年収額が100万円未満のひとが単身男性では、全体の15％を占めている。これに対して単身女性の場合は、3人に1人（34％）が、100万円に満たない年収で生活している。

永瀬は、男性よりも女性のほうが低賃金であり、かつ年金無加入者が多いので、女性の未婚率が上昇するなかで、今後女性の低年金や無年金問題が社会問題として浮上するのではないかとのべている（永瀬，2013）。

上昇する日本の貧困率

2013年において日本の貧困率は16・1％であり、OECD諸国で比較をすると、34カ国中29位である。貧困率が高いほど順位が低くなっているので、先進国のなかでは貧困率が高い。ここでの貧困率とは、世帯所得をもとに国民一人ひとりの可処分所得を算出し、平均所得の半分（2007年では114万円）に満たないひとの割合をとったものである。

また、貧困が世代間で連鎖しているとして、耳目をひいている子供の貧困率は30カ国中12番目に高い。さらに子供の貧困率を、大人1人世帯と大人がふたり以上の世帯に分けると、前者の数字は50・8％でOECD加盟国中もっとも高い。後者は12・7％で、加盟国中25位となっている（内閣府『子ども・若者白書』2013年）。

現在子供の貧困率は増加傾向にあり、非正規労働者の増加とともに顕在化してきたのが、子供のいる現役世帯の貧困の問題である。たしかにひとり親世帯の貧困率は高いのだが、2006年から2009年にかけては2人親世帯の子供の貧困率も上昇している。これは非正規労働の増加によってもたらされており、雇用の質の低下が子供の貧困となって次世代に継承されていることを示している。

貧困の女性化

貧困率を年齢階層別・性別にみると、20～24歳層を除いて、女性の貧困率の方が男性よりも高い（図5-7）。

なぜ女性の貧困率は年齢とともに上昇するのだろうか。内閣府『男女共同参画白書』（2010年）ではその理由を以下のようにのべている。

図5-7　男女別・年齢階層別相対的貧困率2007年

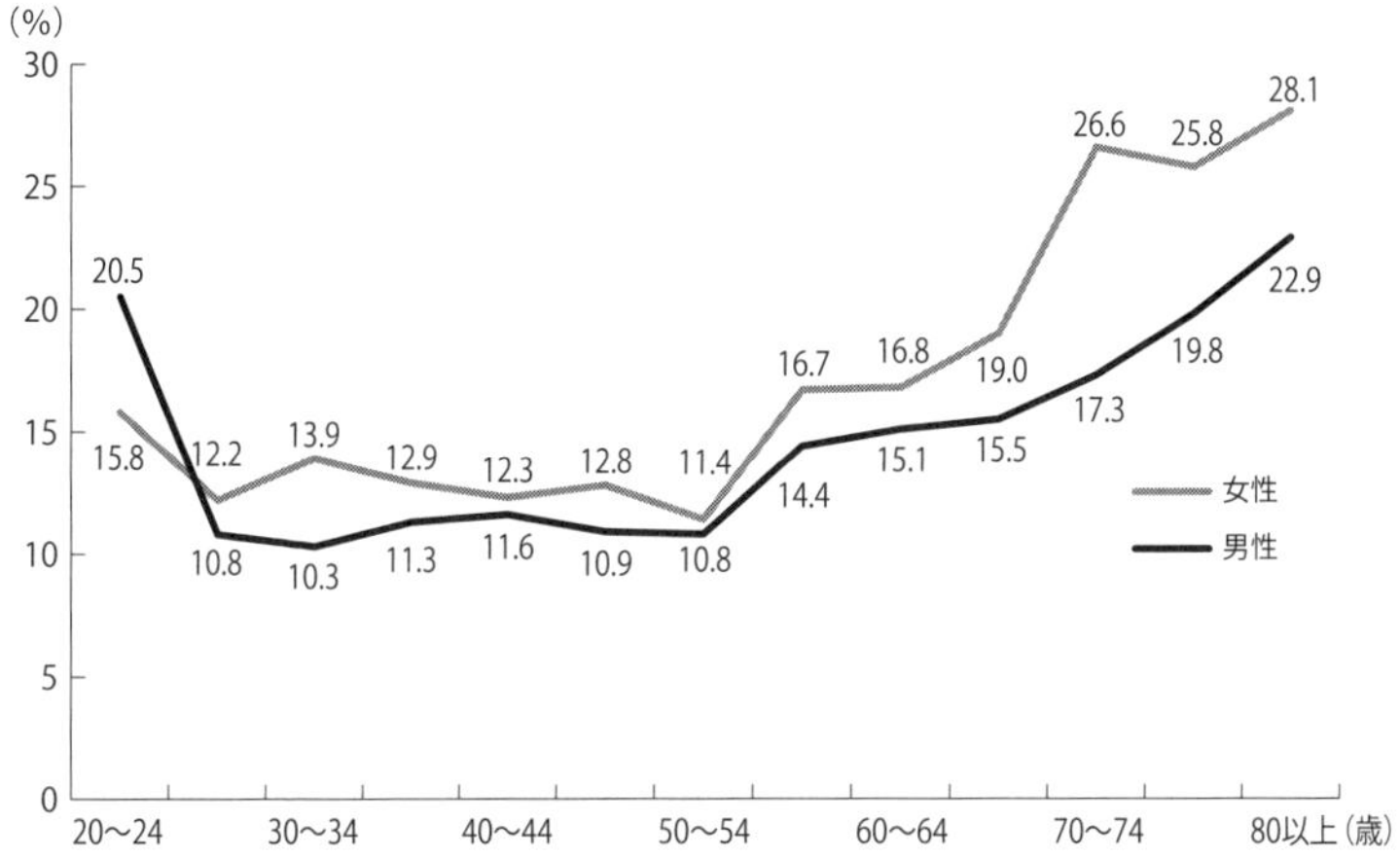

（出所）内閣府『生活困難を抱える男女に関する検討会報告書』.

①女性は育児や介護などで就業を中断しやすい

②税・社会保障制度などの影響で、相対的に低収入で不安定な非正規雇用につきやすい就業構造がある

③若い時期からの働き方の積み重ねの結果として女性の年金水準等は低く、高齢期の経済的基盤が弱い

④女性に対する暴力が、自立に向けた就業や社会参加を一層困難なものにしている

世帯類型別にみると、「単身世帯」は、「2人以上の大人世帯」や「2人以上の大人世帯と子供世帯」よりも貧困率が高い。07年の「国民生活基礎調査」によれば、一人暮らしの女性世帯の貧困率は、勤労世代で32％、65歳以上では52％と過半数に及んでいる。

単身世帯の増加

1980年には単身世帯数は711万世帯であったが、2010年には1678万世帯と30年間で2・4倍以上に増加している。

女性についてみると、女性の20代で128万世帯、70代で155万世帯と、このふたつの年齢層で単身世帯が多くなっている。高齢世帯で女性のひとり暮らしが多いのは、夫に先立たれた妻がひとりで暮らしている場合が多いからであるが、20代の女性の単身世帯数がそれに次いで多いことはそれほど知られていない。

生涯未婚率は、男性では80年代の3％弱から2010年には20％に増加。女性は2010年には11％であるが、2030年には23％になると予測されている。つまり、4人に1人は独身ということである。

離婚率の上昇と母子世帯の貧困

離婚もそれほどめずらしいことではなくなっている。日本の離婚率は、1960年代までは減少をしていたものの、その後少しずつ上昇し、2002年には戦後最高値の0・23％をつけている。それ以降は婚姻率そのものが減少しているため、離婚率も減少傾向にある。ここ数年間は

0・20%を切り、さらに漸減する動きを示している。２０１１年の母子世帯数は、１２４万世帯、父子世帯は22万世帯である。[20]

日本の母子世帯の特徴は、他の国に比べて働いている割合が高いにもかかわらず、貧困率が高いことである。厚生労働省の「２０１１年度全国母子世帯等調査」によると、母子世帯の平均年間収入は２９１万円で、児童のいる全世帯の平均所得６５８万円の44・2%にとどまっている。[21] 母自身の平均年間収入は２２３万円、平均年間就労収入は１８１万円。また、預貯金額は「50万円未満」が47・7%と最も多くなっている。

また、多くの国では、母子世帯で、親が働いている場合には貧困率が半減しているのに対して、日本の場合は、貧困率に差がみられない。親が働いている世帯の貧困率は54・6%。これに対して働いていない世帯では60%と、働いている世帯の貧困率と働いていない世帯の貧困率の差がほとんどない（OECD, 2008）。

その理由は、働いているお母さんの半数が非正規労働者だからである。さらに、他の国に比べて子育て世帯への給付が少なく、社会保険費負担などが他の国と比べて重いことも収入を減らしている理由である（大山、２０１３）。

また、６割の離婚母子世帯は別れた夫から養育費を一度も受け取っておらず、養育費の強制徴収をおこなう行政機関も存在しない。[22] 専門家からは、離婚の背後に「夫・恋人からの暴力」（ＤＶ）がある場合が多いという指摘もある。

ウィメンズカウンセリング京都を運営する井上摩耶子氏は、「離婚率が日本で上昇した

2002年には、ついにフランスを抜いて世界で5位になりました。離婚の申し立ては、女性からが7割で、離婚原因は、性格の不一致、暴力をふるう、生活費を渡さない、精神的に虐待する、異性関係などであり、女性の申し立てる離婚はDVと深くかかわっています」という。また、DV家庭で育つ子供達は、虐待的なDV環境によって発達心理学的な問題や困難を抱える可能性が高い。

日本では2001年4月にDV防止法ができたが、その法律の存在を知っている人は11・9%にすぎない。認知度が低いだけでなく、法そのものにも問題がある。DV防止法は議員立法の行政法なので、DV防止法によって加害者である夫を逮捕することはできない。

内閣府の2012年度調査によると、女性の約3人に1人が配偶者から暴力を受けたことがあるという[23]。しかし、その約5割は「別れようとおもったが別れられなかった」とのべている。井上さんは、「DVの根本的な問題は、DV被害当事者にも被害者だという認識がない」ことにあるという。そのために、被害女性の4割はどこにも誰にも相談せず、その5割は「別れようとおもったが別れられなかった」のだそうだ。実際に別れることができた女性は5・6%にすぎない。別れられなかった理由の第1位は子供の存在である。第2位が経済的な理由。「貧困に耐えるのかDVに耐えるのか」を選択しなければならない状況のなかで、子供が長じて再び貧困者になる「貧困の連鎖」を防ぐために、女性（母親）には、自分さえ我慢すればいいと考える傾向がある。

また、別れた場合には、就労支援によって経済的自立を支える必要があるが、そう簡単ではない。なぜなら、長い間暴力に耐えてきた後遺症としての「心的外傷後ストレス障害」（PTSD）

やうつ病に罹患している場合が多いからである。会社に勤めてもなかなか続かない。京都では、いま、「そういう人を自立就労サポートセンターにつなぎ、ずっとその人に寄り添って就労するまで支援する試みが始められている」のだそうである。

しかしもっとも重要なのは、DVを根絶すること。そのためには、「小さいときから被害者にも加害者にもならないための非暴力教育とジェンダー平等教育の必要があるが、実際にはそれがまったくおこなわれていない」と井上さんはいう。

2013年子どもの貧困対策法が制定された。子供の貧困をなくすには、子供への支援とともに、母親への支援がかかせない。しかし、いま、母子世帯への生活保護は削減される方向にある。また、母子世帯の就労支援には、非正規労働者の就労条件の改善や就労のためのスキルの獲得に加えて、教育、さらにはNPOなどの市民の活動によるきめ細かく包括的なパーソナルサポートのしくみ作りが必要になっている。

4　セカンドチャンスのある社会へ

正社員であれば、雇用が保障され、不慮の事故などで働けなくなった場合の生活保障や引退後の生活についても、保険制度に加入し、その費用を労使で折半することで、暮らしの安心がえられた。それが会社への忠誠心となって、会社の成長が維持されてきたのである。

しかしいま、労働力に占める非正規労働者の割合がふえるにしたがって、労働者自身が将来のリスクに自身の力で立ち向かわなくてはならなくなっている。

それが若い世代で結婚したり家族を形成したりすることを困難にしている。結婚よりもキャリア形成を優先せざるをえないために、晩婚化がおきている。

また、そのリスクは、男性よりは女性に、所得が高いものよりは低いものにより高くなっている。企業の変化に対して、社会制度の改革のスピードが遅く、セーフティーネットが十分に整備されていない。そのことがひとびとの将来不安を高める要因となっている。

このような社会に対して不満を抱く若者が多いとおもいきや、最近の若者は、前の世代の若者よりも「しあわせだと感じている」という本が出版され、話題になっている（古市、２０１１）。

いまの若者は幸せなのか

日本の財政赤字は未曾有の額に達し、高齢化のつけはやがて若者の肩に重くのしかかる。こんな絶望的な状況にもかかわらず、日本の若者はなぜ幸せでいられるのか。古市はそれを、家族という最強のインフラが日本でまだ存在しているからだと論じる。「若者たちの親世代がまさに高度成長期の恩恵を受けてきた『勝ち組』世代なのだ。だからマクロでみた世代間格差も、実はミクロでみれば格差ではなく、家族内で様々な資源の移転がおこなわれている場合も多いだろう。

つまり、これから若者の貧困問題が深刻化するにしても、いまはまだそれが隠されている」とのべている。

たとえ、待ち受けているのが絶望であるにしても、「現状にそこまで不安があるわけじゃない。何となく幸せで、何となく不安。そんな時代を僕たちは生きていく。絶望の国の幸福な『若者』として[24]」。

将来不安が高まっている

たしかに内閣府の「国民生活に関する世論調査」結果をみると、生活の満足度は40代や50代よりも20代や30代の方が高い。ところが、日常生活で悩みや不安を感じているひとは日本人の３人に２人もいる。

「日常生活での悩みや不安を感じている」と回答しているひとの割合は１９８１年には42・５％であったが、２０１３年では63・１％にのぼる（図５―８）。また、２０１３年の数字を性別でみると、女性が67・３％、男性が64・７％となっており、女性の方が不安を感じている割合が高くなっている。

さらにその中身をみると、20代では、今後の収入や資産の見通しに対する不安が多い。

第１章でも紹介した、日本女子大学が２０１１年に高学歴女性を対象に実施した女性のキャリアに関する調査では、「これからの職業生活や家庭生活における希望や不安について思っている

図5-8　日常生活での悩みや不安を感じているひとの割合の推移

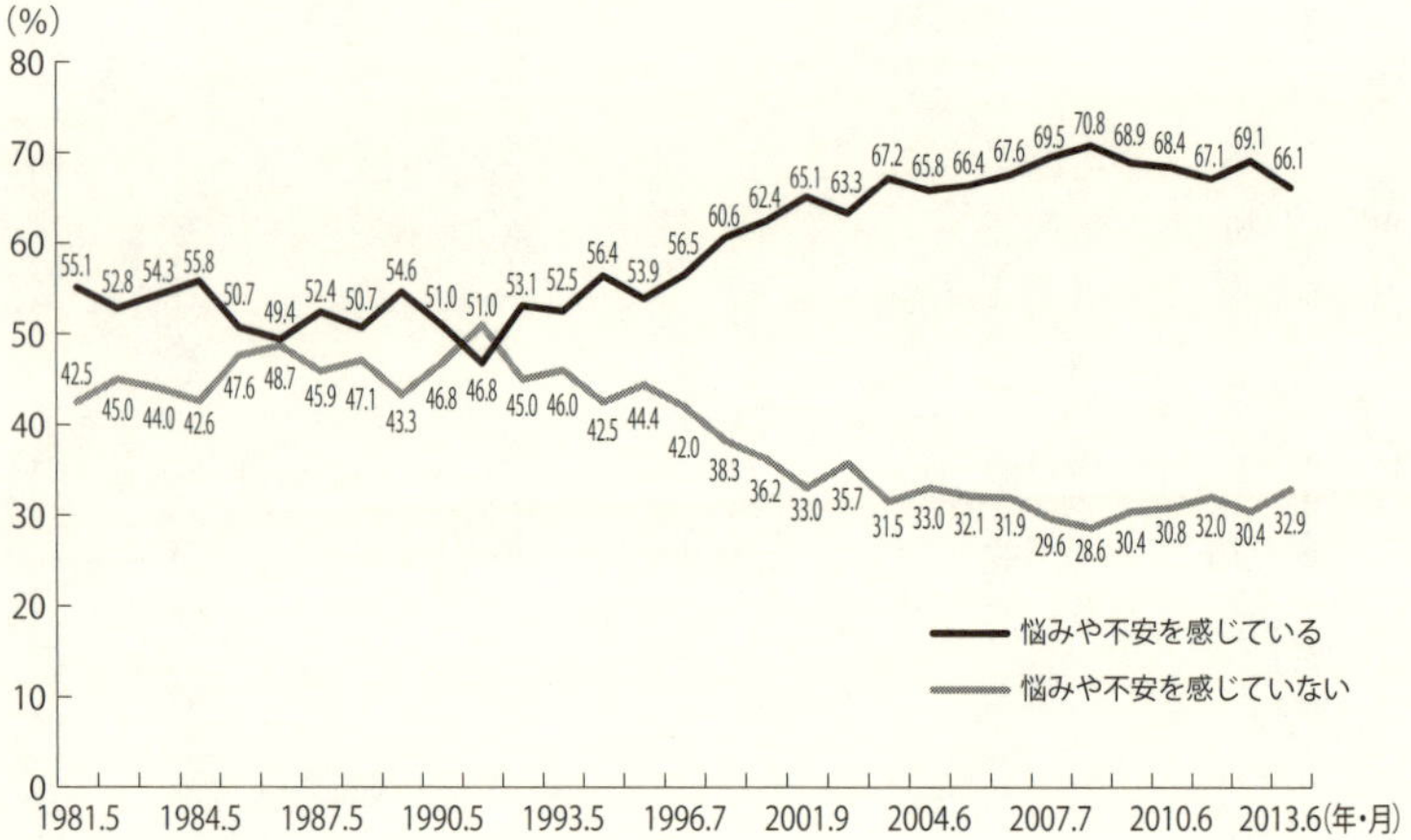

（出所）内閣府「国民生活に関する世論調査」2013.

こと」を記述する自由記述欄を設けている。

それをもとに仲田（２０１３）は、氷河期に就職した30～34歳を抽出し、自由記述のなかの頻出語をリストアップした結果、もっとも出現率が高かったのが「不安」であることを見出している。(25) 自由記述欄に記述した１０７０人のなかで『不安』は４８４回出現しているのに対して「希望」は30回しか出現していない。

それではその中身はどのようなものなのだろうか。その具体例を以下にあげてみよう。(26)

「今後の日本の経済を考えると、給料は上がらないと思うので、マイホームを持ったり子どもの教育にお金をかけたりすることが難しくなるのではないか不安。年金受給年齢の引き上げが持ち上がっているが、定年から年金受給年齢に達するまでに働く場所があるか

どうか」（初職継続型、未婚、子どもなし）

「経済的に不安定なため、結婚に踏み切れない」（転職型、未婚、子どもなし）

「自分の雇用形態が安定したものではないので、いまの収入がいつまで続くのかわからないのが不安である」（再就職型、既婚、子どもなし）

「子育てにある程度手がかからなくなってきたら働きたいと考えているが、そのときに希望通りの待遇・内容で仕事につけるかが不安。また、子どもが成長し、お金がかかるようになったときの家計が心配」（離職型、既婚、子どもあり）

「子どもがどんどんお金がかかっていくようになるけれど、全く収入は増えないのが不安。いままでもずっと節約してきたし、贅沢もしていないので、これ以上どうやって削ればいいのかわからない」（就業経験なし、既婚、子どもあり）

雇用の劣化と結婚意欲の減退

松田（２０１３）は、90年代以降の少子化のもっとも大きな要因は、若者をめぐる労働市場の

図5-9　就業形態別にみた結婚意欲

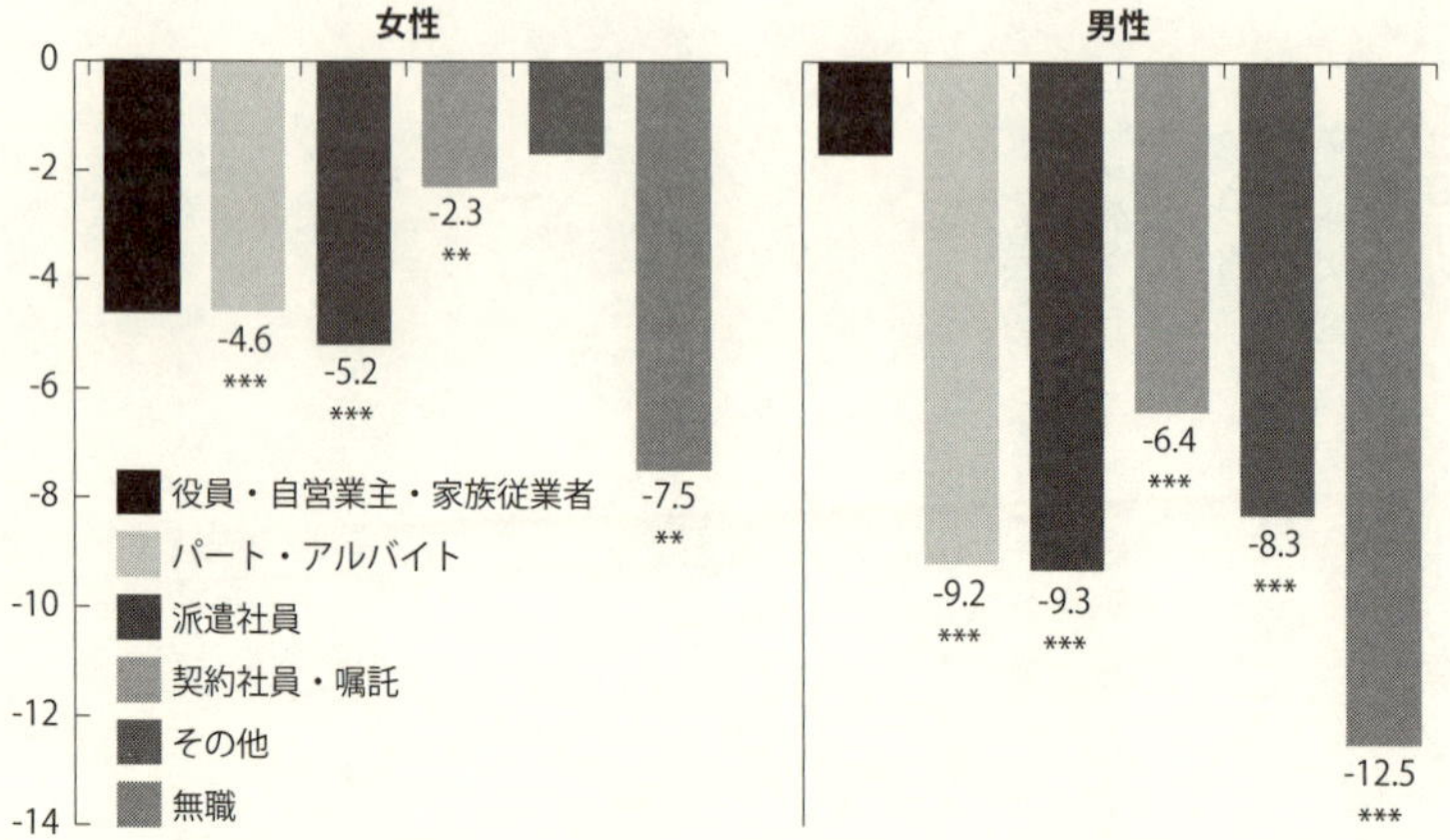

（注）1）正規雇用であった場合と比べて，結婚を「絶対したい」を選択する確率が何%ポイント低いか.
2）学歴，年齢，時点を統制したうえで，結婚意欲が結婚していない者にしか観察されないことから生じうる選択バイアスに対処した順序ロジットモデルによって分析した結果.
3）統計的有意水準：*** 1%水準，** 5%水準（正規雇用との比較）.
4）「その他」には「内職」を含む.
（出所）厚生労働省『厚生労働白書』平成25年版，p.79.

変化であり、不安定雇用の増加であることを指摘している(27)。

所得の高い男性ほど結婚している割合が高いことはすでに知られた事実である。明治安田生活福祉研究所が2014年7月に発表した全国20～49歳の男女3616人を対象とした調査結果によると、結婚相手に求める最低年収は20代の57・1%、30代の65・5%が年収400万円以上となっている。ところが実際の男性の年収をみると、20代で400万円稼いでいる男性は11・7%。30代でも26・7%と低い割合になっており、理想と現実のギャップが大きいことがわかった。

興味深いのは、結婚願望の雇用

形態間の格差である。図5-9は雇用形態別の結婚への意欲をみたものである。

正規雇用であった場合と比べて「結婚を絶対したい」を選択する確率が何％低いのかをみたものである。総じて男性だけでなく女性でも非正規であったり、無職であったりすると結婚意欲が低い。たとえば、男性の場合無職であれば、12・5％、女性では7・5％結婚意欲が低くなっている。また、パート・アルバイトであれば、女性では4・6％、男性で9・2％結婚意欲が低くなっているのである。

男性だけでなく、女性でも無職であったり、非正規であったりする場合には、最初から結婚できないとあきらめているひとが多いということである。若者を中心とした非正規労働者の増加は、若者を結婚からも遠ざけている。(28)

非正規労働増加の社会的コスト

本書の第1章から第4章までは、男女のあいだに雇用機会の平等を確立することの重要性を説いた。そして、この章ではもうひとつの重要な視点として、労働力の非正規化の問題を取り上げた。

非正規労働はいま日本が抱えている経済・社会問題の根幹にかかわる問題だといっても過言ではない。それによって、さまざまな社会的コストが生じている。それらは、

(1) 人的資源の活用において大きなマイナス要因となるとともに、デフレの元凶になっている

こと
(2) 日本的な雇用慣行と日本の社会制度とが補完しあって、格差社会が形成されたこと
(3) 結婚して家族を形成することの困難さによって少子化をもたらしていること
(4) 年金や医療保険の支え手を減らしていること
(5) 将来的に生活保護を必要とする高齢者の数を増大させること

である。辻(2008)は、氷河期世代が高齢になったときに生活保護に頼らなければならないひとは77万人にのぼり、そのための追加的な税負担は累計で20兆円近くにのぼると推計している。

将来に向けてのふたつの提案

それではどうしたらいいだろうか。

今後の労働市場を考えるうえで、以下のふたつの提案をしたい。

ひとつは、社員の働き方によって正規/非正規という区分や正社員/ジョブ型(限定)正社員という区分をやめて、雇用契約が有期雇用か期間の定めのない契約かの二つに分け、同じ仕事であれば同じ賃金が支払われるしくみを導入することである。もうひとつは再就職市場を整備することでセカンドチャンスのある社会を作ることである。

働き方によって異ならない処遇制度の確立を

日本では（妻の無償労働を前提にした）長時間働きかつ転勤などもある働き方が、（大手企業の）正規の標準労働となってきた。そのような働き方ができる労働者を標準として、その条件を満たせない労働者の処遇はある程度下がっても仕方がないという考え方が用いられてきた。

しかし、本書でのべたように、このような処遇制度によって作られた企業風土が長時間労働を生み出し、企業における女性の昇進の壁を作っているだけでなく、少子化の要因ともなってきた（第2章、第3章）。

働き方による処遇差をみとめれば、コスト競争が厳しい昨今の経営環境においては、企業に、男女にかかわらず、処遇の低い労働者をふやすインセンティブを与えることになる。つまり、労働市場の二極化、あるいは三極化をもたらし、それが、デフレからの脱却を遅らせ、景気回復の足かせとなるのである。

多くのひとが安定した雇用関係のなかで、同じ仕事をしていれば同じ賃金が支払われるとともに、個々人のライフステージにあわせて多様な働き方ができる社会が実現される必要がある。

こう書くと、単なる理想にすぎないと片付けられてしまいそうだが、現実の労働市場のなかに、そのような方向に向かうことを合理的とする要因がある。それは現在急速に深刻化している人手不足／人材不足である。人材の確保と育成に向けて、非正社員の正社員化に動き出している企業もふえている。

本書でも強調したが、人口減少社会においては、今後人材不足が益々深刻化する。それにどう対応するのか。経営トップはいままでのように、人件費をどう節約するのかではなく、労働者を人財として育成し定着してもらうためにどう処遇していくのかを考える必要がある。そのときに働き方が選択できることは、優秀な人材を獲得するためのかぎになるだろうとおもわれる。

セカンドチャンスがある社会

もうひとつの提案は、再就職がしやすい社会に向けての環境整備を進めることである。日本では継続就業か、それとも労働力の流動化かといった二律背反の議論がされることが多い。ここでは、両方の機能をもつ社会の実現を提案したい。つまり、雇用の保障があり安心して暮らせる社会のなかに、セカンドチャンスもある社会を作り出すということである。

日本の労働市場では、新卒で採用されてから、会社のなか（内部労働市場）で従業員の能力開発がされてきた。そのために、再就職のための環境（外部労働市場）が整備されていない。

仕事を失った労働者の離職期間が長くなるにしたがって、よい労働条件の仕事につける可能性が減少してしまう。その典型的な事例が、結婚や育児（あるいは夫の転勤）のために離職した女性たちである。その多くは高度人材であるのだが、その人材が社会に埋もれてしまっているのだ（最近は、育児による離職者に対して教育機関が学び直しの機会を提供することや、インターン

図5−10　大学への社会人（25歳以上）の入学者割合

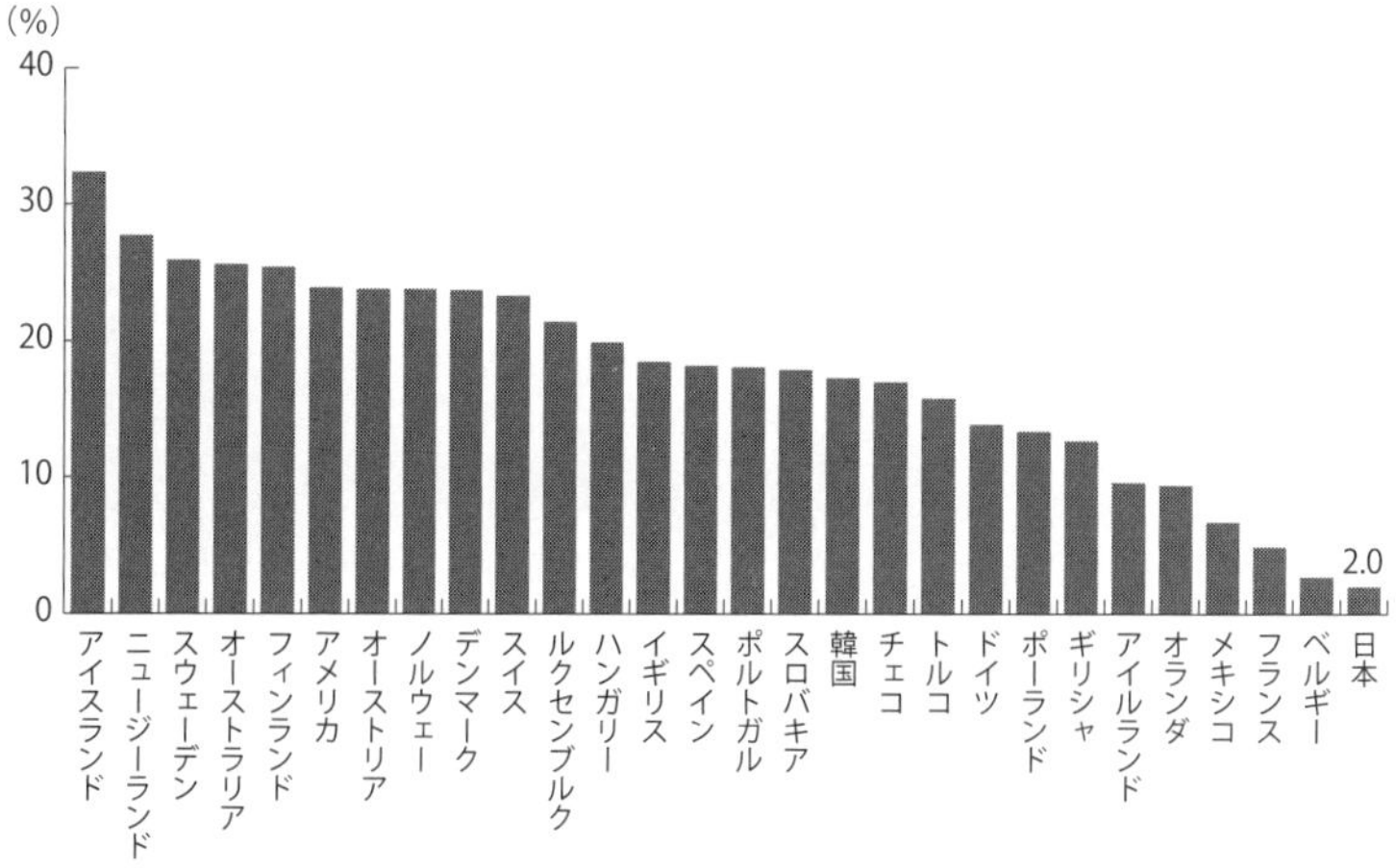

（注）日本の数値は，2009年.「学校基本調査」及び文部科学省調べによる社会人入学者数.
（出所）OECD教育データベース，2012年.

シップの機会を提供するなどの試みもなされている）。

諸外国では、ここに教育機関が大きな役割を果たしている。図5−10は、大学の入学者に占める25歳以上のひとの割合である。たとえば、アメリカでは、大学入学者に占める25歳以上の割合は23・9％（2012年の数字）で、4人に1人が25歳以上の社会人である。他方、日本は2・0％と極めて低い水準になっている（2009年の数字）。これは、大学でスキルをアップグレードしても、再就職市場が整備されていないので、それがなかなか再就職につながらないからである。教育機関と企業とのより緊密なコラボレーションが必要になっている。

日本の社会は、正社員として継続して就業するものに対しては手厚い保護とセーフティーネットが用意されているのだが、そこを外れたものに対して能力開発もふくめた再就職支援などがあまりなされていない。加えて、90年代後半におきた労働市場改革（労働ビッグバン）では、派遣労働などの採用が自由化された結果、男女ともに再就職時において非正規雇用の機会が拡大している。それがひとびとの将来不安を高めているだけでなく、リスクが取りにくい社会を作っている。

労働市場の規制改革の議論が盛んにおこなわれているが、そのなかで十分に議論されていないのは、日本にはセカンドチャンスが多くのひとに開かれていないという問題である。それが、結局のところ、日本で眠れる人材といわれる女性の能力が十分に活かされてこなかった理由なのである。その数は少なく見積もっても300万人を超えると推計されている。

日本の社会にセカンドチャンスを生み出すことができるのか。女性の活躍推進の成否はここにかかっているといっても過言ではない。日本に新たなセーフティーネットの役割を果たすセカンドチャンスが作られなければ、日本経済をふたたび成長軌道に乗せることはむずかしいとかんがえる。

［注］

（1）正規労働者とは、特定の企業に、①フルタイムで、②正社員という呼称で、③期間の定めのない、④労働契約により、⑤直接雇用される労働者のことをいう。

そして、①から⑤の属性のいずれかを欠く労働者のことを非正規労働者という。たとえば、フルタイムではない短時間労働者がパートタイム労働者であり、期間の定めのある契約を結んでいる労働者は有期契約労働者であり、働いている企業で直接雇用されていない間接雇用の労働者は派遣労働者あるいは、業務請負労働者とよばれる。さらに、労働契約ではない他の契約形態の労働者が契約労働者である。

派遣会社で常用雇用される派遣社員を除いて、一般に非正規労働者は有期契約の労働者と考えられている。また、統計上は、企業で「パート」「有期」「派遣」「契約」などと呼ばれる呼称がそのまま用いられることが多い。

（2）1992年から02年のパートタイマーの増加率の3割が供給要因で説明できたのだが、97年から07年にはこの寄与率は7割に増大している（大沢、2010、52～53ページ）。
（3）大嶋、2011、49ページ。
（4）大嶋、前掲書、37ページ。なお、労働政策研究・研修機構の「働くことと学ぶことについての調査」（2008）によると、20代の非正規労働者の3割程度が正社員への移行を希望しているとしている。この調査は労働政策研究・研修機構が2008年10月～12月に実施した調査で、全国25歳以上～45歳未満の男女を調査対象としており、有効回収数は4026である。
（5）大嶋、前掲書、37ページ。
（6）大嶋、前掲書、40ページ。
（7）大沢、2010、63ページ。
（8）小杉・原、2011、142ページ。
（9）小杉・原、前掲書、19ページ。
（10）山田久「雇用制度改革の本丸は「正社員改革」政策相互の不整合が〝賃金限定社員〟を生む」http://diamond.jp/articles/-/57458
（11）大沢真理、2007、54ページ。

(12) 就労調整をする理由として、夫の税制上の配偶者控除を失うことをあげているひとが77・4%、配偶者の勤務先から支給されている配偶者手当がもらえなくなることをあげているひとが32・9%。配偶者の健康保険の被保険者から外れ、自身の加入義務が発生することをあげているひとが40・1%存在する。
(13) 国税庁「平成20年民間給与実態統計調査」による男性の平均給与。
(14) 時給1260円の場合では、103万円の壁を超えるためには1日8時間労働で約16日間、130万円の壁を超えるためには約21日間のただ働きを要する。
(15) 妻の年収が130万円を超えると、国民年金制度や国民健康保険制度に移行するためにこの試算では、約18万5000円の負担がふえることになる。
(16) 橋本、2009、194ページ。
(17) 橋本、前掲書、188ページ。
(18) 永瀬、2013、176〜177ページ。
(19) 年齢別の納付率は、20〜24歳：21・4%、25〜29歳：31・7%、30〜34歳：38・2%、35〜39歳：42・1%、40〜44歳：43・0%、45〜49歳：42・9%、50〜54歳：47・5%、55〜59歳：53・7%(『週刊ポスト』2014年8月8日号より)。
(20) 母子世帯とは、未婚、死別または離別の女性とその未婚の20歳未満の子供のみからなる(世帯員がいない)一般世帯をいう。
(21) 平均収入とは、生活保護法に基づく給付、児童扶養手当等の社会保障給付金、就労収入、別れた配偶者からの養育費、親からの仕送り、家賃・地代などを加えた全ての収入の額である。
(22) 周燕飛「なぜ離別父親から養育費を取れないのか」労働政策研究・研修機構。http://www.jil.go.jp/column/bn/colum0228.htm
(23) 内閣府男女共同参画局『男女間における暴力に関する調査報告書』2012年4月。
(24) 古市、2011、269ページ。

(25) 仲田、2013、210ページ。
(26) 仲田、前掲論文、209ページ。
(27) 国際的にみると、どの国でも自営や正規雇用者の結婚・同棲率が高く、非正規雇用者で低い。しかし、日本はその差がもっとも顕著であるという(松田、2013、196~197ページ)。松田によると、正規は66・5%であるのに対して非正規は18・2%である。これに対してアメリカでは、正規60・1%に対して非正規38・9%になっている。
(28) 日本の社会制度は、女性はいずれ結婚して夫によって経済的に支えられるという前提で作られていることはすでにのべた。しかし、生涯未婚率も高まっているいま、経済的に自立できるスキル形成の機会がなく、また、親にも経済力がないために家族というセーフティーネットに頼ることができない若い独身女性がアンダークラス化しているといわれる。
2013年に労働政策研究・研修機構と日本学術会議の共催でおこなわれた労働政策フォーラムでは「アンダークラス化する若年女性——労働と家庭からの排除」と題するシンポジウムを開催している。シンポジウムの記録は、労働政策研究・研修機構『ビジネス・レーバー・トレンド』2013年10月号に詳しく掲載されている。

シンポジストのひとり、中央大学の山田昌弘教授は、独身女性がアンダークラス化することよりも、その「予備軍になっている状態のほうが将来の不安要素が大きい」とのべている。

[参考文献]

阿部彩「貧困の現状とその要因——1980-2000年代の貧困率上昇の要因分析」小塩隆士他編『日本の所得分配——格差拡大の政策の役割』東京大学出版会、113~137ページ、2006年。

井上摩耶子「裁判所の『経験則』は正しいか?——誤判を防ぐために」大阪弁護士会人権擁護委員会性暴力被害検討プロジェクトチーム編『性暴力と刑事司法』信山社、2014年。

大沢真知子『日本型ワーキングプアの本質』岩波書店、2010年。

――・金明中「経済のグローバル化にともなう労働力の非正規化の要因と政府の対応の日韓比較」『日本労働研究雑誌』595号、95～112ページ、2010年。

大沢真理『現代日本の生活保障システム』岩波書店、2007年。

大嶋寧子『不安家族――働けない転落社会を克服せよ』日本経済新聞出版社、2011年。

大山典宏『生活保護vs子どもの貧困』PHP新書、2013年。

小杉礼子・原ひろみ編著『非正規雇用のキャリア形成』勁草書房、2011年。

辻明子「就職氷河期世代の老後に関するシミュレーション」総合研究開発機構、2008年。

内閣府男女共同参画局『生活困難を抱える男女に関する検討会報告書』2010年3月。

――『男女共同参画白書』2010年6月。

――『女性の活躍による経済社会の活性化～最終報告～』2012年1月。

――『男女間における暴力に関する調査報告書』2012年4月。

――「男女共同参画社会に関する世論調査」2012年10月。

――『子ども・若者白書』2013年。

――「国民生活に関する世論調査」2013年。

永瀬伸子「非正規雇用と社会保険との亀裂」濱口桂一郎編著『福祉と労働・雇用』ミネルヴァ書房、2013年。

仲田周子「『氷河期世代』における『不安』の中身――『女性とキャリアに関する調査』の自由記述分析から」日本女子大学現代女性キャリア研究所『「女性とキャリアに関する調査」結果報告書』2013年。

永濱利廣『男性不況』東洋経済新報社、2012年。

西谷敏「全面的な規制緩和攻勢と労働法の危機」西谷敏他『日本の雇用が危ない』旬報社、2014年。

橋本健二『「格差」の戦後史』河出ブックス、2009年。

古市憲寿『絶望の国の幸福な若者たち』講談社、2011年。

松田茂樹『少子化論』勁草書房、2013年。
労働政策研究・研修機構『子育て世帯の追跡調査（第1回：2013年）――2011・2012年調査との比較』JILPT調査シリーズ、No.115、2014年。
Berton, Fabio, Matteo Richiardi, and Stefano Sacchi, *The Political Economy of Work Security and Flexibility Italy in Comparative Prespective*, Policy Press, 2012.
OECD, *Growing Unequal?: Income Distribution and Poverty in OECD Countries*, OECD, 2008.

終章

まとめと政策提言

女性の活躍が日本を元気にする。人口減少がさらに顕在化する日本において、女性の活躍が経済発展を進め、少子高齢社会を支える。女性が男性並みに働けば日本のGDPがいまより16%増し、日本の女性労働力率が他のG7諸国（イタリアを除く）の女性労働力率まで上昇すれば、一人当たりのGDPが4%上昇する。つまり、女性人材を経済の中核に位置づけ、その能力を活用する社会を実現することなしに、日本がつぎの世代に豊かな社会を引き継がせることはできないのである。

そのために、女性を活用していることを公共事業の入札の条件のひとつとする動きや、指導的地位に占める女性の割合を2020年までに30%にするといった目標が掲げられている。とはいうものの、2014年8月に発表された帝国データバンクの調査結果をみると、半数の企業には管理職に女性がいないだけでなく、今後女性の管理職をふやすことを計画している企業は全体の2割にすぎない。

世界経済フォーラムが毎年発表しているジェンダー・ギャップ指数をみると、日本はその順位が低く、とくに政治の分野と経済の分野において大きな男女格差が存在している。

女性の活用を進めることが経済にとって望ましいにもかかわらず、なぜ日本はジェンダー格差が大きく、また、女性が活躍できない社会になってしまっているのだろうか。その原因を探り、女性の活躍を推進すると同時に、少子化の流れを止め、かつ女性間の格差の拡大につながらない社会を実現するためにはどうしたらいいのかについて考えてきた。最終章ではこれまでのおもな議論とそれにもとづいた政策提言をまとめておこう。

企業の思い込みが女性人材の浪費をもたらしている

日本の企業で女性人材が育っていないのは、女性の意識に問題があるのだろうか、それとも、企業が育てる努力をしていないことから生じているのだろうか。

実際、両方の要因が相互に影響しあっており、その因果関係をあきらかにすることは容易ではない。しかし、本書では、後者の企業の雇用管理制度に、より大きな原因があると論じている（第1章）。その根拠のひとつとしているのが、高学歴女性の離職理由である。調査の結果は、結婚や出産よりもキャリアの発展のなさを（初職の離職）理由に上げている女性が若い世代になるほどふえているからである。つまり、やりがいが感じられる仕事が与えられないことが高学歴女性の離職や転職につながっているのである。

ところが、企業側は、女性の意識（専業主婦願望）に問題があると考えている。そのために、コース別人事管理制度を導入したり、男女の昇格や昇進の時期に男女差を設けたりして、女性を選別してきた。それが逆に、女性の離職や短期勤続をもたらしているというのが本書の第1章の議論の骨子である。

つまり、おこってほしくないこと（女性の離職による人材育成コストのロス）を避けようと事前に対策を立てる（男女で昇格の機会に差を設ける）ことが逆におきてほしくないこと（女性の離職や女性の管理職候補の減少）を実現させてしまっているのである（予言の自己成就）。その結果、稀少な女性人材が育成されず、浪費されている。

若い女性に専業主婦願望が強いと言われる本当の理由

近年、伝統的な価値観を支持する若者がふえており、女性の専業主婦願望が強くなっているといわれる。しかし、それは、同じ世代のなかで、意識の多様化がおきているからである。また、高学歴女性を対象とした調査では、結婚したら専業主婦になりたいという女性は氷河期世代以降では大きく減少している（第1章）。

それにもかかわらず、あいかわらず、若い女性のあいだで専業主婦願望が強いことが指摘されている理由は何なのだろうか。本書では、それを、高学歴の女性であっても、結婚や出産で一時離職することを予測している女性があいかわらず多いからであるとみている（第1章）。それが、日本では、女性の専業主婦願望によってもたらされていると類推されているのである。

学卒時に、結婚したら家庭に入りその後は就業しないと予測している女性は少ないが、結婚や育児で退職することを想定している女性は高学歴者のなかにも多い。また、バリバリ働いて管理職になりたいという女性は少ない。管理職になれば、結婚や子供をもつことをあきらめなければならないと考えているからである。

背後には、現在キャリアを積み重ねている女性の多くが、長時間労働をしており、かつ、未婚であるか、晩婚であるか、あるいは子供がいない確率が高いという現実がある（第2章）。つまり、日本の職場では、多くの女性に機会が与えられないだけではなく、機会が与えられている女性は、長時間労働をしたり、結婚や出産を先延ばしにしたり、あるいは結婚していないのである（第2章）。いいかえれば、女性は暗黙のうちに職場で「結婚か仕事（キャリア）か」の選択をせまられていることになる。それをみている若い女性たちの多くは、本音のところで、日本の職場でキャリアを積み上げることに躊躇している。

つまり、女性差別的な雇用慣行が、つぎの世代の女性の自己投資のインセンティブをそぐというマイナスの効果をもたらしているのである。それが根強いといわれる女性の専業主婦願望を生み出している正体だとおもわれる。

少子化と日本的雇用慣行

他方、日本の職場で女性が結婚し、出産すると、昇進の確率は大きく下がる。補助的な仕事に転換させられたり、いままでとは異なる部署に配属されたり、降格されたりする。これがいま注目されているマタニティ・ハラスメント（通称マタハラ）といわれるもので、本人の合意がない場合の出産による降格は、違法となった。なお、本人の合意がない場合の出産による降格や配置転換など不利益な取り扱いは、均等法で禁じられている。

さらに、出産後にキャリアの中断期間が長くなったり、短時間勤務を選択したりすると、（時間あたりに換算した）給与が低下している。つまり、働く女性が出産するとペナルティが課されてしまうしくみになっている（第2章）。離職前にやりがいのある仕事をしていた女性ほど、ペナルティは大きくなり、それが離職につながる場合も多い。

このような雇用慣行が維持されるなか、次第に女性に就業機会が開かれるようになった。また、不況が続き、男性の雇用保障が低下し、給与の上昇が見込めないなかで、男女ともに若いときにキャリアを蓄積する（仕事の能力を高める）ことの重要性が高まってきている。それが、結婚より先にキャリアを蓄積することを優先する男女をふやし、女性の未婚化や晩婚化・晩産化による少子化がもたらされているのである（第2章）。

女性差別的な雇用慣行を見直す

女性に「仕事か家庭か」を選択させるような職場慣行がみられるなかで、女性が能力を発揮し、（夫婦で）子育てができる環境整備を進めるためにはどうしたらいいのだろうか。

それは、昇進や昇格の男女間格差を生み出しているコース別人事管理制度を見直し、男女にかかわらず、能力がある社員が昇格していくしくみを作ること（均等政策）と同時に、政府が保育所などの両立支援の環境を整えるためにリーダーシップをとることである。

出産後も継続して働いている女性の多くは、やりがいのある仕事にめぐりあっている。若いときにやりがいを感じる仕事に出会えれば、女性自身も出産後も就業を継続したいと希望する。また、会社も社員の育成のためにかけた投資コストを回収するために、就業継続のための両立支援をおこなったり、働き方の見直しをせざるをえない。それが生産性の向上をもたらすのである。

このような観点から、最近は、結婚前の女性社員に積極的に仕事の経験を積ませて、（女性の）キャリアの前倒しをする企業も出てきている。

また、結婚や出産によってペナルティが課されなければ（マタニティ・ハラスメントがなくなれば）、結婚や出産の時期も早まる。つまり、企業における性差別を禁じることが、出産後も働く女性をふやすとともに、少子化対策にもなるのである。

そのためには、企業の女性差別的な雇用慣行を変える必要がある。日本の雇用慣行そのもののなかに、女性に不利な制度が内在しているために、（間接的に）女性が差別されているのである。これを是正するためには、男女雇用機会均等法において間接差別を禁止する必要がある（第4章）。

同時に、国も企業まかせにしないで、もっと積極的に両立支援にかかわる必要がある。出産で6割の女性が仕事を辞めるといわれるが、そのうちの半数の女性は、両立環境が整っていたら仕事を継続したと回答している（第2章）。

均等政策とワークライフバランス施策を両方とりいれている企業で、女性の活躍が企業業績にプラスの影響を与えていることが、日本の企業のデータ分析においても実証されている（第3章）。

つまり、両立環境の整備とともに、職場における女性に差別的な雇用慣行を見直していくことが少子化対策になると同時に、企業業績をあげることにつながるのである。

ポジティブ・アクションの導入を

こうみてくると、いままでの日本の女性労働政策の問題点がみえてくる。女性活躍の視点が十分に反映されてこなかったのである（第4章）。

いまや女性の力を活かすダイバーシティ・マネジメントの導入は、日本の企業の競争力になる経営の最重要課題となっている。女性が活用しやすい組織に変えることが、イノベーションをもたらすからだ。実際そのことに気づき、多様性を活かす企業に組織を変革することによって、業績を回復させた日本企業はふえている（第3章）。

また、将来の人口構造の変化を考えると、生産年齢人口の急激な減少によって、男性だけで経済社会を担うのは不可能になっている。

さらに、女性の活躍を推進するという観点から考えると、男性が家庭で育児や介護などに携わらなければ、お母さんが活躍することはむずかしい。しかし、日本の両立支援は、お母さんに対する支援にとどまり、男性の家庭での育児や介護や地域コミュニティへの参加を進める視点が欠けていた。

出生率の回復のためには、男性の働き方を変えたり、社会の意識改革が不可欠である。男性をふくめた変革がおこせなければ、育児の社会的コストは、女性従業員を多く雇った企業によってのみ負担される。それでは、女性が輝く社会は実現できない。

また、保育所などの施設を提供するのは国の役目である。女性活躍に対する気運が醸成されてきたいま、均等法の運用面における実効性を高めるとともに、男女の役割分担を見直し、男性の家庭や地域社会への参加を促す動きをもっと強める必要がある。そのために、ポジティブ・アクションの導入を真剣に考える時期にきている。

セカンドチャンスのある社会を作る

日本では、正社員で仕事をしていた女性が結婚や出産で仕事を辞めて再就職する場合、離職前と同じような条件の仕事につくことはむずかしい。彼女達に開かれているのは、パートやアルバイトなどの非正規の仕事である。ということは、結婚や出産でキャリアを中断することによって大きな機会費用（逸失所得）が生じることになる。それが、日本の女性の非婚化や子供をもたない女性をふやしているもうひとつの要因である（第2章）。

加えて、日本では、失業なき労働移動が理想とされており、長期にわたって失業しているひとに対する支援はあまりされてこなかった。その結果、結婚や出産で退職した女性の能力が十分に社会で活用されていない。とくに、高度人材といわれる高学歴女性の多くが、再就職を希望しながら実際には家庭にとどまっているのである。

２０１２年のＯＥＣＤの教育に関する調査の結果では、高学歴女性の3割が就労しておらず、加盟34カ国中最低の水準となっていることがあきらかになっている（『朝日新聞』２０１４年９

月10日朝刊)。

最近は男性正社員の雇用保障も揺らいでおり、やり直しのできる社会を作ることは、女性の能力活用に資するだけでなく、社会のセーフティーネットを拡充する意味でも重要になっている。

さらに、内閣府の調査によると、将来に不安をもつ日本人は3人に2人もいる。その要因のひとつは、日本でセカンドチャンスをえることがむずかしいという現状によるとおもわれる。

教育機関と企業と行政との連携により、日本にやり直しのできる新たなセカンドチャンス社会を作っていくことが、女性の活躍推進を進めるためのもうひとつの重要な施策になっている。

同一労働同一賃金の原則をあてはめる

日本の女性労働者の半数以上は非正規労働者である。正規社員と非正規社員には大きな処遇格差がある。それは固定的な男女の役割分業に基づいた働き方の違いによって、もたらされているところが大きい。

男性世帯主に扶養されているとして低賃金でかつ保障のない働き方がいま若い男性にも広がっている(第5章)。それがデフレから日本経済が脱却できない理由になっている。正規労働者に比べて非正規労働者の婚姻率は低い。つまり、少子化の要因のひとつにもなっているのである。

非正規労働の存在はグローバル化が進展する日本においては、不可欠だといわれる。しかし、経済がうまく運営され、グローバル化の進展のなかで安定した雇用を生み出しており、出生率も回復している国では、働き方によって、正規／非正規と分けられていない。正社員のなかに多様な働き方が認められている。正規／非正規の代わりに、雇用契約の期間に定めがあるかないかによって雇用形態が分かれている。そして、有期契約の労働者がいつまでもこの就業形態にとどまらないように、有期から無期契約への移行を促進する政策がとられているのである。

日本でも、パートやアルバイト社員の人手不足が深刻化しており、将来的な生産年齢人口の不足を考えて、非正社員の正社員化にふみきる企業がふえている。また、その際に、賃金についても同一の仕事であれば同一の賃金を支払う企業も出てきている（労働政策研究・研修機構『ビジネス・レーバー・トレンド』２０１４年８月号）。今後、非正規から正規への移動を進めるために、雇用契約期間（有期か無期か）についての違いはあるものの、同じ仕事であれば時間あたりの賃金に差がない労働市場を作っていくことが必要になっている。

日本型システムを片働きモデルから共働きモデルに変える

日本で女性が活躍しづらいのも、少子化の流れを変えることができないのも、もとはといえば、男性が一家の稼ぎ手として作られたシステムを21世紀にふさわしい共働きモデルに変えることができていないことによる。経済のグローバル化が進展するなかで日本でも格差社会が形成されているが、日本の片働きを前提とした社会システムは、それをさらに増幅させており、また貧困の次世代への継承をもたらしている（第5章）。

女性の活躍を推進し、少子化の流れを止め、格差社会の形成を食い止めるためには、日本の社会を共働き社会に転換していくことが不可欠である。その実現のためには、社会全体で価値観を転換することが必要なのであり、さらには、政府のリーダーシップによって、ここでのべたような政策が実行される必要があるのである。「女性が輝く」社会に向けて、社会を変えることができるのか、日本はいまその岐路に立っている。

エピローグ

桐野夏生氏インタビュー

かつて日本の労働者は終身雇用・年功的賃金・企業内労働組合といった制度によって守られていた。それを支えたのは専業主婦の妻である。暮らしの安心があったので、出生率も、人口が増加も減少もしない人口の均衡状態（人口置換水準）を維持することができた。

しかしいま、労働市場も家族も大きく変わった。夫の所得が伸びなくなり、妻の稼ぎが家計を安定させる鍵となっている。他方、社会の階層化が進むなかで、中間階層を維持するための受験戦争が熾烈になっており、そこでの親の役割も重要になっている。

妻が家計補助的に働くとされた低賃金の非正規職に独身の男女が参入している。家族も変化している。単身世帯がふえている。また、離婚率が上昇し、母子世帯の子供の貧困率は日本が先進国のなかでもっとも高い。貧困が次世代に継承されていることは第5章でのべた。

このような社会変化を、作家の桐野夏生さんは、時代に先駆けて、作品のなかで描いてきた。『OUT』（1997年）では、深夜の弁当工場で働く主婦パートや外国人労働者の過酷な労働実態をリアルに描き、『グロテスク』（2003年）では、日本が格差社会であり、教育をつうじてそれが再生産されていることを指摘した。『だから荒野』（2013年）では、夫の定年退職や子供が自立したあとに自分の存在意義について悩む孤独な専業主婦の姿を描き、『ハピネス』（2013年）では、おしゃれなタワーマンションに住み、子供のお受験に翻弄されるお母さんたちの実態を描いている。

桐野さんは、これらの作品をどのようなおもいをもって書いてこられたのだろうか。それぞれの作品とその背後に存在する社会の状況をお聞きし、そこからいまわたしたちがどのような時代を生きているのかについて考えてみたい。

――雑誌『VERY』で連載され、連載当時から大きな反響があった小説『ハピネス』で桐野さんが描きたかったことは何ですか。

子育てママたちのなかにも階層社会があるということ。埋立地に建つおしゃれなタワーマンションで暮らして、見栄を張ってでもその階層にしがみついていくことのむなしさみたいなことです。でも、そういう階層に一度でも入り、自分たちの子供も、それなりにお受験に成功させていけば、その階層のなかで自分たちの場所を獲得することができます。そういうことに必死になるママたちも結構います。それを愚かしいとはいえない。背後に、富裕層と貧困層に二分されつつある、日本社会の厳しさがあるからです。そういうママたちの姿を書いていこうと思いました。

――桐野さんは、日本の社会をちょっと距離を置いて俯瞰しながら、現代社会の問題を鋭く切り取って、小説に描いていますね。しかしジャッジメンタルではない。小説『ハピネス』の主人公は、階層を維持するために子供にうまくやってほしいとおもうけれど、結局上手くいかなくて脱落をしたりしています。

小説の本質は、ジャッジメンタルをしてはいけないのです。小説は正義を説いたらおしまいなので、現実を切り取って提示するという感じですね。それがどんなに愚かしく滑稽な姿だとしても、です。

本当は富裕層といえないけれども、そのきざはしに何とか乗って、次世代にその階層をうまく残していく、という滑稽さでしょうか。でも、本人たちは必死だし、またその努力によって、何とも不思議な「富裕層のようなもの」的な階層も出現しています。認めろ、認めろ、という自己承認欲求が高まっているのですね。

――受験などが過熱化しているのは、社会が二極化しているからで、お母さんたちは、子供が下に落ちないようにと受験に必死になっているということですね。いまの30代の女性を見ているととても疲れているように見えます。お母さんたちのハピネスとは何かということが問われているようにおもうのですが。

はい。家族という小さな共同体があり、そこでの充実があれば、昔はそれをハピネスっていっていたと思うのです。でも、いまはもうそんなことはいっていられない。非常に厳しい世の中になってきているからです。外部からの侵食があって、楽しい幸せな家族だけではその侵食、仲間外れなどから自分たちを守りきれなくなっています。子供は学校という社会に行く、そうするといじめとかが心配になる。旦那が会社に行く、そうするとまたリストラが心配になる。母親が働いていれば、そこでどうサバイブするかということも考えなければなりません。だから家族というものが強固で、それでみんながずっと幸せというふうにはいかなくなってきているのです。子供や旦那たち、社会に出ていくひとが次々と侵されて傷付いていくわけですから、いまの若いお母さんは非常に苦しいのではないでしょうか。

――家で家族を守るのがむずかしくなってきた時代に必死でひとりでがんばっているという感じでしょうか。

面白かったのは、『VERY』(光文社)という雑誌に載っていた旦那さんたちの座談会ですね。彼らは30代、40代くらいで、セックスレスについてでした。日本では、結婚をすると、恋愛は(家族という)ユニットの中ではしなくなる。お父さん、お母さんという役割分担があるからです。それで、恋愛や性的な行為は家庭の外でする。セックスレスで、男でも女でもないことによって機能する家族が、みんなそれぞれ外で戦っている現状でしょうか。ママたちの欲求不満がいずれどこかで爆発するのではないかとおもいます。

――爆発して、空中分解したあとに、新しい家族が作られるのでしょうか。

家族のメンバーが、それぞれが所属する社会でさまざまな面で侵食されてきていますから、戦い方としてはかなり厳しいとおもいます。なぜなら、戦うユニットとしていちばん合理的だったのが家族という形態だったのに、中身は幻想に近く、いまや単身で戦う方が楽だということになってしまった。だからみんな結婚もしなくなったのではないでしょうか。

――会社も家族が闘うユニットとして機能するように、家族手当を支給したり、家族を支援していましたよね。

そう、会社もやっていましたね。

――だからその見返りに会社につくすというロイヤルティもあった。それがいま無くなっている。

父親は企業に属していて、母親はみんな専業主婦で次の企業戦士を育てました。いまは、夫の方も失業の危険にさらされているし、正社員になかなかなれない。給料が少ないから妻がパートや非正規雇用で働かないとやっていけないし。そうすると今度は妻の負担が増す。みんな時間がなくてイライラしているし、どんどんユニットとして弱くなっていっています。でも、だからといって、いまさら専業主婦を優遇しても、産業構造自体が変わっているのだからどうにもならないわけですよね。

――経済が女性の力を求めています。サービス中心の経済になっているので、主婦の感覚をビジネスに活かすことが重要になっているし、男性の求人より女性の求人の方が多くなっています。そうなると女性達も外に出て行って働くし、そのことで家計も安定する。いま専業主婦が外に出ていく力が、社会ですごく強まっているような気がします。

『ハピネス』のママたちも、いずれ子供の受験などが落ち着けば、商品価値として認められたママは外に行けるんじゃないかとおもいます。しかし、ほんの一部でしょう。

――子供が育つ環境も大きく変化していますね。

子供をもつリスクも多いです。まず教育。お金がかかるし、脱落したら大変だという危機感があって、ストレスも大きい。子供が塾には行きたくないというから、自主性を尊重したはずなのに、ネットゲームにはまってどうにもならなくなったケースもあります。教育熱心なはずの高学歴の夫婦なのに、子供がはまる誘惑は経験しないとわからない。結局、幼い子供の頃からガンガン鍛えて、とにかく脱落させないようにする、と親が緊張しているようです。ゲームやネットにはまれば、外に出なくても楽しいのですから、以前と違う環境にあるとおもった方がいい。

――そうするとお母さんは社会からは働けといわれて、家では子供の教育もやらなければいけな

い。

もう大変です。子供の教育とひと言でいっても、塾の送り迎えからお弁当の心配まで、マネージャーから家政婦から。私立に入れたとて安心はできず、そこから脱落させないように塾に通わせたりしなければいけないらしいです。だから子供をもつことにはお金のことだけではないコストやリスクが結構あるとおもいます。

――なるほど。それで子供をもつことを回避したりするのですね。

はい。一方で貧困の次世代への連鎖がおきていて、親自身も子供時代、お腹がすいてもお菓子ぐらいしか与えられていなかったから、ごはんも作れない。子供に食事を与えずにそのままで放置してしまったり、段ボールに入れて餓死させたりした事件などがおきています。社会が完全に二分化されています。

――だからこそもう一度家族を取り戻そうという動きもありますが。

女性は家庭に帰って子供を育てろといった、良妻賢母的な復古家族に引き戻そうという動きもありますが、決して戻せないでしょう。いまは、夫の働きだけでは家計が成り立たないし、妻が働かざるをえないわけです。産業構造の変化をもたらしたグローバリズムの世の中で、夫が働いて妻が子供を育てるということができなくなったのだったら、あとはもうみんなバラバラに生きるしかない。そして、全員が働く。普通の家に三家族くらいが暮らすシェアハウスがふえるかもしれませんね。いま、若い人でシェアハウスをやっている人は多いようです。

――家族が大きな転換期にあるのですね。次は桐野さんの小説『だから荒野』について教えて下さい。

『だから荒野』はユニットとしての家族は成立しているのですが、奥さんだけ置いていかれた家族の物語です。旦那は好き勝手やっていて、それでも食べていけるぐらいの収入があり、子供も親の手を離れつつある。奥さんだけが何かを掴み損なってしまった。それをみんな知っているけれど、見て見ぬ振りをしていて、家族がみんな図に乗って自分勝手にやっているのです。それで主人公の奥さんは家を出るけれど、自分に何もないから、やっぱり戻ってしまう。

――ユニットとして家族が存在していてもそれでいいという話ではなく、そこでもやっぱり一人ひとりが何かを掴み取るための戦略が必要ということなのでしょうか。

ただ、何かを掴み損なってはいるけれども、それは、掴まなければいけないという幻想があるからで、実は別に何かを掴まなくてもいいわけです。何事もなく淡々と生きていければそれが一番いいのですから。

――なるほど、何かを掴まなければいけないという思い込みから解放されることが必要なのですね。その指摘はとても重要だとおもいます。

ただし、落ちないための戦略や、あるいは、自分が幸せになるための戦略は必要だとおもいます。その幸せの中身は人によって違うので、それを自分で見極めて自分の幸せを追求する。そのためには知性が必要、最終的にはやっぱり知性の問題なのでしょうね。でもいまは何でもネットが答えを与えてくれる、反知性の世の中になってきているので、思考停止して、他人の価値判断に従っている。それが人を不幸にしています。

――なるほど。

『だから荒野』の主人公も、ある面では幸せなのです。お金にそんなに困っているわけではない。ただ、家族にとって何でもやってくれる便利な存在にすぎないことに不満をもっているし、尊重されないことに苛立っている。家事ハラスメントでしょうか。だから、自分を見つめ直し、自分がそうおもわないような自分を探して、その自分を家族に認めてもらい、自分のいうことを家族にも聞かせるようにすればいいのです。自分の尊厳を自分で認めると同時に、家族にも認めてもらうことが重要なわけですから。でもそれは、一番苦しい戦いかもしれないとおもいますね。

――何でも家族のためにやってくれて当然だとおもわれ便利に使われてしまっていた自分の尊厳を、一番大切だと思っている家族に認めてもらう。

尊厳を傷つけられている人は、変なところで攻撃的になりやすいです。それが外国人に対する差別となったり、歴史修正主義に流されたり社会の右傾化につながっていったりします。それが反知性主義の行き着く先です。

――『グロテスク』についてですが、あの作品では、日本の階層社会について書かれておられますね。また、主人公は均等法ができたばかりのときに総合職として大手企業に採用されています。総合職の女性が働きづらい職場の実態も作品のなかでリアルに描かれているようにおもいました。

総合職の女性として頑張っているけれども、所詮女だろう、といわれてしまう。張り切っても張り切っても、空回りしていくような辛さを描きました。それと、性の負け犬というのでしょうか。さっきもいったように、日本は、恋愛はユニットのなかではしない。外でする。ユニットから外れた未婚女性たちに対しても差別的ですよね。「ひとりでかわいそう」といわれたりする。それに対して、（主人公には）仕事で頑張ればいいんだという幻想もあったのです。でも、それも打ち砕かれてしまう。ならば、最底辺に堕ちることで自分が解放されたらどうなんだろう、みたいな気持ちもなくはなかったと思うんです。そういう意味で、女の心の解放を書こうと思った作品でもあります。

——実際の事件をモデルにしたのですか。

それは全然違います。作品を書いていた当時からマイナリさんは冤罪だといわれていましたからね（ゴビンダ・プラサド・マイナリ氏は２０１２年無罪が確定した）。

むしろ、外国人労働者とのモラルハザード面や、主人公と外国人労働者との間に通底する差別的なものを書こうとおもいました。

——いま希望がなくなってきているといわれますが、それは、雇用が不安定になっているということと関連があるとおもわれますか。

たしかに、希望がないですよね。私たちが若いときは、なんとなく、これからもっと良くなっていくんじゃないかという希望がありました。自分たちの力で社会が変わる、とおもっていたところもあったし。

――確かにそうおもいます。わたしも若いときにアメリカの大学院に行きましたが、何とかなるだろうという楽観的なきもちがどこかにあったようにおもいます。ところで、『OUT』では主婦パートの問題を題材にされています。いまそれが男性にも広がり大きな社会問題になっています。

あの作品を書いたのはいまから15年以上前。当時は昼間は家族の面倒をみるので働けない主婦が深夜労働をやっていたのです。ところがいまでは、同じ仕事が若い男性の仕事になっています。

――いまは少し景気がよくなっているので人手不足で非正規労働者の時給も少しあがっていますが、とはいっても非正規の時給はまだまだ低いです。日本経済がそういった非正規のひとたちに依存しすぎているのではないかとおもうのですが。

パート賃金が低いのは家計補助だからという理由ですよね。欧米の研究者が、日本では夫はホワイトカラーなのになんで妻はブルーカラーなんだって不思議がっていました。アメリカでは夫がホワイトカラーだったら妻は工場に行って働かない。デパートの販売員になったり、もっと上品な仕事をするといっていました。

——たしかに。『OUT』に書かれている主婦パートが日本の格差社会の原点だとおもうのです。日本経済は非正規の採用をふやすことで人件費を抑制して価格競争をしているうちにデフレスパイラルに入ってしまいました。アベノミクスで大胆な金融緩和をして何とかそこから抜け出そうとしていますが、なかなかおもったような効果が出ていません。

ユニクロがジーパンを980円で売っているのをみてデザイナーのひとが「こんな値段ありえない、どこかで労働者が絶対泣いている」といっていました。納豆が2箱58円で売られているのを見たひとが「これでは全然もうけが出なくて業者が泣いている。こんな値段で売るのをやめてくれ」ともいっていました。本当にそうだとおもいます。安ければいい、という経済自体が絶対良くないし、デフレスパイラルで、人件費が削られて、食べられないひとが出てきています。

——だから非正規問題というのはものすごく重要な問題で、みんなで解決しなきゃいけない問題だとおもうんです。

全くそうだと思います。最低賃金の労働者がいると結局はどんどん下に下がっていくわけだから、どこかでそのスパイラルを止めて、みんなを上にあげていかなければいけませんよね。

——その切り札が女性の活躍推進だとおもっているのですが。社会制度によって女性が分断され

てしまっているので、中間層をあつくすることができません。女性の再就職を支援するなど、子育てを終えた後の女性たちにもっとセカンドチャンスを作っていく必要があると考えています。いつでもやり直しができれば、受験で失敗してもあとで取り戻せます。

そのとおりだと思います。

——ところで、桐野さんにとって小説を書くということはどういうことですか。

闘いですね。いま生きているこの社会の理不尽さや、人間が人間を貶めるというあらゆる差別が常に頭のなかにあります。それに対する怒りもあるし、それが内なる創作の原点になっています。社会の理不尽さを書くことで日本の社会のいまを切り取りたいとおもっています。

——ご活躍をお祈りしています。本日はお忙しいなか、お話を聞かせていただきまして、大変ありがとうございました。

こちらこそ、ありがとうございました。

あとがき

本を書くという作業は、自分の分身を生み出すという意味で、出産に似ている。今回はとくに難産だった。もっとも昔のことは忘れてしまっているからなのかもしれないが（笑）。

本書では最先端で日本をリードされておられる方々にお時間を頂戴し、お話をうかがうことができた。そのすべての方々に、この場を借りて心からのお礼を申し上げます。そして、２０１２年にインタビューをさせていただいたにもかかわらず、出版が大幅に遅れてしまいましたことをお詫びいたします。

今回はわたしが尊敬するフェミニスト・カウンセラーの井上摩耶子さんと作家の桐野夏生さんのお二人のインタビューを本書で掲載することができたことがとてもうれしい。

井上摩耶子さんとは、アメリカに留学していた時にお会いして以来のおつきあいである。結婚適齢期がクリスマスイブだった時代、その年齢を超えて、本当に自分が研究者としてやっていけるのだろうかと心に迷いが生じたときに「自立して生きよ」と背中を押していただいた。その言葉はいまでもわたしの心の支えとなっている。

エピローグにご登場いただいた桐野夏生さんとは、キャンパスで出会って以来交友させていただいている。いつもはお酒を飲みながらの放談が多いのだが、今回は、ご自身の作品や、作家としてのおもいを聞かせていただいた。おふたりには、多忙なスケジュールのなかお時間を作っていただいた。本当にありがとうございました。

両親・兄の家族、日本をはじめとして世界に点在する友人たちに支えられていまがある。また、いままでさまざまな分野の研究者の方々にお会いし、本当に多くのことを教えていただいた。そのすべての出会いに感謝したい。とくに本書はシカゴ大学の山口一男先生のご研究に依拠するところが大きい。

また、2013年からは日本女子大学現代女性キャリア研究所の所長を兼務することになった。現在、研究所では、文部科学省から補助をいただき私立大学戦略的研究基盤形成支援事業として「女性のキャリア支援と大学の役割についての総合的研究」というテーマでの研究が進行中である。本書でもそこでの調査の結果を多く引用している。また、研究員のみなさんとのディスカッションによってさまざまなアイディアをいただいた。

大沢研究室の井上純園さん、ノ・フェナンさんには、研究だけなく、大学のさまざまな業務の補助もやっていただいた。いつも本当にありがとう。

今回は、途中で章の順番を変えるという大手術もし、最後の最後まで原稿に手を入れ、東洋経済新報社の矢作知子さんにご迷惑をおかけした。原稿を書き直すたびに辛抱強く原稿に目を通し、数多くの示唆に富む助言をくださった矢作さん。本当にありがとうございました。何とか刊行にこぎつけることができたのは、ひとえに矢作さんのおかげである。

本書の執筆が終わり、ゲラの校正作業をしていたときに、悲しいできごとがわたしたち夫婦を襲った。飼い犬のルバーブが突然この世を去ってしまった。昨年の秋には、紅葉の美しい群馬の山を一緒に歩き、生きていることのしあわせをしみじみと感じた。その10日後に悲しい別離がくるなどとだれが想像しただろう。わたしに自然の美しさとワークライフバランスの大切さを教えてくれた。いつも前向きで最期の瞬間まで生きる意欲をもって生ききった彼女をわたしたちは愛情をこめて「負けられない（あきらめない）ルバーブ」と呼んでいた。彼女の思い出とともに、そのスピリットを引き継いで生きて行きたい。

白木の箱に入ってしまったルバーブを前に、悲しみにくれているわたしの耳元に歴史を専門とする夫が囁いた。「想像してみて。第2次世界大戦で戦場に送り出した息子がこの白木の箱に入って戻って来たときのお母さんたちの心境を。」その瞬間ほど平和の意味をかみしめたことはない。

本書では21世紀の企業においてダイバーシティ・マネジメントを実践することの重要性について論じたが、企業経営だけでなく、世界平和を維持するためにも、（正解がひとつではない）多様な価値観を受け入れることが、何よりも必要な時代になっているのだとつくづく感じる。

最後に、共に歩み、執筆中も常に温かい励ましの言葉をかけてくれたパートナーのジェフ・キングストンに心からの感謝を捧げるとともに、本書の刊行をだれよりも楽しみにしながら、直前に急逝した父、大澤榮市郎に本書を捧げたい。

父は、シベリアの過酷な抑留生活を生き抜き、わたしに生を授けてくれた。父がアメリカに留学させてくれたことによって、本書の第4章で描いたアメリカの社会で水面下に進行していた「静かな革命」の渦中に身を置くことができた。本書はその経験から着想をえている。本書は父なしには存在しなかった。父が与えてくれたすべてに深く感謝したい。

いうまでもなく、本書にありうべき誤りの責任のすべては筆者に帰するものである。

２０１５年１月

大沢真知子

【著者紹介】
大沢真知子（おおさわ　まちこ）
日本女子大学人間社会学部現代社会学科教授。同大学現代女性キャリア研究所所長。南イリノイ大学大学院経済研究科博士課程修了。Ph. D.（経済学）。コロンビア大学社会科学センター研究員、シカゴ大学ヒューレット・フェロー、ミシガン大学ディアボーン校助教授、日本労働協会（現労働政策研究・研修機構）研究員、亜細亜大学助教授を経て、現職。専門は労働経済学。
著書に『経済変化と女子労働』（日本経済評論社、1993、東京海上各務記念財団優秀図書賞）、『新しい家族のための経済学』（中央公論新社、1998）、『働き方の未来』（編著、日本労働研究機構、2003）、『コミュニティビジネスの時代』（共著、岩波書店、2003）、『ワークライフバランス社会へ』（岩波書店、2006）、『ワークライフシナジー』（岩波書店、2008）、『21世紀の女性と仕事』（共著、放送大学教育振興会、2006）、『日本型ワーキングプアの本質』（岩波書店、2010）、『妻が再就職するとき』（共著、NTT出版、2012）、*Growth of Non-Standard Work in Developed Economies: Causes and Consequences*, Upjohn Institute for Employment Research, 2003（edited with Susan Houseman）. ほか。

女性はなぜ活躍できないのか
2015年3月5日発行

著　者――大沢真知子
発行者――山縣裕一郎
発行所――東洋経済新報社
〒103-8345　東京都中央区日本橋本石町 1-2-1
電話＝東洋経済コールセンター　03(5605)7021
http://toyokeizai.net/

ＤＴＰ…………アイランドコレクション
装　丁…………橋爪朋世
印　刷…………東港出版印刷
製　本…………積信堂
編集担当………矢作知子

ISBN 978-4-492-22353-6